Collection complèt de l'Abbé de Volume

Gabriel Bonnot de Mably

(Contributor: Gabriel Brizard)

(Editor: Guillaume Arnoux)

Alpha Editions

This edition published in 2024

ISBN : 9789361474927

Design and Setting By
Alpha Editions
www.alphaedis.com
Email - info@alphaedis.com

Contents

SUITE DU LIVRE VIme.

CHAPITRE IV.

De l'autorité que les grands acquirent pendant le règne de Charles VI.—Progrès de cette autorité sous Charles VII, Louis XI et Charles VIII.

TANT que le gouvernement féodal avoit été en vigueur, et que le roi, borné à recevoir l'hommage et les secours que lui devoient ses vassaux immédiats, n'exerçoit aucune autorité dans leurs terres, l'honneur de gouverner ses affaires fut peu brigué. Il fut le maître en temps de minorité ou d'absence, de disposer à son gré de la régence du royaume, qui n'étoit en effet que la régence[235] de ses domaines. Tantôt elle est confiée à la mère du roi, à sa femme, ou à un prince de sa maison, quelquefois elle passe dans les mains de Beaudoin, comte de Flandre, du sire de Nesle, de Suger ou de Mathieu de Vendôme, abbé de Saint-Denis. Le royaume faisoit peu d'attention à ces événemens, parce que la régence ne procuroit qu'un avantage médiocre à ceux qui en étoient chargés; mais à mesure que l'autorité royale s'agrandit, il devint plus utile d'obtenir la confiance du roi et d'entrer dans l'administration de ses affaires. Cependant l'ambition des grands dédaigna encore d'aspirer à une place du conseil, soit parce qu'ils avoient eux-mêmes de grandes terres à gouverner, soit parce qu'ils craignoient le crédit des états, qui s'opposoient aux vexations des ministres; de-là, tous ces hommes obscurs qui gouvernoient sous le roi Jean, et dont les états de 1356 demandèrent la disgrace au Dauphin.

Les intérêts des grands changèrent après que Charles V, ayant abaissé tout ce qui pouvoit lui résister, fut parvenu à gouverner arbitrairement, et à se rendre en quelque sorte, le maître de la fortune de ses sujets. Ses premiers officiers, qui avoient étendu leurs prérogatives, à mesure que le roi avoit étendu les siennes, trouvèrent un avantage immense, à se regarder comme les ministres de son autorité. Les frères de Charles V jugèrent qu'il étoit plus avantageux pour eux de manier la puissance royale, que de gouverner leurs terres dans l'état d'humiliation où les fiefs étoient réduits; et il auroit été de la dernière imprudence à ce prince de ne les pas placer à la tête du gouvernement pendant la minorité de son fils. Les ducs d'Anjou, de Bourgogne et de Berry n'auroient pas manqué de se soulever contre des arrangemens contraires à leur avarice et à leur ambition.

On sait en effet quelle fut la fortune de ceux qui eurent part à l'administration: le duc d'Anjou transporta des richesses immenses en Italie. L'avare et prodigue duc de Berry fut un monarque absolu dans son gouvernement de Languedoc, qu'il appauvrit sans pouvoir s'enrichir. Le duc de Bourgogne avoit trouvé si doux d'administrer le royaume sous le nom du roi, que se voyant réduit à se retirer dans ses états, il s'y crut exilé. Tous les grands qui avoient participé à la fortune du prince, s'étoient fait une habitude de tenir dans leurs mains quelque branche de la souveraineté. Quand Charles VI les écarta de son conseil, pour donner sa confiance à des hommes dont il seroit le maître, ils songèrent moins à se venger, à soulever la nation, et à demander la tenue des états, qu'à cabaler sourdement pour se saisir une seconde fois d'un pouvoir qu'ils regardoient comme l'instrument de leur fortune.

La démence de Charles VI prévint les désordres que leur ambition inquiète et lasse d'attendre, auroit vraisemblablement excités. Si ce prince eût été en état de persévérer dans le dessein de gouverner par lui-même, et par les conseils de quelques hommes peu importans, ne paroît-il pas certain que pour se venger et prévenir leur avilissement, les grands se seroient révoltés contre Charles, comme les barons d'Angleterre s'étoient autrefois soulevés contre Jean-sans-Terre? Peut-être auroient-ils substitué un gouvernement aristocratique à la monarchie, ou fait revivre l'indépendance des coutumes féodales; peut-être qu'éprouvant de trop grandes difficultés à s'emparer d'une partie des prérogatives du roi, ils auroient senti, à l'exemple des seigneurs Anglais, la nécessité de réveiller dans la nation les sentimens de liberté que le règne de Charles V avoit presque entièrement éteints; d'unir à leur cause tous les ordres du royaume, en protégeant leurs intérêts; et de forcer Charles VI à donner une ordonnance, qui, étant également avantageuse à tous les citoyens, leur auroit enfin donné à tous le même esprit. Quoiqu'il en soit, la démence de Charles, qui devoit naturellement affoiblir l'autorité royale, ne servit au contraire qu'à l'affermir plus solidement.

Dès que les grands virent que la maladie du roi le rendoit incapable de gouverner, ou plutôt de protéger ses ministres, ils se hâtèrent de reparoître à la cour et de les chasser. Le duc de Bourgogne, le duc de Berry, la reine, le duc d'Orléans, les grands officiers de la couronne, en un mot, toutes les personnes puissantes par elles-mêmes ou par leurs emplois, ne mirent aucun terme à leur ambition, ni à leurs espérances, et tâchèrent de se rendre les arbitres du gouvernement. Toutes ces cabales, occupées à se nuire les unes aux autres, et prêtes à sacrifier l'état à leurs intérêts, n'agissoient en apparence qu'au nom et pour l'avantage du roi; elles sembloient se réunir, et travailloient de concert à étendre, multiplier, ou du moins conserver les prérogatives de la couronne. Celle qui étoit parvenue à dominer, défendoit l'autorité comme son propre bien; les autres, ne désespérant pas de se revoir encore à la tête des affaires, se gardoient bien de vouloir porter quelque atteinte à un pouvoir dont elles se flattoient d'abuser à leur tour.

Il se forma ainsi un nouvel intérêt chez les grands, et leur puissance, autrefois si redoutable à celle du roi, en devint l'appui. Si à la faveur des troubles du conseil et de la démence du roi, la nation avoit, par hasard, tenté de rétablir ses immunités, au lieu de se livrer à l'esprit de parti et de faction; si elle avoit voulu faire revivre ces chartes qui la rendoient l'arbitre des subsides qu'elle accordoit; enfin, si elle avoit demandé la convocation des états-généraux, les grands du royaume s'y seroient opposés. Ils n'auroient pas souffert que l'autorité royale, dont ils s'étoient <u>faits</u> les instrumens, ou plutôt les dépositaires, fût encore soumise à l'examen et aux caprices des différens ordres de l'état.

Le caractère foible, facile et modéré de Charles VII, ne trompa point les espérances que les grands s'étoient formées. Il avoit passé par des épreuves trop terribles, pour n'être pas content de sa fortune, en jouissant en paix de son royaume. Il auroit souffert patiemment qu'on l'eût privé de quelqu'une de ses prérogatives; et trouvant, au contraire, les grands plus jaloux que lui-même de son autorité, il leur en abandonna l'exercice, et pour le récompenser de sa complaisance, ils ne travaillèrent qu'à le rendre plus puissant.

Ils établirent une milice toujours subsistante, connue sous les noms de gendarmerie et de francs archers; et une taille perpétuelle destinée à son entretien et levée[236] par les ordres seuls du gouvernement, sans qu'il fût besoin du concours, ni du consentement des états. Ces deux nouveautés, avantageuses à la noblesse, en lui donnant toujours de l'emploi, indifférentes au clergé, depuis qu'il avoit des assemblées particulières qui traitoient avec le roi, et agréables même au peuple, qui crut qu'on ne leveroit sur lui que des sommes médiocres, et qu'on lui accorderoit une protection puissante, mirent entre les mains du prince, deux choses, les finances et les troupes, dont une seule auroit suffi pour prévenir toute résistance à ses volontés. C'est, si je puis parler ainsi, à la faveur de ces deux autres, que l'autorité royale ne craindra plus les tempêtes qu'elle avoit essuyées, ou du moins devoit les conjurer, sans avoir besoin de beaucoup d'art. Les peuples libres ont partagé la puissance entre différens magistrats, pour qu'ils fussent forcés de se respecter réciproquement, et ne pussent opprimer la nation: ce balancement d'intérêts se trouvoit actuellement en France entre les différens ordres de l'état; et le prince sera toujours soutenu des forces de l'un contre les plaintes de l'autre. On ne verra plus, comme sous les règnes précédens, des combats entre la puissance du roi et les immunités de la nation; s'il s'élève encore des troubles domestiques, l'autorité royale sera respectée par ceux mêmes qui se souleveront; on ne combattra pas pour lui prescrire des bornes, mais pour décider à quelle cabale d'intrigans ambitieux l'exercice en sera confié.

Dès que cette taille perpétuelle, dont Comines prévoyoit les suites pernicieuses, eut été établie, le prince ne sentit plus la nécessité de convoquer les états, parce qu'en augmentant les tailles, il pouvoit se passer de tout autre subside; et qu'un premier abus servant toujours de titre pour en établir un second, il seroit aisé de supposer de nouveaux besoins, et d'établir de nouvelles impositions, sous prétexte de servir de supplément à la taille et de soulager les campagnes. Dès lors l'idée des anciens états devoit en quelque sorte se perdre; car les hommes, naturellement timides, nonchalans et paresseux, ont besoin, pour ne pas perdre la liberté qu'ils aiment, qu'on les avertisse continuellement de son prix, et qu'on leur donne des moyens faciles de la conserver. Les états n'étant plus regardés comme un ressort ordinaire et nécessaire du gouvernement, il étoit impossible qu'on en tirât quelque avantage. Si on convoquoit encore de ces grandes assemblées, elles devoient ignorer elles-mêmes leur origine, leur destination, leur objet, et ne pouvoient servir au progrès des lumières; il étoit aisé de les rendre dociles, en choisissant pour leur convocation, le temps et les lieux les plus favorables aux vues du prince ou des ministres qui étoient les dépositaires de son pouvoir.

Les grands s'étoient déjà tellement accoutumés à gouverner sous le nom du roi, qu'ils ne purent souffrir que Louis XI prétendît ne pas leur abandonner l'exercice de son autorité. Ils se virent dépouiller par une main qu'ils avoient rendue trop puissante; et à force d'avoir accoutumé, par leurs exemples et leurs établissemens, la nation à obéir, leur ambition n'en devoit attendre aucun secours. Cette disgrace n'étoit que passagère; les rois tels que Louis XI sont rares, et il ne falloit attendre qu'un règne foible, pour que les mécontens reprissent sans efforts, le crédit qu'ils avoient perdu. Mais leur impatience ne leur permit pas de prendre ce parti; ils se révoltèrent, et leur révolte, connue sous le nom de la guerre du bien public, ne réveilla dans la nation, aucun sentiment pour ses anciennes franchises. Ce que l'émeute des Maillotins avoit fait au commencement du règne de Charles VI, la révolte des plus grands seigneurs fut incapable de le produire sous celui de Louis XI; preuve certaine des changemens qui étoient arrivés dans les mœurs des Français, et qu'ils ne se défioient pas moins de l'autorité des grands que de celle du prince.

Peu de rois ont été aussi jaloux que Louis XI de gouverner par eux-mêmes; et aucun n'a été si propre à éviter le joug que les grands vouloient lui imposer, et exercer en même temps un pouvoir arbitraire sur le reste de ses sujets. Louis étoit né avec des passions impérieuses; mais le souvenir des malheurs récens de sa maison, et, ainsi que l'a remarqué Comines, les disgraces qu'il avoit éprouvées dans sa jeunesse, lorsqu'il eut abandonné la cour de son père, pour se retirer en Dauphiné, et ensuite chez le duc de Bourgogne, lui apprirent à rompre son caractère. Il fut forcé de s'étudier à plaire aux personnes dont il avoit besoin; il se façonna à l'art de cacher quelques-uns de ses vices, et de montrer même quelquefois des vertus qui lui étoient étrangères. Il apprit sur-tout à se défier de la fortune et à espérer difficilement, science si utile aux rois, et qui leur est presque toujours inconnue. De-là cette profonde dissimulation qui se cachoit sous les dehors de la franchise, et les ressorts multipliés de sa politique qui l'ont fait soupçonner d'une timidité, qui n'étoit en effet qu'une prudence outrée et attentive à se servir à la fois de tous les moyens plus ou moins propres à faire réussir ses entreprises.

En gouvernant la nation de l'univers la plus inconsidérée et la plus aisée à tromper, parce qu'elle est la moins attentive à consulter le passé et la plus prompte à bien espérer de l'avenir, Louis employa la politique la plus raffinée et la plus tortueuse. Négociant toujours par goût, et ne recourant à la force que quand il désespéroit de réussir par la ruse et la séduction, il répandoit de tous côtés les bienfaits, les menaces, les promesses, les craintes, les soupçons et les espérances. Tout étoit divisé autour de lui, et à la faveur de cette division, il écarta les grands qui vouloient s'emparer de son autorité, et cependant gouverna sans danger le peuple avec un sceptre de fer. Les communautés qui n'avoient été imposées par son père[237] qu'à quarante ou cinquante livres de taille, lui en payèrent mille. Il se fit un droit du silence auquel ses sujets s'étoient condamnés depuis l'expédition de Charles VI contre les Parisiens; et parce qu'ils s'étoient accoutumés à une taille arbitraire, il les soumit à d'autres impôts.

Louis abusoit ainsi contre le peuple, de la puissance sans borne que les grands avoient donnée à son père et à son aïeul, et, pour les humilier à leur tour, se servoit de la docilité à laquelle ils avoient accoutumé le corps entier de la nation. Il ne craignit point de convoquer deux fois[238] les états-généraux à Tours. J'ignore par quels artifices il se rendit le maître des élections, ou corrompit les députés des provinces; mais il étoit sûr que ces deux assemblées obéiroient aveuglément à ses volontés. La première l'autorisa en effet, à ne pas donner à son frère l'apanage dont il étoit convenu, par le traité du bien public. Les trois ordres promirent de sacrifier leur fortune et leur vie à la défense de Louis, s'il étoit obligé de prendre les armes pour maintenir cette délibération; et le prince, menaçant les grands des forces entières de l'état, viola ses engagemens, sans qu'ils osassent s'en venger. Les seconds états ne montrèrent ni moins de docilité ni moins de zèle que les premiers; et Louis en retira les mêmes avantages. Ne diroit-on pas qu'une fatalité aveugle gouverne les choses humaines? ou plutôt, quel peuple se croira à l'abri des révolutions les plus subites et les plus extraordinaires, puisque ces états si redoutés par Philippe-de-Valois, le roi Jean et Charles V son fils, deviennent les instrumens du pouvoir arbitraire entre les mains de Louis XI? Autrefois c'étoit le roi qui cherchoit à se débarrasser de la contrainte où le tenoient les états, et aujourd'hui c'est la nation elle-même qui est fatiguée de ses assemblées. Elle craint qu'on ne la convoque trop souvent; elle a repris le génie de ses pères à qui Charlemagne crut qu'il étoit nécessaire d'ordonner de se rendre avec exactitude au champ de Mai. Sa liberté lui paroît à charge, et par la voie de ses représentans, elle se confie à la prudence de Louis XI, et l'autorise à prendre à son gré les mesures, et à ordonner toutes les choses que le bon ordre et la sûreté publique exigeront.

Louis étoit parvenu à régner despotiquement; mais après avoir eu les mêmes succès que Charles V, il eut enfin les mêmes inquiétudes. Il avoit eu besoin d'une vigilance trop soutenue et d'un art trop subtil, pour que la puissance dont il avoit joui, pût passer dans les mains de son successeur, et devenir la forme naturelle et constante de l'administration: nul gouvernement ne peut se soutenir avec des ressorts si déliés, et qui demandent un Louis XI pour les manier. Il sentit que les grands étoient plutôt étonnés que soumis, et qu'ils ne consentiroient à avoir la docilité du peuple, que quand une longue suite de révolutions auroit rapproché et en quelque sorte, confondu tous les ordres de l'état. Il comprit qu'en rendant Charles VII tout-puissant, les grands n'avoient en effet, songé qu'à leur propre fortune; et que dès qu'ils désespéreroient de recouvrer et de conserver le pouvoir qu'ils avoient acquis, ils troubleroient le royaume par leurs révoltes, et tenteroient de lui rendre son ancien goût pour l'indépendance. Ne pouvant gouverner au nom du roi, il leur importoit en effet, d'être les premiers citoyens d'une nation libre.

Le prince ne prévit que des troubles qui entraîneroient vraisemblablement la ruine entière de la prérogative royale, si son fils, aussi suspect que lui aux seigneurs, adoptoit les principes de sa politique ambitieuse, tentoit de les éloigner du maniement des affaires, sans avoir l'adresse de les tromper et de les intimider continuellement. Il lui conseilla de gouverner avec une extrême retenue; et, par l'ordonnance qu'il fit quelques jours avant sa mort, pour établir une forme dans l'administration, il régla que Charles VIII ne feroit rien sans le conseil[239] et la participation des princes de son sang et des grands officiers de la couronne. La puissance des grands, jusqu'alors sans titres et formée au hasard comme tout le reste, par le concours de quelques circonstances extraordinaires, fut enfin établie sur la loi. Ce qui n'avoit été qu'une prétention, devint un droit, et la monarchie absolue sous Louis XI, fut tempérée sous son fils, par une espèce d'aristocratie, gouvernement bizarre, difficile à définir, qui ne promettoit pas un sort plus heureux à la nation, et qui, en effet, excita des troubles dans le commencement du règne de Charles VIII.

Si on veut se faire une juste idée de la révolution que les faits que je viens d'indiquer avoient faite dans l'esprit des Français, il suffira de jeter les yeux sur les cahiers que les états, assemblés à Tours en 1484, présentèrent à Charles VIII. On y voyoit la peinture la plus touchante des malheurs du royaume. Le peuple, disent les trois ordres, opprimé à la fois par les gens de guerre, qu'il paye cependant pour en être protégé, et par les officiers chargés de percevoir les revenus du roi, est chassé de ses maisons dévastées, et erre sans subsistance dans les forêts. La plupart des laboureurs, à qui on a saisi jusqu'à leurs chevaux, attèlent leurs femmes et leurs enfans à la charrue; et n'osant même labourer que la nuit, dans la crainte d'être arrêtés et jetés dans des cachots, se cachent pendant le jour, tandis que d'autres, réduits au désespoir, fuient chez les étrangers, après avoir égorgé leur famille qu'ils n'étoient plus en état de nourrir.

Le commerce étoit presqu'entièrement anéanti, et par l'abandon des campagnes et par les charges accablantes auxquelles on l'avoit assujéti. Qu'importoit à la noblesse et au clergé de posséder toutes les terres, si le travail des laboureurs ne les fécondoit pas, ou que faute de consommation, les denrées superflues à leurs maîtres périssent entre leurs mains? La noblesse du second ordre étoit privée des distinctions que sa vanité lui rend les plus précieuses. Elle regardoit le commerce comme indigne d'elle[240], la voie de la finance pour faire fortune, lui étoit fermée; et privée des emplois par un prince soupçonneux, qui n'aimoit à donner sa confiance qu'à des étrangers, elle étoit réduite à demander qu'on la préférât à des inconnus, pour les gouvernemens des places, pour les emplois militaires, et le service domestique auprès de la personne du prince. Les tribunaux étoient privés de leurs fonctions. Le cours ordinaire de la justice étoit interrompu par des ordres particuliers. Aux formes nécessaires pour protéger les innocens et guider les magistrats dans la recherche de la vérité, on substituoit, sous prétexte de prévenir le mal, ou de punir plus sûrement les coupables, une procédure arbitraire, aussi favorable aux entreprises du gouvernement, que contraire à la sûreté des citoyens. Louis XI, au milieu de ces juges iniques, dont il dictoit à sa fantaisie les jugemens, me paroît semblable à ce vieux de la Montagne, ce roi des assassins, qui, sans sortir de sa cour, effrayoit tous les princes du monde. On ne voyoit de tous côtés que des confiscations de biens et des banissemens ordonnés et exécutés par de simples lettres du prince.

Je ne puis m'empêcher de copier ici un morceau de Comines, relatif à ces états. «En ce royaume, dit-il, tant foible et tant oppressé en mainte sorte, après la mort de notre roi (Louis XI) y eut-il division du peuple contre celui qui règne? Les princes et les sujets se mirent-ils en armes contre leur jeune roi? Et en voulurent-ils faire un autre? Lui voulurent-ils ôter son autorité? Et le voulurent-ils brider qu'il ne pust user d'office et d'autorité de roi? Certes non... Toutes fois ils firent l'opposite de tout ce que je demande: car tous vindrent devers lui et lui firent serment et hommage: et firent les princes et seigneurs leur foi, humblement les genoux en terre en baillant par requeste ce qu'ils demandoient; et dressèrent conseil où ils se firent compagnons de douze qui y furent nommés: et dès-lors le roi commandoit qui n'avoit que treize ans, à la relation de ce dit conseil. En ladite assemblée des états dessus dits, furent faites aucunes requestes et remontrances en la présence du roi et de son conseil, remettant toujours tout au bon plaisir du roi et de son dit conseil: lui octroyèrent ce qu'on leur vouloit demander, et qu'on leur montra par écrit estre nécessaire pour le fait du roi, sans rien dire à l'encontre: et étoit la somme demandée de deux millions cinq cent mille francs, qui estoit assez au cœur, sont et plus trop que peu, sans autres affaires; et supplièrent lesdits qu'au bout de deux ans ils fussent rassemblés; et que si le roi n'avoit pas assez d'argent, qu'ils lui en bailleroient à son plaisir: et que s'il avoit guerres, ou quelqu'un qui le vousist offenser, ils y mettroient leurs personnes et leurs biens, sans rien lui refuser[241] de ce qui lui seroit besoin.»

Sans doute que des états qui, en faisant les plaintes que j'ai rapportées, accordent sans murmurer tout ce qu'on leur demande, et ne songent plus même comme autrefois à opposer des loix à des abus, avoient perdu sans retour toute idée de leurs priviléges et de leur constitution. Je le dirai en passant, si les princes s'applaudissent, quand ils ont jeté leur nation dans un pareil engourdissement, ils entendent bien mal leurs intérêts; et bientôt eux-mêmes, engourdis sur le trône, ils seront accablés du poids de l'autorité dont ils abusent. Les rois n'exigent-ils qu'un attachement stupide? Malheur à ceux dont les sujets ne savent ni se plaindre ni murmurer contre les abus, ni prévoir l'avenir, ni proposer des remèdes aux maux présens! C'est le signe le plus certain qu'ils ne sont plus citoyens, et que les malheurs du prince et de la patrie leur sont indifférens. Que les rois ouvrent alors les yeux, qu'ils tremblent en voyant que leur fortune est prête à s'écrouler, puisqu'ils ne sont plus qu'à la tête d'une nation en décadence! Qu'ils raniment, s'il se peut, un peuple expirant, s'ils ne veulent pas voir les vices les plus bas se multiplier et s'accroître avec une extrême célérité! Qu'on suive le fil de notre histoire, en examinant les ressorts qui ont été l'ame de tous nos mouvemens, et on trouvera dans les règnes dont je parle, les principes des malheurs qui ont failli à priver la maison de Hugues-Capet de son héritage, sous les successeurs de Henri II.

Il étoit impossible que les états de 1484 montrassent de la prudence et de la fermeté dans leur conduite; et c'est moins aux progrès que l'autorité royale avoit faits qu'on doit s'en prendre, qu'au crédit que les grands avoient acquis sous les règnes de Charles VI et de son fils, en prenant part à l'administration de l'état. Le roi devoit trouver son intérêt particulier à faire le bien public; et sans s'épuiser, le royaume pouvoit suffire à ses besoins et à ceux de quelques ministres obscurs; mais quand il fallut satisfaire l'avidité des grands, la nation n'eut pas assez de richesses, et elle fut plus malheureuse lorsqu'ils l'opprimèrent sous le nom du roi, que quand elle avoit été soumise à la tyrannie féodale: ils se révoltèrent contre Louis XI, et ils favorisèrent Charles VIII, parce qu'ils espéroient d'être encore les dépositaires de son autorité; après avoir excité dans la guerre du bien public la nation à se soulever, ils donnèrent l'exemple de la soumission, et voulurent que rien ne pût s'opposer aux volontés du gouvernement. On voit dans Comines combien les personnes puissantes craignoient l'assemblée des états[242], et que leurs partisans publioient que c'est un crime de lèze-majesté d'oser en demander la convocation, ou dire que le roi n'est pas le maître d'établir et de lever à son gré des impôts.

En effet, les princes et les plus grands seigneurs s'étoient autrefois honorés d'entrer dans la chambre de la noblesse, et le roi ne se rendoit à l'assemblée des états qu'accompagné des ministres qui composoient son conseil et de quelques officiers de sa maison. Charles VIII, au contraire, y traîna à sa suite les princes, les grands officiers de la couronne et une foule de courtisans, qui vouloient tous avoir un maître riche et puissant pour s'enrichir de ses dépouilles et abuser de son autorité. La noblesse, abandonnée de ceux qui auroient dû être à sa tête, et obscurcie par le cortège pompeux qui entouroit le prince, ne parut plus à ses propres yeux la portion la plus importante et la plus éminente du royaume; elle perdit de sa dignité, et les esprits commencèrent à faire une sorte de distinction entre les familles attachées à la cour et celles qui n'en approchoient pas.

Jamais l'exemple des grands n'a été aussi contagieux ailleurs qu'en France; on diroit qu'ils ont le malheureux privilége de tout justifier; et nos pères ont depuis long-temps les défauts et les ridicules qu'on nous reproche aujourd'hui. Comines en est un sûr garant, et il se plaignoit[243] déjà que le plus petit gentilhomme eût la manie de copier les manières et les discours des plus grands seigneurs. Les principaux députés de la noblesse, voyant l'esprit qui animoit les personnes dont ils envioient la fortune, crurent sans doute qu'il étoit de leur dignité de penser comme eux; qu'on me permette cette expression; pour prendre le bon air, ils trahirent le roi à qui ils devoient la vérité, et sacrifièrent à l'avarice des grands, leurs provinces dont ils devoient défendre les intérêts. J'aurois quelque honte de faire une pareille remarque, mais je n'examine pas l'histoire d'un peuple qui ait eu des mœurs et des principes, et qui fut attaché à des lois certaines. Dans un état qui se conduit au hasard en obéissant aux événemens, les plus petites causes doivent produire les plus grands effets.

Les députés de la noblesse les moins considérables imitèrent leurs chefs pour ne se point dégrader et se flattèrent que leur complaisance seroit récompensée. Tandis que le clergé ne songeoit qu'à faire sa cour de la manière la plus basse, quel bien pouvoit-on attendre du tiers-état? Quand les grands d'une nation aspirent à établir le pouvoir arbitraire, il est impossible que les ordres inférieurs ne contractent pas enfin malgré eux l'esprit de servitude.

CHAPITRE V.

Le parlement prend une nouvelle forme sous le règne de Charles VI.—Origine de l'enregistrement.—Le parlement devint la cour des pairs.—Progrès de son autorité sous les règnes de Charles VII, de Louis XI et de Charles VIII.

TANDIS que tous les ordres de l'état changeoient en quelque sorte de nature, le parlement, agité par tant de révolutions, éprouva aussi divers changemens. C'est sous le règne de Charles VI qu'il devint[244] perpétuel, que ses magistrats, autrefois élus tous les ans, jouirent de leurs offices à vie[245], ou du moins pendant tout le règne du prince qui leur en avoit donné les provisions, et qu'il acquit le droit de présenter[246] lui-même au roi les personnes qu'il désiroit posséder. Cette compagnie, bornée jusqu'alors à la simple administration de la justice, avoit beaucoup contribué à étendre[247] la prérogative royale, et cependant n'avoit encore pris aucune part à l'administration de l'état. Quoiqu'on lui eût fait quelquefois des reproches[248] assez graves, elle étoit cependant considérée par ses lumières; et depuis long-temps nos rois étoient dans l'usage d'appeler à leur conseil quelques-uns de ses principaux[249] membres. Le parlement avoit acquis un nouveau lustre depuis que Charles V, suivi des personnages les plus importans du royaume et des bourgeois les plus notables de Paris, y avoit tenu des assemblées solennelles pour y régler les affaires les plus importantes; et de jurisconsultes, les magistrats devinrent hommes d'état.

Quand le royaume en proie aux funestes divisions dont j'ai parlé, étoit déchiré par les grands qui s'en disputoient l'administration, et que les états décriés et presque oubliés ne laissoient aucune espérance de réforme, et la faisoient cependant désirer avec plus d'ardeur que jamais, tous ceux qui étoient les victimes de cette anarchie tyrannique, tournèrent leurs regards sur le parlement, le seul corps dont ils pouvoient attendre quelques secours, et l'invitèrent à se rendre l'arbitre des grands et le protecteur du peuple. On vit en effet des provinces, pour empêcher la ruine des immunités, y porter leurs protestations et leur appel[250] des ordonnances par lesquelles le gouvernement établissoit des impôts arbitraires. C'étoit attribuer au parlement une autorité supérieure à celle du conseil, et son ambition dut en être agréablement flattée. L'université de Paris[251] l'invita à faire des remontrances sur la mauvaise administration des finances; en un mot, la confiance dont le public honoroit le parlement, fit comprendre aux différentes factions qui s'emparoient successivement de l'autorité du roi, combien il leur seroit avantageux de s'attacher cette compagnie. Les ministres allèrent la consulter[252] sur les opérations qu'ils méditoient; et chaque parti, pour affermir son empire sur ses ennemis, et donner plus d'autorité à ses ordonnances, prit l'habitude de les faire publier au parlement, afin de paroître avoir son approbation, et elles furent couchées sur les registres de cette cour.

Quelle idée se fit-elle de cette nouvelle formalité? Je l'ignore. Mais si le parlement n'imagina pas alors qu'en publiant les ordonnances de Charles VI, il lui donnoit force de loi, et que son enregistrement étoit le complément ou la partie intégrante de la législation, il eut du moins l'ambition de se regarder comme l'approbateur et le gardien des lois.

Telle est l'origine de l'enregistrement; car pour croire avec quelques écrivains que la publication des lois du parlement et leur enregistrement sont des coutumes aussi anciennes que la monarchie, il faudroit n'avoir aucun égard à nos monumens historiques, et supposer des faits qui n'ont jamais existé. Pourroit-on se résoudre à penser que les capitulaires, portés pendant les deux premières races dans le champ de Mars ou de Mai, aient été publiés et enregistrés dans le tribunal supérieur de la justice de nos rois[253], dont le parlement tire son origine? Pouvoit-il manquer quelque chose à des lois faites par le corps entier de la nation, et auxquelles le roi avoit donné son consentement? Étoit-il possible d'y ajouter quelque autorité? Elles étoient sans doute envoyées à la justice du roi, mais de la même manière qu'à celle des comtes[254] et des évêques, parce que ces tribunaux devoient les connoître pour s'y conformer et les faire exécuter, et qu'une de leurs principales fonctions étoit de les publier dans leurs assises pour instruire le peuple.

On a imaginé que le champ de Mars ou de Mai, après avoir éprouvé différentes métamorphoses, subsiste encore dans notre parlement; et on ajoute que si ce corps représentatif de la nation a perdu le droit de faire des lois, il a constamment conservé celui de les publier[255] et de les enregistrer. Je ne sais si ce roman historique vaut la peine d'être réfuté. Qu'on nous montre par quelle chaîne notre parlement tient aux premières assemblées de la nation. Quelles sont ces révolutions du champ de Mai dont on ne trouve aucune trace dans nos monumens? Ne voit-on pas qu'il s'établit, sous les derniers Carlovingiens, un nouvel ordre de choses? Le gouvernement se dissout par la foiblesse de ses ressorts; toutes les parties de l'état sont séparées, l'anarchie établit par-tout l'indépendance. Quand la cour du roi, dans son origine, n'auroit point été distinguée du champ de Mars ou de Mai; par quel prodige, en vertu de quel droit, quelques seigneurs, qui relevoient immédiatement des premiers Capétiens et qui formoient leur cour féodale, auroient-ils prétendu représenter la nation? Tous nos monumens historiques ne nous apprennent-ils pas que ces vassaux du roi se bornoient à juger les différens élevés entre les vassaux de la couronne ou entre eux et le roi, et profitoient seulement de l'occasion qui les rassembloit pour faire quelquefois des traités[256] qui ne lioient que ceux qui les avoient signés. Quand le parlement seroit la même chose que l'ancien champ de Mai, comment auroit-il conservé le privilége de vérifier les lois du royaume, puisqu'il n'existoit plus de lois générales? Qu'on fasse attention qu'il ne pouvoit pas même y en avoir; car le suzerain n'avoit aucune espèce d'autorité sur[257] ses arrière-vassaux.

Les successeurs de Hugues-Capet, jusqu'à S. Louis, ne furent législateurs que dans leurs domaines; et pourquoi se seroient-ils soumis à porter leurs ordonnances au parlement, puisque les seigneurs qui y siégeoient, convaincus de la plénitude de leur pouvoir, n'y portoient eux-mêmes ni les lois qu'ils faisoient pour leurs sujets, ni les traités qu'ils passoient avec leurs vassaux? Quand ces seigneurs donnèrent des chartes de commune à leurs villes, on demanda quelquefois la garantie du roi; mais on ne trouve aucun exemple que ces pièces aient été envoyées à sa cour, pour que l'enregistrement leur donnât force de lois. Il est démontré, par la prodigieuse variété des coutumes qui étoient répandues dans le royaume, qu'on n'y connoissoit point une puissance législative qui s'étendît sur tout le corps de la nation; il auroit donc été absurde qu'il y eût une compagnie chargée d'enregistrer les lois chimériques d'une puissance qui n'existoit pas. S. Louis, il est vrai, publia quelques-unes de ses ordonnances au parlement, et son fils, qui n'étoit pas encore reconnu incontestablement pour législateur, suivit cet exemple. Mais, par-là, ces deux princes ne remplissoient point un devoir qui leur fût prescrit par la coutume; ils ne cherchoient qu'à préparer les esprits à l'obéissance, et accréditer l'opinion naissante de leur législation. Ce n'est pas même cette conduite que tinrent quelquefois S. Louis et son fils, qu'on doit regarder comme l'origine de l'enregistrement, puisque cette coutume tomba dans l'oubli à mesure que le parlement et l'administration de la justice prirent une forme nouvelle par l'établissement des appels et la qualité des personnes qui composèrent le parlement, quand les seigneurs eurent renoncé au droit de juger.

Les progrès rapides que fit alors l'autorité royale, contribuèrent surtout à faire entièrement disparoître cette nouveauté. Philippe-le-Bel, plus puissant qu'aucun de ses prédécesseurs, sentit combien l'autorité de son parlement, composé de praticiens qu'il choisissoit à son gré pour remplir les fonctions d'une magistrature annuelle, étoit peu propre à donner du crédit à ses lois, et à les faire respecter par des seigneurs fiers de leur pouvoir et de leur grandeur. Il n'y fit point enregistrer l'ordonnance importante par laquelle il établissoit la reine régente, dans le cas que son fils fût mineur en montant sur le trône: il eut recours à un moyen plus efficace; il demanda la garantie[258] aux seigneurs les plus puissans. Tout le monde sait que ce prince gouvernoit par des ordres secrets qu'il se contentoit d'adresser directement à ses baillis. Mais quand il seroit vrai que le parlement eût jusqu'alors représenté la nation, n'est-il pas évident qu'il perdoit nécessairement cet avantage, dès que, par l'établissement des états-généraux, Philippe-le-Bel la rassembloit réellement?

Comment, avant le règne de Charles VI, auroit-il été d'usage de publier les ordonnances du roi au parlement, pour qu'elles fussent regardées comme des lois, puisque ce tribunal ne se tenoit que deux fois l'an et pendant un temps très-court? Pour remédier à un abus, il auroit donc fallu attendre que cette compagnie fût assemblée, et le gouvernement auroit été souvent arrêté dans ses opérations. On me répondra sans doute que les Capétiens pouvoient faire des réglemens provisoires, comme les Carlovingiens en avoient fait; mais ne voit-on pas que les prédécesseurs de Philippe-le-Bel n'auroient pas moins abusé de ce droit que les successeurs de Charlemagne, et qu'ils n'auroient pas été long-temps sans secouer un joug incommode?

Peut-on avoir quelque connoissance de nos anciens monumens, et ignorer que plusieurs ordonnances n'ont été publiées qu'à l'audience du prévôt de Paris? Les historiens ne nous apprennent-ils pas que le conseil se contentoit quelquefois de les faire publier dans les rues par un officier du roi? Et c'est de cette manière que le duc d'Anjou rétablit les impôts qui excitèrent la sédition des Maillotins. Les ordonnances avoient alors toute la force dont elles étoient susceptibles, quand elles avoient été déposées dans le trésor des chartes. Le parlement lui-même[259] en convenoit encore sous le règne de Charles VII; et bien loin de croire que ses registres seuls fussent les dépositaires de la loi, il accordoit le même honneur à ceux de la chambre des comptes. On sait enfin que si on avoit besoin de quelque pièce du trésor des chartes, il falloit s'adresser[260] au roi pour en obtenir une copie; et il ne l'accordoit qu'avec la clause que cette ordonnance ne pouvoit servir qu'à la personne, au corps, ou à la communauté à qui on en avoit permis la communication. A quoi auroit servi cette coutume, si l'enregistrement, tel que nous le connoissons, avoit été pratiqué? Pourquoi le roi auroit-il tâché inutilement de soustraire ses ordonnances à la connoissance et à l'usage des citoyens, si elles avoient été transcrites sur les registres du parlement?

Sans doute que sur la fin du même règne de Charles VI on n'avoit point encore, de la publication des ordonnances au parlement, ou de l'enregistrement, la même idée que nous en avons eue depuis, puisqu'il n'est pas fait mention de cette formalité dans le traité de Troyes, qui devenoit une loi fondamentale de la monarchie, et d'autant plus importante qu'elle changeoit l'ordre établi et reconnu de la succession. Si l'opinion publique eut regardé l'enregistrement comme l'ame et le complément de la loi, est-il vraisemblable qu'on eût négligé d'en faire mention et de l'exiger? Peut-on raisonnablement soupçonner les Anglais de distraction ou d'oubli dans cette occasion? En signant un traité par lequel Henri V s'engageoit à conserver au parlement[261] ses priviléges, pouvoit-il oublier d'en requérir l'enregistrement, s'il eut cru cette formalité nécessaire à la validité de l'acte qu'il passoit?

Le parlement, composé de magistrats nommés par le roi, et qui n'avoient qu'une existence précaire, avoit toujours été attentif à flatter la cour, à se rendre digne de ses faveurs, et à étendre l'autorité royale, pour que, sous le règne de Charles VI, il abusât déjà de l'envoi qu'on lui faisoit des ordonnances, jusqu'au point de former le projet de partager avec le roi la puissance législative, dont la nation elle-même assemblée en états-généraux, n'avoit osé s'attribuer aucune partie: soyons sûrs qu'il ne s'est point fait subitement des prétentions si extraordinaires: les hommes, et surtout les compagnies, dont les mouvemens sont toujours plus lents, ne franchissent que pas à pas de si grands intervalles. Si le parlement avoit cru entrer en part de la législation, ou du moins s'il avoit pensé avoir le droit de rejeter ou de modifier les lois qu'on lui présentoit, il auroit fait sans doute les remontrances les plus graves, quand chaque faction à son tour lui envoyoit des ordonnances contraires les unes aux autres. Il auroit opposé les refus les plus constans aux injustices du gouvernement; et l'histoire, qui n'en parle point, n'auroit pas manqué de faire l'éloge de son courage et de sa générosité. Enfin, comment auroit-il eu la bassesse de ne point protester contre une loi qui proscrivoit la maison de Hugues-Capet pour donner son trône à Henri V?

Selon les apparences, l'enregistrement, semblable par son origine et dans ses progrès à tous les autres usages de notre nation, s'est établi par hasard, s'est accrédité peu à peu, a souffert mille révolutions; et par une suite de circonstances extraordinaires, on lui a enfin attribué tout le pouvoir qu'il a aujourd'hui. Il seroit plus aisé de dire ce que ce pouvoir doit être pour être utile, que de le définir d'après les idées du conseil et du parlement. A travers l'obscurité dont ils s'enveloppent, on entrevoit seulement que l'un pense que l'enregistrement n'est rien, et que l'autre est persuadé qu'il est tout.

Sur la fin du règne de Charles VI, il est vraisemblable que le parlement hasarda quelquefois de délibérer[262] sur les ordonnances qui lui étoient portées; et quand il ne les approuvoit pas, il ne permit point qu'elles fussent couchées sur ses registres sans quelque marque d'improbation. Dans les pays gouvernés par des coutumes, les exemples deviennent des titres; et comme les états avoient un[263] pouvoir consultatif, le parlement imagina sans doute de se faire le même droit. De la liberté qu'il avoit prise de soumettre les ordonnances à son examen, on conclut qu'il pouvoit et devoit même exercer une sorte de censure sur la législation; et il n'en falloit pas davantage pour que cet instinct, qui porte les corps comme les particuliers à étendre leur pouvoir, lui persuadât qu'il avoit le privilége de modifier, d'étendre ou de restreindre les lois, et qu'il devoit même avoir celui de les rejeter entièrement. Ces idées répandues dans le public acquirent du crédit, et on voit en effet que sous le règne de Charles VII, les notes d'improbation dans l'enregistrement d'une ordonnance, affoiblissoient[264] en quelque sorte la force de la loi; puisque le conseil, qui les voyoit avec chagrin, en sollicitoit la radiation. On sait que Louis XI disoit au duc de Bourgogne, qu'il étoit nécessaire qu'il allât à Paris pour faire enregistrer leur accord au parlement, sans quoi il n'auroit aucune autorité. Louis vraisemblablement ne le pensoit pas: il avoit une trop haute idée de son pouvoir; mais puisqu'il se servoit de ce prétexte pour s'éloigner du duc de Bourgogne, sans doute que l'opinion publique commençoit déjà à regarder l'enregistrement comme une formalité indispensable.

L'ambition des gens de robe devoit réussir d'autant plus aisément, qu'ils parloient à une nation qui n'avoit aucune connoissance de ses antiquités, aucune loi fixe, ni aucun principe sur la nature du gouvernement. Comines leur reproche d'avoir toujours dans la bouche quelque trait d'histoire ou quelque maxime dont ils abusoient, ou qu'ils présentoient sous la face qui leur étoit la plus avantageuse. La décadence, et même la ruine des états-généraux, la foiblesse et la dureté du gouvernement de Charles VI, les factions des grands, tout favorisoit les prétentions du parlement. Et sans doute que le public, inspiré par cette crainte que donne toujours le pouvoir arbitraire, voyoit avec plaisir qu'il s'élevât une barrière entre lui et le despotisme du conseil.

Les progrès du parlement auroient été bien plus rapides, s'il ne se fût pas livré lui-même à l'esprit de faction qui troubla le règne de Charles VI. Cette compagnie se partagea, et elle auroit peut-être perdu sans retour toute la considération qu'elle avoit acquise, si ceux de ses membres qui s'attachèrent à Charles VII, n'avoient ensuite servi à la soutenir et la protéger. Quoi qu'il en soit, quand Charles eut triomphé de ses ennemis, le parlement se trouva humilié, parce qu'il avoit besoin d'un pardon. Il n'osa s'adresser ni directement au roi, comme sembloit l'y autoriser sa fortune naissante, ni même au conseil, suivant l'usage ancien. Il se contenta de faire[265] une députation au connétable pour l'assurer de sa fidélité, et lui demander ses ordres particuliers au sujet de l'administration de la justice: il étoit difficile que, dans une pareille humiliation, le public retrouvât encore la majesté d'un corps qui aspiroit à partager la puissance législative avec le roi.

L'usage des élections[266] fut interrompu, et des magistrats présentés par des courtisans et nommés par le roi, furent moins zélés pour les intérêts de leur compagnie, que ceux qu'elle avoit elle-même choisis; si le parlement n'oublia pas ses nouvelles prétentions, il fut moins empressé à les faire valoir. Mais ce qui contribua plus que tout le reste à retarder la marche de son ambition, c'est la puissance même que les grands avoient acquise, et qui s'étoit affermie. Puisqu'ils avoient réussi à se délivrer de la censure incommode des états-généraux, ils ne devoient pas permettre à un corps toujours existant et toujours présent de l'exercer. Si le conseil n'eût encore été composé que de personnes peu recommandables par leur naissance et leurs dignités, les magistrats auroient été vraisemblablement plus hardis. Mais ils se sentoient opprimés par la grandeur des personnages qui manioient l'autorité du roi. Plus l'opinion publique attachoit de considération à l'antiquité des races, aux charges de la cour et à la profession des armes, dans un temps sur-tout où le courage de la noblesse venoit de prodiguer son sang pour chasser les Anglais et placer le légitime héritier sur le trône, moins le parlement osoit se livrer aux espérances que peut avoir un corps maître de faire parler des lois et de les interprêter en sa faveur.

Il faut sur-tout remarquer que cette compagnie, souvent nommée dans les ordonnances la principale cour de justice et le chef des tribunaux, n'étoit cependant qu'une cour secondaire dont la juridiction ne s'étendoit pas sur tous les ordres de l'état. Quoique les pairs et les grands officiers de la couronne y eussent prêté serment[267] sous le règne de Charles VI, elle n'étoit point encore la cour des pairs, c'est-à-dire, qu'elle n'avoit point encore le droit de juger les anciens pairs, ni les nouveaux qui affectoient les mêmes prérogatives, ni mêmes les princes du sang qui prétendoient précéder[268] les pairs, depuis que l'ordre établi dans la succession les appeloit tous au trône dans leur rang d'aînesse, et qu'ils avoient pris part au gouvernement. Si le parlement étoit nommé la principale ou la première cour de justice, ce n'étoit qu'improprement, et relativement aux tribunaux subalternes dont il recevoit les appels, ou à la chambre des comptes et à la cour des aides, qui formoient des justices souveraines dans l'ordre des choses dont la connoissance leur étoit attribuée. Peut-être que les rois ne se servoient de cette expression que parce qu'ils avoient intérêt de faire oublier les priviléges de la pairie; et que la cour des pairs, qui s'assembloit très-rarement, formoit une juridiction à part, et, pour ainsi dire, inconnue dans l'ordre de la justice.

Il est vrai que Philippe-le-Bel avoit voulu soumettre les pairs à la juridiction de son parlement, et il avoit raison de bien plus compter sur des hommes qui tenoient de lui leur dignité, et qui travailloient avec zèle à augmenter la prérogative royale, que sur des seigneurs puissans, jaloux de leur souveraineté, choqués d'avoir un suzerain, et qui formant eux-mêmes une cour pour se juger, devoient favoriser par leurs arrêts les priviléges de la pairie. Mais il est certain que les pairs, éclairés sur leurs intérêts, ou plutôt incapables par hauteur de reconnoître la juridiction du parlement, depuis qu'il avoit changé de nature, s'opposèrent opiniâtrement à l'entreprise de Philippe-le-Bel. Je dois, lui écrivit Guy, comte de Flandre, être jugé par mes[269] pairs, et non par des avocats. Le traité que les fils de ce seigneur passèrent en 1305 avec le même prince, est encore une preuve évidente qu'un pair ne devoit être jugé que par le roi[270], les pairs et deux prélats ou barons du conseil. En 1324 les pairs prétendirent que les différends nés au sujet de la pairie entre le roi et eux ne pouvoient être portés au parlement, si les pairs n'assistoient pas[271] au jugement. Comment auroient-ils osé former cette prétention, si le parlement avoit été en droit de juger la personne même des pairs?

Il falloit que cette coutume se fût constamment soutenue, puisque dans le procès du roi de Navarre en 1386, le duc de Bourgogne, qui portoit la parole pour les pairs, dont il étoit doyen, avança qu'eux seuls[272] étoient juges de cette affaire, et que le roi même n'avoit pas le droit d'en connoître. Cette prétention, contraire aux anciennes règles des cours féodales que le suzerain présidoit toujours, étoit sans doute outrée; cependant, Charles VI donna des lettres-patentes, par lesquelles il reconnoissoit, qu'en assistant au procès du roi de Navarre, il ne prétendoit acquérir aucun droit de juger les pairs, ni diminuer leurs prérogatives. On peut blâmer ce prince d'avoir consenti à la demande injuste des pairs, ou le plaindre de s'être trouvé dans des circonstances qui le forçoient à ne rien refuser; mais il n'en résulte pas moins de ces faits, que la juridiction du parlement ne s'étendoit point alors sur les pairs. Est-il convenable qu'on eût refusé au prince un droit qu'on auroit reconnu dans ses officiers? Tout concourt à prouver la vérité de l'opinion que j'avance. On a vu que depuis la fin de la seconde race, les Français n'étoient gouvernés que par des coutumes; et le propre des coutumes n'est-il pas de s'altérer insensiblement, de changer de proche en proche, et non par des révolutions subites qui établissent des nouveautés qui ne tiennent en rien aux anciens usages? Il falloit que par une longue suite d'événemens, les pairs perdissent leur puissance, et que le parlement acquît de la dignité, pour que ces deux corps peu à peu rapprochés se confondissent pour n'en former qu'un.

Telle étoit encore sous le règne de Charles VII la doctrine ou l'opinion au sujet des droits de la pairie et de la compétence du parlement, puisque le comte d'Armagnac déclina la juridiction de cette cour dans le procès qui lui fut intenté. Il prétendit qu'en sa qualité de descendant de la famille royale par ses mères, il devoit jouir de la prérogative de prince du sang, c'est-à-dire, n'être jugé que par le roi et ses pairs. Je ne prétends pas que la demande du comte d'Armagnac fût fondée; mais ne prouve-t-elle pas deux choses? l'une, que les pairs ne vouloient reconnoître qu'eux pour leurs juges; et l'autre, que les princes du sang formoient la prétention de n'être jugés que par la cour des pairs, qui n'étoit pas le parlement. Le comte d'Armagnac avoit tort de réclamer un droit qui ne lui appartenoit pas: mais croira-t-on que pour se soustraire à la juridiction du parlement, il ait supposé dans les pairs et les princes des prétentions qu'ils n'avoient pas, et qu'en adressant ses mémoires au parlement même, il ait imaginé une cour qui n'existoit point, pour y être jugé? C'est une manie ridicule et insensée que la critique ne peut admettre.

Je demande pardon à mes lecteurs de m'arrêter si long-temps sur ce point de notre droit public; ils doivent m'excuser. Peut-on être court quand on présente des vérités qui, vraisemblablement, ne plairont pas, et contre lesquelles on a publié une foule d'écrits qui ont usurpé dans le monde une réputation qu'ils ne méritent pas?

Les réponses que le procureur du roi au parlement fit aux demandes du comte d'Armagnac sont extrêmement foibles. «J'ignore[273], *dit ce magistrat,* les prétentions des princes du sang que le comte d'Armagnac allègue; mais si les priviléges dont il parle sont réels, ils ne regardent que les princes du sang royal par mâles. Je nie que les princes aient aucun titre pour prétendre que le roi doive connoître, accompagné de ses pairs, des causes criminelles de ceux de sa maison.» Je crois en effet que les princes ne pouvoient alors citer aucune charte ni aucune ordonnance qui les associât aux prérogatives de la pairie, mais dans notre ancien gouvernement ne commençoit-on pas toujours par se faire des prétentions? et dans des conjonctures favorables, on faisoit ensuite reconnoître et autoriser son droit par quelque charte ou quelque ordonnance: si le comte d'Armagnac avoit supposé dans les princes du sang et les pairs des prétentions qu'ils n'avoient pas, il auroit fallu le confondre, en lui disant qu'il avoit recours à des suppositions fausses et chimériques, et non pas en alléguant simplement que «la cour qui lui représente le roi, est capable de juger les princes et les pairs; que les pairs sont justiciables du parlement, qui, pour juger, n'a pas besoin d'être garni de pairs, et que si le roi a assisté en personne à de pareils jugemens, ç'a été sans nécessité et parce qu'il le jugeoit à propos.» Avancer de pareilles propositions, ce n'est pas répondre au comte d'Armagnac, mais établir une doctrine contraire à la sienne. Le procureur du roi fait des assertions, mais ne les appuye d'aucune autorité; et tout ce que prouve son discours, c'est que quelques membres du parlement, fiers du crédit naissant de leur compagnie, avoient déjà l'ambition de vouloir juger la personne des pairs; qu'ayant depuis quelques années un édit par lequel Charles VII assuroit à leur tribunal la connoissance des causes concernant la pairie, ils croyoient qu'il étoit temps de pousser plus loin leurs prétentions; et que le procureur du roi, qui pensoit comme eux, profita de l'occasion d'insinuer dans le public ces principes nouveaux, en attaquant un seigneur qui n'étoit ni prince ni pair, et qui en réclamoit les prérogatives.

En effet, cette doctrine n'étoit point encore celle du parlement. On peut se rappeler que le duc d'Alençon fut arrêté dans le temps même que l'affaire du comte d'Armagnac se poursuivoit, et que Charles VII fit au parlement plusieurs questions au sujet de la manière de procéder en justice contre ce prince revêtu de la dignité de pair. Rien n'est plus propre que ce fait intéressant à démontrer que la cour des pairs formoit un tribunal particulier, et distingué de tous les autres tribunaux. Le parlement tint un langage tout différent que celui que tenoit le procureur du roi dans l'affaire du comte d'Armagnac. Il répondit que le roi[274] devoit juger le duc d'Alençon, en appelant au jugement les pairs, les seigneurs qui tiennent en pairie, et d'autres personnes considérables de l'ordre ecclésiastique et de son conseil. Si le parlement avoit pensé comme le procureur du roi et quelques autres de ses membres, se seroit-il exprimé de la sorte? S'il avoit cru être la cour des pairs, s'il avoit trouvé dans ses registres quelque titre propre à favoriser cette prétention, n'auroit-il pas dit que le duc d'Alençon devoit être jugé par le parlement garni de pairs et présidé par le roi?

Cette compagnie ajoute que c'est ainsi qu'avoient été faits les procès de Robert d'Artois, de Jean de Montfort et du roi de Navarre; elle décide sans hésiter, et de la manière la plus précise, qu'il est nécessaire que le roi assiste au jugement du duc d'Alençon, que cet usage avoit été constant jusqu'alors, et même, que dans le cas où le roi seroit occupé par quelque affaire plus importante, il vaudroit mieux différer le procès et le jugement, que si le roi donnoit commission à quelqu'un de le représenter. Ce seroit abuser de la patience de mes lecteurs, que de vouloir faire des réflexions sur des réponses qui sont si claires, et qui distinguent de la façon la plus marquée la cour des pairs de tous les autres tribunaux. Mais ce qu'on ne peut trop louer, c'est que, dans un temps où plusieurs magistrats du parlement pensoient comme le procureur du roi, et formèrent les plus hautes prétentions, cette compagnie ait préféré les intérêts de la vérité à ceux de son ambition. Non-seulement elle n'abusa point de l'ignorance du roi et de son conseil sur nos anciens usages, pour s'arroger une prérogative si importante pour elle; mais elle ne voulut pas même insinuer par ses réponses qu'il seroit à propos d'appeler quelques-uns de ses magistrats pour instruire le procès du duc d'Alençon, et servir dans la cour des pairs de conseillers-rapporteurs.

Si le procès du duc d'Alençon ne forme pas l'époque où le parlement devint la cour des pairs, il lui fournit du moins un titre pour aspirer à cet honneur, et défendre avec succès sa prétention. Charles VII ayant appelé, d'abord à Nemours, et ensuite à Montargis, plusieurs magistrats de cette compagnie pour assister aux informations et au jugement de cette affaire, elle eut soin de ne qualifier de[275] parlement dans ses registres que la partie de son tribunal qui se rendit aux ordres du roi: tandis que ceux de ses membres qui restèrent à Paris pour l'administration ordinaire de la justice, s'abstinrent de prendre ce titre. Plus le procès du duc d'Alençon avoit été fait avec solennité, plus les formes qu'on y avoit observées devoient servir de règles dans de pareilles circonstances: car on étoit encore dans un temps où un exemple avoit autant et plus d'autorité qu'une loi. Le parlement trouvoit désormais dans ses registres un titre qui lui apprenoit qu'il avoit été appelé au jugement d'un pair; pourquoi n'en auroit-il pas conclu qu'il devoit y assister? C'est ainsi que raisonne l'ambition. Cette doctrine devoit s'accréditer d'autant plus aisément, que les pairs n'étoient pas assez instruits pour discuter leurs droits avec avantage, s'il s'élevoit quelque difficulté à ce sujet. Continuellement distraits, ils oublioient leurs prérogatives, tandis que le parlement n'étoit occupé que des siennes. D'ailleurs, il se fit une grande révolution dans le royaume; et la pairie, perdant ses plus puissans défenseurs avant qu'il se présentât une occasion de faire le procès à un pair, ne fut plus en état de faire valoir ses droits avec le même avantage.

En effet, le duché d'Aquitaine venoit d'être conquis sur les Anglais et uni à la couronne. Louis XI devoit bientôt s'emparer de la Bourgogne, et son fils posséda la Bretagne, qui, quoique pairie nouvelle, étoit un des plus grands fiefs du royaume, et avoit conservé tous les droits de souveraineté qui appartenoient encore aux anciennes pairies. Il ne devoit plus rester des anciens pairs que les comtes de Flandres, dont la seigneurie passa dans une maison étrangère, ambitieuse, et qui, étant assez puissante pour en faire une principauté indépendante, ne devoit plus rien avoir de commun avec les pairs de France. Il est vrai que les nouveaux pairs que Philippe-le-Bel et ses successeurs avoient créés, lisoient dans leurs patentes qu'ils étoient égaux en dignités aux anciens pairs, et qu'ils devoient jouir des mêmes prérogatives; mais les esprits s'étoient refusés à ces idées. Les nouvelles pairies étant attachées à des seigneuries beaucoup moins importantes que les anciennes, les nouveaux pairs durent être beaucoup moins considérés[276] que les anciens. Dans une monarchie, tout ce qui est grand s'abaisse à mesure que le monarque s'élève; et l'opinion publique, cet arbitre souverain des rangs et des dignités, qui ne juge de la grandeur que par la puissance, ne confondit point des fiefs formés dans la décadence des Carlovingiens avec ceux que la puissance des Capétiens créa.

En devenant la cour des pairs, le parlement accrut considérablement son pouvoir, sa considération et ses espérances. Malgré la vigilance de Louis XI à tout soumettre à ses ordres, cette compagnie avoit déjà acquis sous Charles VIII une grande autorité dans les affaires publiques, puisque le duc d'Orléans, depuis Louis XII, lui porta[277] ses plaintes sur ce que le conseil du roi n'exécutoit aucune des promesses qui avoient été faites aux derniers états: c'étoit en quelque sorte reconnoître que le parlement étoit le substitut ou le délégué des états en leur absence. Il est vrai que le premier président, qui étoit attaché aux intérêts de la régente, lui répondit que la cour étoit composée de gens lettrés, destinés à juger, et non à se mêler du gouvernement sans la participation du roi; mais il ne rendoit ni le vœu ni les espérances de sa compagnie, qui ne tarda pas à se regarder comme le tuteur des rois et de leur autorité.

CHAPITRE VI.

Réflexions sur le gouvernement qui résultoit de la puissance que les grands et le parlement avoient acquise.

IL suffit d'avoir quelque idée de la manière étrange dont les grands ont abusé de leur pouvoir dans tous les pays, pour juger des malheurs que devoit produire en France leur association au gouvernement. Par-tout ils ont brisé les foibles obstacles qui s'opposoient à leur volonté; par-tout ils ont fait taire les lois, et cru qu'eux seuls formoient la société. Il est vraisemblable que la troisième race de nos rois auroit éprouvé les mêmes disgraces que les deux premières, si les grands avoient été les seuls ministres et les seuls dépositaires de l'autorité royale sous les successeurs de Charles VI; à force d'en abuser, ils n'auroient bientôt pu en tirer aucun avantage. Las de servir ou de gouverner un maître inutile, ils devoient alors songer à se faire une puissance propre et personnelle, et on auroit vu renaître le gouvernement féodal, dont le souvenir leur étoit toujours cher.

C'est l'autorité que le parlement avoit acquise qui détermina le cours des événemens qu'on devoit craindre. En opposant ses modifications, ses remontrances et le nom des lois aux injustices des grands, il les empêcha de se livrer à leurs passions avec la même facilité qu'ils l'auroient fait. Cette compagnie connut la nécessité d'avoir des lois, puisqu'elle en étoit le gardien, et que ce n'étoit que par leur secours qu'elle pouvoit se rendre puissante. Elle recueillit dans ces chartes et ces ordonnances informes, qu'on avoit publiées jusques-là, tout ce qu'elle crut qui lui seroit utile, et commença à donner du crédit à ces articles épars qui formoient la législation la plus grossière et la plus barbare.

C'est à cette époque que la puissance législative voulut en quelque sorte réparer les torts de son oisiveté, et Charles VII ne fit que ce qu'avoit fait autrefois Clovis: il ordonna d'écrire[278] les coutumes de chaque province, et qu'après avoir été examinées et autorisées par le conseil et le parlement, elles fussent observées comme autant de lois. On se hâta de faire des règlemens et des ordonnances, mais sans savoir l'objet qu'on devoit se proposer et la méthode qu'on devoit suivre. La France avoit manqué de lois, elle en fut bientôt accablée; mais ces lois, pour la plupart insuffisantes, obscures, et souvent contraires les unes aux autres, étoient incapables de produire l'effet que le citoyen en attendoit. Quel jurisconsulte, en étudiant notre législation, peut se flatter de débrouiller ce chaos, monument de nos besoins et de nos vices, de nos caprices et de notre ignorance?

Le parlement auroit été en état de diriger la puissance législative, de lui demander les lois les plus salutaires, et de lui fournir les moyens les plus efficaces pour les affermir, que ç'auroit été sans succès. Il étoit facile aux grands, qui manioient l'autorité du roi, de lui rendre suspect un corps qui pensoit qu'il étoit quelquefois de son devoir de désobéir; et qui, en feignant de faire observer les lois, pouvoit ravir au législateur le droit d'en faire. Sous prétexte de servir le prince, les magistrats n'auroient pas souffert qu'on eût établi une règle qui auroit été contraire à leurs intérêts particuliers. Avant que nos rois eussent acquis le droit de lever arbitrairement des impôts, et quand ils étoient obligés de traiter avec leurs sujets, pour en obtenir des subsides, ils conservèrent précisément tous les vices de leur administration, pour en faire une espèce de commerce. Ils vendoient les lois, et la suppression de quelques abus, à condition qu'on leur donneroit un subside; mais pour que la source des subsides ne tarît pas, il falloit laisser subsister les abus et faire mépriser les lois qui les proscrivoient. Quand nos rois n'eurent plus aucun motif pour conserver cette malheureuse politique, qui a perpétué pendant si long-temps nos désordres et nos malheurs, les grands crurent qu'il étoit de leur intérêt de l'adopter, et sous les successeurs de Charles VI, à qui on ne contestoit aucune prérogative, on vit encore les mêmes abus, qui n'auroient dû subsister que dans le temps où la puissance royale étoit anéantie. De ces abus, qui rendoient le crédit des grands odieux et incertain, et de l'impuissance des lois, qui empêchoit les magistrats d'agrandir leur autorité, il résulte des intérêts bizarres et une conduite extraordinaire.

Ces deux factions, qui se balançoient et se tenoient mutuellement en échec, sentirent que pour se rendre plus puissantes, elles devoient se couvrir du nom du roi, et ne se proposer que son avantage. Peut-être ne se rendoient-elles point compte à elles-mêmes de l'ambition secrète qui les faisoit agir; mais n'est-il pas évident que si l'une fût parvenue à humilier l'autre, elle n'auroit pas tardé à montrer ses vrais sentimens, et s'emparer de la puissance publique? On vit les grands porter des lois au nom du roi, et les magistrats les rejeter ou les modifier au nom du roi; c'étoit une espèce de combat entre la puissance active des uns, et la puissance d'inertie ou de résistance des autres. Les grands vouloient dominer la nation par le prince; et sans se soucier de la nation, le parlement désiroit que le prince eût besoin de lui. Si le roi étoit habile, et jaloux de commander par lui-même, il lui étoit aisé de se servir de leur rivalité pour les contenir et les forcer tous deux à obéir.

Tandis que les grands et le parlement se conduisoient par des vues si capables de les perdre, et se flattoient en quelque sorte de trouver toujours un prince qui leur abandonneroit son pouvoir, quel moyen restoit-il à la nation pour recouvrer ses anciens priviléges, et voir renaître des états-généraux, qui, en perfectionnant leur police, pussent faire fleurir le royaume? C'étoit en vain qu'un grand nombre de citoyens gémissoient sous une administration qui n'étoit soumise à aucune règle. On avoit beau murmurer contre les impôts dont l'état étoit accablé, et penser avec Comines que les impositions qui n'avoient pas été consenties par les états-généraux, étoient autant d'exactions injustes; comment les citoyens auroient-ils encore pu faire entendre leurs plaintes, et contraindre le gouvernement à consulter la nation? La noblesse, attachée aux grands qui gouvernoient et qui favorisoient[279] ses injustices, craignoit presque autant qu'eux ces grandes assemblées, qui, après lui avoir reproché sa tyrannie, auroient vraisemblablement demandé qu'on la réprimât. Le parlement qui se trouvoit à la tête du tiers-état, comme les grands à celle de la noblesse, n'avoit pas oublié les affronts que lui avoient faits autrefois les états-généraux; il empêchoit par ses remontrances que les plaintes du peuple ne devinssent assez séditieuses pour intimider le gouvernement, et il étoit ainsi le garant de la docilité de cet ordre. Avec de pareils secours, il ne falloit pas beaucoup d'art pour faire perdre à la nation le souvenir de ses priviléges, et l'accoutumer peu à peu à souffrir sans se plaindre.

La France paroissoit destinée à obéir à un pouvoir arbitraire, et elle y auroit été conduite sans éprouver d'agitation violente, si le prince eût toujours eu une conduite assez adroite pour contenir les grands par les magistrats, et les magistrats par les grands; mais à quelles infortunes nos pères n'étoient-ils pas encore condamnés, s'il montoit sur le trône des rois foibles, et qui, ne connoissant pas le danger qui les menaçoit, abandonneroient le soin de leur autorité? Dès-lors toutes les passions devoient acquérir un nouveau degré d'activité. Toutes les arrières-vues des grands et du parlement devoient se montrer à découvert, et produire des désordres d'autant plus grands, que chacune de ces factions étant incapable de se conduire et d'être unie par un intérêt général, devoit produire des cabales et des partis différens, dont le choc pouvoit renverser les fondemens de l'état.

Si la France avoit continué sous les successeurs de Louis XI à ne s'occuper, comme elle avoit fait depuis Hugues-Capet, que de ses affaires domestiques, et que des événemens extraordinaires n'eussent pas, pour ainsi dire, changé en un jour ses mœurs et son caractère, peut-être que la nation seroit sortie de son assoupissement au bruit qu'excitoient les querelles des grands. Mais un nouvel ordre de choses alloit s'établir dans l'Europe. Les peuples, jusqu'alors séparés, et qui n'avoient presque aucune communication entre eux, alloient unir, partager, joindre et diviser leurs intérêts, plutôt pour se détruire mutuellement, que pour travailler à leur conservation. De nouvelles connoissances, avec de nouveaux arts, étoient prêts à s'établir chez tous les peuples; et la religion, menacée par des ennemis puissans, ne devoit plus paroître qu'armée des flambeaux et des poignards du fanatisme. Il me reste à examiner quel fut le sort du prince, des grands, du parlement et de la nation entière, pendant la révolution que l'Europe souffrit.

Fin du livre sixième.

LIVRE SEPTIÈME.

CHAPITRE PREMIER.

De la révolution arrivée dans la politique, les mœurs et la religion de l'Europe, depuis le règne de Charles VIII jusqu'à Henri II.

DEPUIS que le gouvernement des fiefs s'étoit établi dans toute l'Europe, et qu'à quelques légères modifications près, la foi donnée et reçue y fût devenue, comme en France, la règle incertaine et équivoque de l'ordre et de la subordination, tous les peuples éprouvèrent la même fortune que les Français. Les états, continuellement occupés de leurs dissentions domestiques, et par conséquent incapables de réunir leurs forces et de les diriger par un même esprit, furent voisins sans se causer ni inquiétude, ni jalousie, ni haine. Il n'y eut que le zèle fanatique dont les chrétiens d'Occident furent animés pour la délivrance de la Terre-Sainte, qui, en suspendant par intervalles les troubles et les querelles que l'anarchie féodale devoit sans cesse reproduire, pût rapprocher les ordres divisés de chaque nation, les réunir par un même intérêt, et leur permettre de porter leur attention au-dessous. Ces siècles malheureux, où l'on ne voit que des suzerains et des vassaux armés les uns contre les autres, offrent à peine quelques guerres de nation à nation; et elles furent ordinairement terminées dans une campagne, parce qu'elles avoient été entreprises par des princes qui eurent trop d'ennemis domestiques dans leurs propres états, pour former un plan suivi d'agrandissement aux dépens des étrangers.

Mais pendant que les Français, par une suite des causes que j'ai tâché de développer, abandonnoient leurs coutumes barbares, s'accoutumoient à reconnoître un législateur dans leur suzerain, et virent, en un mot, la monarchie s'élever peu à peu sur les ruines des fiefs, les autres peuples éprouvèrent aussi leurs révolutions. A force de s'agiter au milieu de leurs désordres, d'être poussés çà et là au gré de la fortune et des événemens, et d'essayer des nouveautés dans l'espérance d'être moins malheureux, ils se lassèrent enfin des vices de leur constitution. Les uns eurent le bonheur d'adopter des lois qui ralentirent l'activité de leurs passions, et ne donnèrent qu'un même intérêt à tous les citoyens; les autres s'accoutumèrent à obéir, en se courbant par nécessité sous le poids d'une puissance qui s'étoit formée au milieu d'eux; et tous se rapprochèrent d'une forme de gouvernement plus régulière. Quand, par la ruine des grands vassaux, toutes les provinces de France se trouvèrent enfin soumises à l'autorité de Charles VIII, l'Espagne, partagée en différens états indépendans et toujours en guerre les uns contre les autres, depuis l'irruption que les Maures y avoient faite, étoit prête à ne former aussi qu'une seule puissance. L'Allemagne de son côté avoit déjà établi quelques règles propres à fixer les droits et les devoirs des membres de l'empire. Charles IV avoit publié la bulle d'or. Les diètes, plus sages qu'autrefois, formoient déjà d'une foule de princes inégalement puissans une espèce de république fédérative. Au défaut de lois capables de maintenir la tranquillité publique, l'empire voyoit sur le trône une famille qui l'occupoit depuis long-temps. Les domaines considérables qu'elle possédoit, faisoient déjà respecter son autorité, et la succession de la maison de Bourgogne et de Ferdinand-le-Catholique alloit bientôt la porter au plus haut point de grandeur.

Dès que la France et l'Espagne se virent tranquilles au-dedans, il n'étoit pas possible que leurs rois jouissent en paix, et sans inquiéter leurs voisins, d'une fortune qu'ils avoient acquise par des guerres continuelles. L'influence considérable que les empereurs commençoient à avoir dans les délibérations du corps germanique, leur donna aussi de l'ambition; et s'ils ne se flattèrent pas de ruiner[280] leurs vassaux à l'exemple des rois de France, et d'asservir l'empire, ils espérèrent d'employer une partie de ses forces à faire des conquêtes au-dehors, sous prétexte de faire valoir des droits négligés ou perdus. L'intérêt véritable de tous ces états étoit sans doute de cultiver la paix; mais étoient-ils assez éclairés pour profiter du calme intérieur dont ils commençoient à jouir, pour s'occuper plus de leurs affaires domestiques que de leurs voisins, et substituer des lois justes et certaines aux coutumes que l'ignorance et le gouvernement des fiefs avoient répandues dans toute la chrétienté? Les passions des princes décident malheureusement de la politique, des mœurs, du génie et des intérêts des peuples; et leurs préjugés dans le quinzième siècle n'étoient propres qu'à donner naissance à de nouvelles divisions.

Quel prince se doutoit alors qu'un empire affoibli par sa trop grande étendue, doit mettre des bornes à son ambition et à ses provinces, et qu'il hâte sa décadence et sa ruine en faisant les conquêtes en apparence les plus brillantes? Aujourd'hui même, après tant d'expériences qui auroient dû nous éclairer, nous ignorons cette importante vérité; ou si elle est sue de quelques philosophes qui ont approfondi la nature du gouvernement et des sociétés, elle est inconnue dans les conseils des princes. Quel roi contemporain de Charles VIII savoit que la nation avoit le caractère et les institutions d'un peuple inquiet et querelleur, mais non pas d'un peuple conquérant? Qu'on étoit loin de connoître ces lois d'union et de bienveillance qui doivent ne faire qu'une grande société de tous les états particuliers, et auxquelles la nature a attaché la propriété des hommes! Louis XI négligea, il est vrai, les prétentions ou les droits que la maison d'Anjou lui avoit donnés sur le royaume de Naples; mais il est douteux si cette modération fut l'ouvrage d'une connoissance approfondie de ses vrais intérêts, ou seulement de cette défiance qu'il avoit des grands de son royaume, et qu'il n'osoit perdre de vue.

Quand Charles VIII parvint à la couronne, l'Italie étoit partagée entre plusieurs états qui avoient pris plus promptement que les autres provinces de l'Europe une forme certaine de gouvernement; et sans prévoir les suites funestes de leur ambition, ils travailloient avec opiniâtreté à s'agrandir aux dépens les uns des autres. Rome, Venise, Naples et Milan, tour à tour alliés et ennemis, aspiroient à la monarchie de l'Italie entière; mais aucune de ces puissances n'avoit des forces proportionnées à la grandeur de son projet. Les vices multipliés de leur gouvernement leur lioient continuellement les mains, et leurs milices, également mal disciplinées et peu aguerries, quoiqu'elles fissent sans cesse la guerre, ne pouvoient rien exécuter de considérable. Les Italiens, aveuglés par leurs haines et leur ambition, se flattoient toujours de réparer ces défauts irréparables par l'adresse supérieure de leur conduite; et à force d'avoir usé de ruse et de subtilité, ils étoient réduits à n'employer dans leurs négociations que la fourberie et la mauvaise foi. Toujours accablés du poids de leurs entreprises, ils tâchoient de suppléer à leur impuissance par des efforts extraordinaires qui les affoiblissoient chaque jour davantage. Tous avoient successivement des succès heureux, et éprouvoient successivement des revers; et cette vicissitude de fortune les condamnoit à s'épuiser, en restant dans une sorte d'équilibre qui éternisoit leur rivalité, leurs espérances et leur ambition.

Dans le spectacle malheureux que présentoit l'Italie, il n'y avoit point de puissance, si elle eût su réfléchir, qui ne dût voir une image et un présage des malheurs qu'elle éprouveroit, en s'abandonnant aux mêmes passions: mais personne ne voulut s'instruire, et l'Italie même devint le foyer de la discorde générale de l'Europe. Ludovic Sforce craignoit le ressentiment de la cour de Naples, et n'osant compter sur les secours du pape et des Vénitiens, auxquels il s'étoit rendu suspect, ne trouva d'autres ressources contre le danger dont il étoit menacé, que d'inviter Charles VIII à passer en Italie pour y faire valoir les prétentions de la maison d'Anjou dont il étoit l'héritier. Ce projet insensé fut adopté avec empressement par le conseil de France, qui s'ennuyoit de la paix dont il n'étoit pas assez habile pour en tirer avantage. Il ne vit que les divisions des Italiens, la valeur des milices françaises, ses espérances et la honte de négliger une succession qui avoit coûté tant de sang à la maison d'Anjou. Sans attendre l'événement de cette entreprise, les flatteurs de Charles le placèrent au-dessus de tous ses prédécesseurs. On couroit déjà de conquête en conquête; Naples soumise devoit servir à soumettre la Grèce; comment Constantinople auroit-elle pu résister aux armes des Français? Et on jouissoit d'avance de la satisfaction de régner dans des provinces voisines de l'Asie, et qui faciliteroient à de nouveaux croisés la conquête de la Terre-Sainte. Pour le dire en passant, ce furent les nouveaux intérêts et la nouvelle politique que l'expédition de Charles VIII devoit faire naître en Europe, qui firent oublier ces projets ridicules de croisades dont les esprits n'étoient pas encore désabusés. Les princes chrétiens furent bientôt trop occupés à se défendre contre leurs voisins ou à les attaquer, pour songer à détruire les infidelles. Charles VIII médita de chasser les Turcs des domaines qu'ils possédoient en Europe, et François I, en les appelant en Hongrie pour faire en sa faveur une diversion sur les terres de la maison d'Autriche, les fit entrer dans le systême de guerre, d'agrandissement et de défense que formèrent les princes de la chrétienté.

L'entreprise proposée par le duc de Milan fut à peine résolue qu'on en fit les préparatifs avec une extrême célérité, ou plutôt on n'eut pas la patience qu'ils fussent faits pour entrer en Italie. Personne n'ignore les succès prodigieux que les Français eurent dans les commencemens de cette expédition. La terreur les avoit précédés; tout se soumit sur leur passage et rechercha leur alliance ou leur protection. Tant de succès obtenus sans peine devoient augmenter la confiance aveugle des Français, et il n'auroit fallu que lasser leur patience, ou les battre une fois pour perdre sans retour un ennemi que le repos fatigue, qui ne pouvoit réparer ses forces qu'avec beaucoup de peine; et qui, ne prévoyant que des succès, n'avoit pris aucune précaution contre un revers. Le roi de Naples ne sut ni temporiser ni hasarder une bataille, et, ne consultant que sa consternation, il abandonna lâchement sa capitale, quand il auroit dû s'avancer sur sa frontière pour la défendre. Charles entra sans résistance dans les états d'un prince qui fuyoit; les peuples s'empressèrent de lui présenter leur hommage; et on auroit dit qu'il visitoit une province depuis long-temps soumise à son autorité.

Tandis que les Napolitains, naturellement inconstans et toujours las du gouvernement auquel ils obéissent, ne songeoient qu'à secouer le joug d'un maître qui ne savoit ni les asservir ni s'en faire aimer, la république de Venise, occupée à former une ligue en faveur de la liberté d'Italie, menaça les Français d'un revers aussi prompt que leurs succès avoient été rapides. Soit que Charles fût incapable de se conduire avec plus de prudence qu'il n'avoit fait jusqu'alors, soit qu'il connût enfin combien son entreprise étoit au-dessus de ses forces, il vit l'orage prêt à fondre sur lui, et ne tenta pas même de le conjurer. Il abandonna Naples avec précipitation, traversa avec peine l'Italie, où il se croyoit en quelque sorte prisonnier, et ne gagne enfin la célèbre bataille de Fornoue que pour fuir en liberté dans ses états, et laisser à la discrétion de ses ennemis une poignée de Français qu'il avoit inutilement chargés de conserver sa conquête.

Une entreprise commencée et terminée sous de si malheureux auspices, auroit dû dégoûter pour toujours les Français de la conquête du royaume de Naples, et plutôt inspirer à leurs ennemis des sentimens de mépris que de crainte, d'indignation et de vengeance. Si les uns, par leur disgrace, et les autres par leurs succès, avoient été capables de s'éclairer sur leurs vrais intérêts et de connoître leurs forces et leurs ressources, peut-être que la fuite précipitée de Charles auroit calmé l'inquiétude que son entrée en Italie avoit produite dans une partie de l'Europe. Son incursion, semblable à celle des anciens barbares, ne seroit peut-être point devenue le germe d'une révolution générale dans la politique.

Comment les Italiens et les puissances intéressées à leur liberté, ne virent-ils pas après la retraite de Charles, que ce prince manquoit de tout ce qui lui étoit nécessaire pour faire des conquêtes importantes et éloignées? Ce qui s'étoit passé dans les derniers[281] états-généraux, n'étoit-il pas une preuve évidente de l'irrégularité, de la foiblesse et de l'ineptie de notre administration et de l'indifférence encore plus fâcheuse avec laquelle les citoyens voyoient et supportoient les maux de l'état? L'armée française n'étoit composée que d'une noblesse qui croyoit qu'il étoit de sa dignité d'être incapable de toute discipline, et de mercenaires qui, faisant la guerre comme un métier, vendoient leurs services: ce n'est point avec de pareilles milices qu'on peut faire de longues entreprises, ou s'affermir dans ses conquêtes. Depuis long-temps les finances, mal administrées, ne suffisoient point aux besoins ordinaires de l'état. Les Italiens en étoient instruits, puisque en entrant dans la Lombardie, Charles VIII s'étoit vu réduit à la dure extrémité de mettre en gage les bijoux que la duchesse de Savoye et la marquise de Montferrat lui prêtèrent; et ne devoient-ils pas en conclure que ses revenus ne pourroient subvenir aux dépenses nouvelles de la guerre d'Italie?

Que les Français n'aient prévu, avant la conquête du royaume de Naples, aucune des difficultés qui s'y opposoient, c'est une suite naturelle de leur caractère inconsidéré; mais le malheur doit donner des lumières, et après avoir été chassés d'Italie, ne devoient-ils pas voir que quelque moyen qu'on employât pour engager les Italiens à souffrir patiemment Charles VIII parmi eux, on ne feroit que des efforts impuissans? Ce prince auroit promis et montré de la modération sans tromper personne. Comment les états d'Italie auroient-ils été assez stupides pour ne pas craindre l'abus que nous aurions bientôt fait de nos forces? et se seroient-ils rassurés sur la foi de quelques promesses ou de quelques traités inutiles? Il étoit impossible que le royaume de Naples pût se résoudre à devenir une province d'une puissance étrangère, à moins que d'y avoir été préparé par une longue suite d'événemens qui auroient lassé sa constance et changé ses intérêts. Le courage des Français, après avoir consterné les Italiens, devoit finir par les aguerrir. Quelles que fussent nos armées, elles se seroient fondues insensiblement dans un pays ennemi. Nos moindres échecs auroient eu les plus fâcheuses suites, et les secours propres à les réparer, auroient été lents et incertains; tandis que les Italiens, faisant la guerre chez eux, auroient trouvé après les plus grandes pertes des ressources promptes et certaines. Tant que l'Italie ne seroit pas entièrement subjuguée, les Français devoient craindre une révolution; parce qu'il suffisoit que quelque canton essayât de secouer le joug et eût quelque succès, pour rendre à tous les Italiens leur amour pour l'indépendance. D'ailleurs, que pouvions-nous espérer en négligeant les préliminaires indispensables à tout état qui veut être conquérant? Avant que de vouloir nous établir en Italie et y dominer, nous aurions dû nous préparer à cette conquête avec la même sagesse que les anciens romains; le seul peuple qui ait eu la patience et la politique d'une nation ambitieuse, accoutumoient leurs ennemis et leurs voisins à leur domination. Nous aurions dû d'abord ne paroître en Italie que comme auxiliaires, comme arbitres, comme pacificateurs, comme protecteurs désintéressés de la justice. Il auroit fallu essayer la domination par degrés, donner le temps aux Italiens de changer insensiblement de préjugés, et de contracter peu à peu de nouvelles habitudes qui les auroient disposés à souffrir un roi de France pour maître.

Malheureusement les Français furent aussi présomptueux après leur fuite, qu'ils l'avoient été en entrant dans le royaume de Naples; et ils n'attribuèrent leurs malheurs qu'aux fautes particulières de Charles. On crut que si ce prince ne s'étoit pas livré à cette sorte de lassitude qu'une grande entreprise donne toujours à un homme médiocre, rien n'auroit été capable de le chasser de sa conquête. On lui reprocha de n'avoir été occupé que de ses plaisirs, et d'avoir négligé de réduire quelques places qui tenoient toujours pour leur ancien maître. Charles avoit répandu ses bienfaits avec une prodigalité qui étoit devenue une calamité publique; bientôt il fallut vexer le peuple, et les grands furent peu affectionnés à un prince qui ne pouvoit plus acheter leur amitié. Pour rétablir des finances épuisées par de vaines profusions, on eut recours à une avarice infâme, que le public ne pardonne jamais; les emplois furent vendus, les favoris de Charles firent un trafic honteux de leur crédit, et sa cour mit toutes les grâces à l'encan. Tandis que le gouvernement n'inspiroit que de la haine et du mépris aux Italiens, la discipline médiocre à laquelle les troupes avoient été formées, fut entièrement négligée. Le conseil, enfin, intimidé par la décadence des affaires, n'osa pas employer la force pour rétablir sa réputation; et en montrant de la foiblesse, donna de l'audace à ses ennemis. Que devoit-on attendre des négociations auxquelles on eut alors recours? Elles seront toujours inutiles à une puissance qui a cessé de se faire craindre; et les Français ne négocièrent en effet que pour être les dupes des artifices et de la mauvaise foi des Italiens.

En ne voyant que ces fautes qui avoient hâté et non pas causé la fin malheureuse de l'entreprise de Charles, les Français imaginèrent qu'il seroit facile de les éviter dans une seconde expédition; et après être rentrés en France, ils eurent une impatience extrême de repasser en Italie. On murmuroit hautement contre la nonchalance du roi; et personne ne se doutoit que quand il auroit autant de sagesse qu'il avoit eu d'imprudence, il éprouveroit encore les mêmes disgraces.

Qu'il auroit été avantageux pour la France et pour l'Europe entière, que dans chacune de ses opérations, ce prince eût montré tout ce qu'on pouvoit attendre de l'expérience la plus consommée, de la fermeté la plus héroïque et des talens les plus étendus. Les Français, alors étonnés d'échouer, en admirant le génie de leur maître, auroient sans doute appris qu'il y a des entreprises malheureuses par leur nature, et dont on ne répare pas les vices par les détails d'une bonne conduite. En connoissant les véritables causes de leurs revers, ils auroient compris qu'un état dont la politique n'est pas bornée à sa seule conservation, s'expose témérairement à tous les caprices de la fortune; et qu'il doit à la fin périr, parce que la fortune a plus de caprices que les hommes n'ont de sagesse. Si les Français avoient tiré cette instruction de l'entreprise de Charles sur l'Italie, ce règne auroit peut-être été aussi heureux pour la monarchie qu'il lui devint funeste, en lui donnant une ambition qu'elle ne pouvoit satisfaire et qui devoit l'épuiser. Les Français retenus chez eux, auroient pu s'occuper de leurs affaires domestiques, réparer les torts de leurs pères, chercher les moyens d'avoir des lois et de les fixer, corriger, en un mot, leur gouvernement avant que le sentiment de la liberté fût tout-à-fait éteint: du moins ils ne se seroient pas précipités dans les vices où le cours des passions et les événemens survenus depuis le règne du roi Jean sembloient les pousser.

Malheureusement les Italiens ne jugèrent pas mieux que les Français de l'entreprise de Charles VIII. Si, en repoussant ce prince dans ses états, ils avoient pu estimer sa conduite, et croire que sa retraite étoit l'ouvrage de leur habileté, sans doute qu'une juste confiance leur auroit fait connoître leurs forces, et ils n'auroient pas senti le besoin de chercher des secours étrangers pour se défendre. Mais Charles quittoit Naples sans en être chassé, et la bataille de Fornoue leur persuada qu'ils ne devoient leur liberté qu'à un caprice de la fortune ou de leur vainqueur. Ils craignoient qu'un second caprice ne ramenât une seconde fois leurs ennemis en Italie, et plus les fautes de Charles avoient été grossières, plus ils eurent peur que ce prince, instruit par l'expérience, ne se corrigeât. Ne voyant qu'une ruine prochaine ou du moins des malheurs certains, ils entamèrent de tous côtés des négociations, et se représentèrent comme prêts à passer sous le joug de la France, si elle tentoit une seconde fois la conquête du royaume de Naples. Tous ces lieux communs, depuis si rabattus, et qui sont devenus autant de principes pour la politique de l'Europe, furent alors employés par les Italiens. La France, disoient-ils, est une puissance ambitieuse qui se souvient que les états de l'Europe se sont, pour ainsi dire, formés des débris de la monarchie de Charlemagne; et n'en doutez pas, elle médite de les soumettre une seconde fois à son obéissance. Elle s'essaie sur nous à vous vaincre, et il est de votre intérêt de nous protéger. Il seroit insensé de croire que des succès lui donnassent de la modération; il faut, dès aujourd'hui, s'opposer à son agrandissement; après lui avoir permis de s'établir dans une partie de l'Italie, il ne seroit plus temps de réprimer son ambition.

Si les Italiens ne communiquèrent pas leur crainte aux puissances à qui ils s'adressèrent, ils réveillèrent du moins la jalousie et l'inquiétude avec lesquelles elles avoient vu les premiers succès de Charles. Il y eut une fermentation générale dans le midi de l'Europe: tous les états commencèrent à être plus occupés de leurs voisins que d'eux-mêmes. Il ne se forma pas une seule ligue pour attaquer les Français chez eux et les empêcher de se porter au-dehors; mais on étoit déjà assez rapproché, pour qu'on pût réunir promptement ses forces et les opposer à la France, si elle reportoit encore ses armes au-delà des Monts. Qu'on me permette de le dire; cette politique étoit le fruit d'une ambition mal entendue ou d'une terreur panique. Importoit-il au roi d'Espagne et à l'empereur de porter la guerre en Italie, et de s'y faire des établissemens, sous prétexte de défendre sa liberté? Ces conquêtes étoient inutiles au bonheur de leurs sujets, et devoient les exposer aux mêmes revers que Charles VIII venoit d'éprouver. Quand il auroit été du plus grand intérêt pour ces princes d'empêcher l'établissement des Français dans le royaume de Naples, ne devoient-ils pas juger qu'il seroit aussi aisé aux Italiens de se défendre avec leurs seules forces, qu'il seroit difficile à leurs ennemis de surmonter les obstacles toujours renaissans qui s'opposeroient au succès de leur entreprise.

En effet, la cour de Rome, revenue de sa première terreur, auroit tout tenté pour empêcher qu'une puissance plus redoutable pour elle que ne l'avoient été les empereurs, ne s'établît en Italie, et ne lui ravît l'espérance d'y dominer. Elle devoit opposer aux Français les armes de la religion, bien plus effrayantes avant que Luther et Calvin eussent publié leur doctrine, qu'elle ne l'ont été depuis: et quel n'étoit pas alors le pouvoir de ses anathèmes et de ses indulgences? Ses relations s'étendoient dans toute l'Europe; ses émissaires étoient répandus par-tout; elle n'avoit pas oublié l'art d'intriguer et d'affoiblir ses ennemis, en semant la division parmi eux. La république de Venise, à qui Comines prédit de hautes destinées, et qui avoit du moins sur tous les autres états de la chrétienté l'avantage d'avoir un caractère décidé et des principes constans de conduite, étoit pour l'Italie un rempart puissant contre lequel le courage inconsidéré des Français devoit se briser. Malgré quelques vices qui gênoient ou retardoient les ressorts de son gouvernement, quoiqu'elle ne sût pas assez l'art de rendre sa domination agréable à ses voisins, et qu'elle eût le tort d'être à la fois ambitieuse et commerçante, cette république étoit cependant constante dans ses projets, et capable de la patience la plus courageuse dans les revers. Sa capacité dans les affaires lui avoit acquis le plus grand crédit, et ne pouvant jamais consentir à voir entre les mains des Français une conquête d'où ils auroient continuellement menacé ses domaines, et troublé la paix de l'Italie, elle auroit bientôt étouffé cette antipathie qu'elle avoit pour quelques-uns de ses voisins, et qui la portoit habilement à préférer des secours étrangers.

La haine de la république de Venise et de la cour de Rome contre les Français seroit devenue, en peu de temps, la passion générale de l'Italie. Les princes les moins puissans sentoient qu'ils ne devoient leur existence et leur liberté qu'à la jalousie qui divisoit les puissances les plus considérables; et ils en auroient conclu que, dès qu'elles seroient opprimées par la France, il n'y auroit plus de souveraineté pour eux. La juste défiance des Italiens, les uns à l'égard des autres, le souvenir de leurs trahisons passées et des injures qu'ils s'étoient faites, tout auroit été sacrifié à la crainte qu'un danger éminent leur inspireroit: on ne songe plus à faire des conquêtes ni à dominer ses voisins, quand on est occupé du soin de sa conservation ou menacé de sa ruine. Les mêmes motifs d'intérêt qui avoient autrefois porté les Italiens à mettre tant de ruse et d'artifice dans leurs négociations, et de se jouer de leurs sermens, les auroient actuellement invités, ou plutôt forcés à traiter entre eux avec quelque candeur et de bonne foi.

La Toscane, riche, florissante, toujours agitée, toujours inquiète sur le sort de sa liberté, pouvoit occuper elle seule pendant long-temps les forces de la France. Si son gouvernement populaire et ses factions l'exposoient à faire de grandes fautes, ils lui donnoient aussi le courage et la constance qui multiplient les forces et les ressources d'un peuple. Le duc de Milan lui-même avoit à peine satisfait sa vengeance, en appelant Charles VIII dans le royaume de Naples, qu'il dut ouvrir les yeux sur sa situation, et voir le danger dans lequel il s'étoit précipité. Aucun prince d'Italie n'avoit un intérêt aussi pressant que lui de se déclarer contre les Français. Ses états étoient plus à leur bienséance que tout autre, et il n'ignoroit pas les droits de la maison d'Orléans[282] sur le Milanez. Il est vrai que cette maison, suspecte à Charles, avoit peu de crédit; mais il ne falloit qu'une de ces intrigues qui changent souvent en un instant la face des cours, pour lui rendre la plus grande autorité, et la mettre à portée de revendiquer son héritage. D'ailleurs, Charles n'avoit point d'enfant, et sa mort pouvoit porter le duc d'Orléans sur le trône.

Si les puissances qui se liguèrent avec les Italiens craignoient pour elles-mêmes les forces réunies de la France, pouvoient-elles désirer quelque chose de plus heureux que de voir recommencer une guerre qui devoit occuper pendant long-temps et loin d'elles le courage inquiet des Français? Il étoit aisé de juger que les Italiens étoient plutôt étonnés que vaincus, et que Charles VIII ne seroit pas plus heureux dans une seconde entreprise sur l'Italie, qu'il l'avoit été dans la première. Les rois ne se corrigent pas de leurs fautes comme les autres hommes. Il falloit permettre à Charles de s'épuiser laborieusement en courant après des conquêtes chimériques; il falloit laisser aux Italiens le soin de conserver leur liberté, pour qu'ils la conservassent en effet, et croire que le désespoir leur fourniroit des secours pour se défendre, ou pour se relever après leur chute. Les Français étoient plus braves que les Italiens; mais la bravoure toute seule, qui décide quelquefois d'un succès, d'une bataille, ne règle jamais le sort d'une guerre. En s'exposant patiemment à être vaincus, les Italiens se seroient aguerris, et auroient enfin appris à vaincre les Français. Le courage s'acquiert, l'histoire en fournit mille preuves, et nous avons vu de nos jours les Russes, beaucoup moins braves que ne l'étoient autrefois les

Italiens, défaire Charles XII et les Suédois. Si une armée n'est pas disciplinée, si elle n'est pas conduite par un général capable de s'affermir en politique dans les pays qu'il a conquis en capitaine; si elle agit sous les auspices d'un gouvernement qui ne se propose aucun objet raisonnable, son courage l'empêchera-t-il d'être à la fin ruinée? Mais en supposant que, par une espèce de miracle, la France eût réussi à conquérir et conserver le royaume de Naples, le roi d'Espagne et l'empereur devoient-ils penser qu'elle en seroit plus redoutable pour eux. Il est certain que cette nouvelle possession seroit devenue à charge à ses maîtres. Il auroit fallu la conserver avec peine et par de grandes dépenses, et elle n'auroit contribué ni à la sûreté ni au bonheur des anciennes provinces de la domination Française. L'inquiétude, les soupçons, les craintes et la haine des Italiens auroient préparé des alliés aux puissances jalouses de la grandeur des Français. Les intérêts du royaume de Naples et les intérêts de la France n'auroient jamais été les mêmes; souvent ils auroient été opposés, et en voulant les concilier, on les auroit également trahis. Les personnes qui ont examiné la politique de la maison d'Autriche et l'embarras où la jetoient des états séparés les uns des autres, comprendront aisément ce que je dis ici. Plus la France auroit employé de forces au-delà des monts pour contenir les Italiens, plus elle auroit senti la nécessité de ménager ses anciens voisins. Charles VIII avoit donné la Cerdagne et le Roussillon au roi d'Espagne, et restitué le comté de Bourgogne à l'empereur Maximilien, pour les engager à être spectateurs tranquilles de son entrée en Italie, et ses successeurs auroient encore été obligés d'acheter, par de pareils sacrifices, la neutralité des mêmes princes.

La guerre de Charles VIII ne causa qu'un ébranlement passager dans la politique de l'Europe, et malgré les alarmes et les négociations des Italiens, cette première commotion n'auroit eu aucune suite, si Louis XII, capable de renoncer par sagesse à une entreprise que son prédécesseur avoit abandonnée par inconstance et légéreté, eût donné le temps aux passions de se calmer. Malheureusement ce prince prit les préjugés de ses sujets pour la règle de sa conduite; et craignant qu'on ne lui fît les mêmes reproches qu'il avoit vu faire à Charles, il se crut destiné à réparer l'honneur de sa nation. Il jugea de l'étendue de ses forces par la crainte qu'en avoient les Italiens, et fut d'autant plus empressé à porter la guerre au-delà des Alpes, que outre ses droits sur le royaume de Naples, il réclamoit encore le Milanez comme son héritage. En augmentant ses prétentions, il se flatta peut-être de rendre sa cause meilleure, et il ne faisoit, au contraire, que multiplier les difficultés qui l'attendoient. En effet, les Italiens devoient souffrir bien plus impatiemment les Français dans le duché de Milan que dans le royaume de Naples. Il étoit plus facile aux rois de France de conserver cette première conquête que la seconde; ils pouvoient y faire passer plus commodément des secours, et en établissant leur domination dans les deux extrémités de l'Italie, ils l'auroient en quelque sorte enveloppée de leurs forces.

Dès que l'Italie se vit inondée d'armées étrangères qui vouloient l'asservir, ou qui avoient été appelées à sa défense, elle servit de théâtre à une guerre dont il fut, pour ainsi dire, impossible d'éteindre le feu. Chacune des puissances qui avoient pris les armes, ne tarda pas à se faire des intérêts à part. Tandis que la France se flattoit de débaucher quelqu'un des princes qui protégeoient la liberté de l'Italie, ces alliés infidelles avoient déjà conçu l'espérance d'asservir les Italiens qu'ils méprisoient; et ceux-ci voyant à leur tour qu'ils étoient également menacés de leur ruine par leurs protecteurs et leurs ennemis, songèrent séparément à leur salut, et y travaillèrent inutilement par des moyens opposés. Les uns se firent une loi de céder à la nécessité et d'éviter tout danger présent, sans examiner quelles en seroient les suites. Les autres, plus courageux, formèrent le projet insensé de chasser de chez eux les étrangers, en se servant tour à tour de leurs armes pour les perdre les uns par les autres. Substituer ainsi aux intérêts d'une politique raisonnable, les intérêts chimériques des passions, c'étoit jeter les affaires dans un chaos qu'il seroit impossible de débrouiller. On n'eut plus de règle certaine pour discerner ses ennemis et ses alliés; on craignit et on plaça sa confiance au hasard; et sans s'en apercevoir, on s'éloigna du but auquel on tendoit. Tous les jours il fallut éviter un danger nouveau, vaincre une difficulté nouvelle, et se tracer un nouveau plan de conduite; de là les ruses, les trahisons, les perfidies, les fausses démarches qui déshonorent ce siècle, et les révolutions inopinées et bizarres qui étoient un triste présage que la guerre ne finiroit que par l'épuisement de toutes les puissances belligérantes, et que le vainqueur, c'est-à-dire, le prince qui seroit le dernier à poser les armes, ne se trouveroit pas dans un état moins fâcheux que les vaincus. En effet, la maison d'Autriche n'acquit pas des établissemens considérables en Italie, parce qu'elle étoit en état d'y dominer; mais parce que ses ennemis, moins riches qu'elle et plutôt épuisés, ne furent plus assez forts pour lui disputer sa proie. Sa conquête ne lui fut d'aucun secours pour exécuter les vastes projets qu'elle méditoit, et l'affoiblit au contraire en multipliant ses ennemis.

On reproche cent fautes à Louis XII; mais, à proprement parler, il n'en a fait qu'une, et c'est d'avoir voulu exécuter un projet dont l'exécution étoit impossible. S'agissant de s'établir en Italie, sans avoir les forces nécessaires pour intimider constamment ses ennemis et inspirer une confiance continuelle à ses alliés; les uns et les autres devoient changer de vues, de projets et d'engagemens, à chaque événement favorable ou désavantageux des armées Françoises. Parce que leur politique étoit flottante, celle de Louis l'étoit aussi; et quelque négociation qu'il eût entamée, quelque traité qu'il eût conclu, quelque projet de campagne qu'il eût formé, son embarras étoit toujours le même; de nouvelles difficultés demandoient de nouveaux arrangemens, et quoiqu'il fît, il sembloit n'avoir jamais pris que de fausses mesures: ce qu'il a exécuté hier nuit à ce qu'il veut entreprendre aujourd'hui. Mais quand il n'auroit fait aucune des imprudences dont on l'accuse, ne voit-on pas qu'étant dans l'impuissance de réussir, en conduisant une entreprise au-dessus de ses forces, il paroîtroit avoir toujours fait une faute? S'il partage le royaume de Naples avec le roi d'Espagne, il se fait un ennemi de son allié, et s'expose à perdre la portion qu'il a acquise, mais s'il n'eût pas consenti à ce partage, il n'auroit jamais pu faire la conquête qu'il méditoit. Il lui importe d'humilier la république de Venise; mais s'il tente d'exécuter ce projet avec ses seules forces, il y échouera nécessairement; et s'il cherche des secours étrangers, il ne doit trouver pour alliés que des princes qui le craignent plus qu'ils ne haïssent les Vénitiens, qui lui donneront des promesses et l'abandonneront. S'il souffre que les suisses lui fassent la loi dans son armée, leur alliance lui sera à charge; et s'il se brouille avec eux, ils s'en vengeront en offrant leurs forces au duc de Milan, dont il veut envahir les états.

«Nous ne devons pas mesurer les démarches du roi de France (fait dire Guichardin à un des principaux sénateurs de Venise,) sur la conduite que tiendroit vraisemblablement un homme sensé; c'est au caractère de celui dont on craint les desseins qu'il faut s'attacher, si l'on veut pénétrer ses conseils et découvrir ses desseins. Ainsi, pour juger de ce que feront les Français, n'examinons plus les règles de la prudence qu'ils devroient suivre. Il ne faut faire attention qu'à leur vanité, qu'à leur téméraire impétuosité, qui leur fait haïr le repos, et dont les mouvemens ne sont jamais réguliers.» Mais quand les Français n'auroient eu aucun des vices que Guichardin leur reproche, comment leurs mouvemens n'auroient-ils pas été irréguliers, puisque la nature même de leur entreprise ne leur en permettoit pas d'autres? Je voudrois que cet historien nous eût tracé le plan de conduite que devoit tenir Louis XII. Quel fil la prudence pouvoit-elle fournir à ce prince pour sortir du labyrinthe où il avoit fait la faute de s'engager? Sans doute, il faut étudier le caractère de son ennemi pour prévoir ses démarches et s'y opposer; mais s'il est vrai que les affaires commandent plus souvent aux hommes que les hommes aux affaires, n'est-il pas plus essentiel d'examiner, si je puis parler ainsi, l'esprit d'une entreprise que le génie de celui qui la dirige? Il auroit été digne de la sagacité de Guichardin, en recherchant les causes qui firent échouer Louis XII, de distinguer les fautes qui tenoient à son caractère ou aux vices des Français, de celles qui étoient une suite nécessaire de son entreprise, et que la politique la plus profonde et les talens pour la guerre les plus étendus, n'auroient pu prévenir.

«Les rois, ajoute Guichardin, s'abaissent-ils à penser comme les autres hommes? Résistent-ils à leurs désirs comme des particuliers? Adorés dans leur cour, obéis au moindre signe, ils sont remplis d'orgueil et de fierté, la moindre résistance les irrite, et la flatterie les accoutume à ne se pas tenir en garde contre la présomption. Ils se persuadent que d'un seul mot toutes les difficultés s'aplaniront, et que la nature doit fléchir sous leur impérieuse volonté. Céder aux obstacles, paroît à leurs yeux une foiblesse. Leurs désirs servent de règle à leurs entreprises. Ils négligent les maximes trop communes de la raison, et décident les plus grandes affaires aussi précipitamment que les petites. Tel est le caractère ordinaire des rois, et Louis XII est-il exempt de ces défauts communs à tous les princes? Non, et l'on ne peut douter de son imprudence, après les preuves récentes qu'il en a données.» Si Guichardin appliquoit ce lieu commun à Charles VIII ou à François I, on ne pourroit qu'y applaudir; puisqu'à la fois négligens, inattentifs et précipités dans toutes leurs démarches, ils étoient destinés à n'être jamais heureux, même en conduisant des entreprises d'une exécution facile. Mais Louis XII n'eut aucun de leurs défauts, et peut-être que tous ses torts, après être entré en Italie, se bornent à avoir espéré opiniâtrement de s'y établir.

Quoiqu'il en soit des alliances, des guerres, des paix et des trêves de ce prince, dont il seroit trop long d'examiner ici les détails, pour en faire l'apologie ou la censure, il est certain que le règne d'un roi, dont toutes les intentions étoient droites, qui vouloit le bonheur de son peuple, qui avoit des vertus et même quelques talens pour gouverner, ne servit qu'à préparer à la France et à l'Europe entière une longue suite de calamités. Il ne tenoit qu'à lui de dissiper entièrement les soupçons, les craintes, les espérances et les rivalités que l'entreprise téméraire de Charles sur l'Italie avoit fait naître. Les esprits alloient se calmer, et sa persévérance à poursuivre des prétentions qu'il eût été sage et heureux de négliger, fixa en quelque sorte les intérêts et la politique de ses successeurs. L'habitude de vouloir faire des conquêtes fut contractée avant que d'avoir eu le temps d'y réfléchir. L'Europe se trouva malgré elle dans un nouvel ordre de choses, et François I, qui aimoit la guerre en aventurier ou en héros, n'étoit que trop propre à confirmer ses sujets, ses voisins et ses ennemis dans leur erreur.

Il ne faut pas cependant reprocher à ce prince seul d'avoir entretenu dans l'Europe la fermentation que les guerres de Louis XII y avoient fait naître. En effet, Charles-Quint n'avoit pas besoin que François I lui eût disputé l'Empire, et voulût, à l'exemple de ses prédécesseurs, se faire un établissement en Italie, pour être jaloux de sa réputation et le haïr. Né avec cette ambition extrême qui ne voit aucun obstacle, ou qui espère de vaincre toutes les difficultés, il avoit appris dès sa plus tendre enfance que la France avoit des torts avec ses pères. Héritier de la maison de Bourgogne, de Maximilien et de Ferdinand, il croyoit avoir des droits à revendiquer et des injures à venger. Outre les provinces considérables qu'il occupoit en Allemagne, ce prince possédoit l'Espagne, les Pays-Bas, la Franche-Comté et le royaume de Naples. Ces états dispersés lui offroient de tous côtés des frontières et des ennemis; il auroit dû en être effrayé; et il ne regarda ces différentes possessions que comme autant de places d'armes d'où il pouvoit, en quelque sorte, menacer et dominer toutes les puissances de l'Europe. Son ambition s'accrut par les choses mêmes qui auroient dû la ralentir; et il se persuada d'autant plus facilement qu'il parviendroit à la monarchie universelle, que l'Amérique lui prodiguoit des richesses immenses.

Assez habile pour découvrir les causes qui avoient fait échouer l'ambition de la France, il crut qu'une puissance aussi considérable que la sienne n'éprouveroit pas les mêmes disgraces. Il sentoit la supériorité de génie qu'il avoit sur les princes ses contemporains, et il eut la confiance qui l'accompagne ordinairement. L'Europe admira sa prudence, son courage, son activité; et si, malgré ses talens, il eut le sort de Louis XII, le mauvais succès de ses entreprises auroit vraisemblablement instruit ses alliés et ses ennemis de leurs vrais intérêts, et les états ne se seroient point livrés à cette politique de conquête et de rapine qui devoit leur être si funeste. Malheureusement Charles-Quint parvint, à force d'art, à faire quelques acquisitions, et il n'en fallut pas davantage pour justifier sa conduite. On crut que l'ouvrage qu'il n'avoit qu'ébauché pouvoit être consommé; les uns tremblèrent, les autres eurent plus de confiance. On se fit des misérables principes de fortune, d'agrandissement et de défense, qui furent regardés comme les maximes de la plus saine politique; et toute l'Europe fut emportée par un mouvement rapide de préjugés, d'erreurs et de passions, qui n'a été ni suspendu ni calmé par deux siècles de guerres malheureuses et infructueuses.

Tandis que les princes s'accoutumoient à penser que tout l'art de régner est l'art d'agrandir ses états, leurs sujets sortirent de l'ignorance où jusques-là ils avoient été plongés. On diroit que les esprits étonnés par cette espèce de grandeur et d'audace que présentoit la politique nouvelle, s'agitèrent et sentirent de nouveaux besoins. L'occident étoit préparé à prendre de nouvelles mœurs, lorsque les Grecs, qui fuyoient après la prise de Constantinople, la domination des Turcs, transportèrent en Italie les connoissances qui s'étoient conservées dans l'empire d'Orient. Les lumières commencèrent à se répandre, mais elles ne se portèrent malheureusement que sur des objets étrangers au bonheur des hommes. Les Grecs depuis long-temps n'avoient plus rien de cette élévation d'ame qui avoit rendu leurs pères si illustres. Vaincus par les étrangers, avilis sous un gouvernement tyrannique et fastueux, ils ne connoissoient que des arts inutiles, et cultivoient moins les lettres en philosophes qu'en sophistes ou en beaux esprits. Des hommes accoutumés à l'esclavage étoient incapables de voir dans l'antiquité ces grands modèles qu'elle offre à l'admiration de tous les siècles, et d'y puiser la connoissance des droits et des devoirs des citoyens, et des ressorts secrets qui font le bonheur ou le malheur des nations. Sous de tels maîtres, les Italiens ne firent que des études frivoles, et s'ils eurent plus de talens, ils n'en furent guère plus estimables.

Une émulation générale excita le génie, et dans tous les genres l'esprit humain fit un effort pour franchir ses limites et rompre les entraves qui le captivoient. Le commerce, autrefois inconnu, ou du moins extrêmement borné dans ses relations, fit subitement des progrès considérables. Une certaine élégance qui s'établit dans quelques manufactures de l'Europe, fit malheureusement dédaigner les arts grossiers, qui jusqu'alors avoient suffi. Le faste des rois et le luxe des riches aiguillonnèrent l'industrie des pauvres, et on crut augmenter son bonheur en multipliant les besoins de la mollesse et de la vanité. Qui reconnoîtroit sous le règne de François I les petits fils des Français, dont les mœurs encore rustiques se contentoient de peu, et n'avoient qu'un faste sauvage? Le goût funeste des choses rares et recherchées se répandit de proche en proche dans la plupart des nations. Que nous sommes insensés de ne pas voir que plus de bras travaillent à la composition de nos plaisirs et de nos commodités, moins nous serons heureux! déjà l'Europe n'a plus assez de richesses et de superfluités pour suffire à la volupté impatiente de ses habitans. La navigation se perfectionne; les hommes, dirai-je, enrichis ou appauvris par les productions des pays étrangers, méprisent les biens que la nature avoit répandus dans leur pays. On avoit doublé le cap de Bonne-Espérance et découvert un nouveau monde sous un ciel inconnu; et tandis que le midi de l'Asie nous prodiguoit des richesses superflues, qui peut-être ont contribué plus que tout le reste à rendre les Asiatiques esclaves sous le gouvernement le plus dur et le plus injuste, l'Amérique, prodigue de son or et de son argent, aiguisa, augmenta et trompa l'avarice et le luxe de l'Europe.

L'impulsion étoit donnée aux esprits, et on eut l'audace d'examiner des objets qu'on avoit respectés jusques-là avec la soumission la plus aveugle; en s'éclairant, les hommes furent moins dociles à la voix du clergé, et dès ce moment il fut aisé de prévoir que son autorité éprouveroit bientôt quelque revers. Je ne répéterai point ici ce que j'ai dit[283] ailleurs, de la manière dont les papes profitèrent de l'ignorance et de l'anarchie qui défiguroient la chrétienté pour étendre leur puissance, et parvinrent à se faire redouter des rois et régner impérieusement sur le clergé. Qu'il me suffise de dire que dans le haut degré d'élévation où la cour de Rome étoit parvenue, elle ne voulut s'exposer à aucune contradiction; et craignit autant de convoquer des conciles, que les rois craignoient d'assembler les diètes ou les états-généraux de leur nation. On ne tarda donc pas de reprocher au gouvernement des papes les mêmes vices et les mêmes abus qu'on reprochoit à l'administration des princes qui s'étoient emparés dans leurs états de toute la puissance publique. La cour de Rome eut des ministres et des flatteurs qui ne furent ni moins avides ni moins corrompus que ceux des rois: tout s'y vendit, jusqu'au privilége de violer les lois les plus saintes de la nature.

Il faudroit bien peu connoître le cœur humain, pour croire qu'en obéissant à un chef si vicieux, le clergé n'eût pas les mœurs corrompues: l'ignorance, la simonie, le concubinage et mille autres vices déshonoroient l'épiscopat. Certainement l'église avoit besoin de la réforme la plus éclatante dans son chef et dans ses membres; mais personne ne songeoit à la désirer. Après avoir souffert patiemment les excès d'un monstre, tel qu'Alexandre VI, sans le déposer, ses successeurs, qui n'eurent aucune vertu chrétienne, passèrent pour de grands papes. L'effronterie avec laquelle le clergé se montroit tel qu'il étoit, lui avoit, pour ainsi dire, acquis le droit funeste de ne plus scandaliser et de ne se point corriger. On auroit vraisemblablement permis à Léon X de faire un trafic honteux de ses indulgences, et d'ouvrir et de fermer à prix d'argent les portes du paradis et de l'enfer, s'il avoit confié cette ferme scandaleuse aux mêmes personnes qui jusqu'alors en avoient eu la régie; il ne le fit pas, et cette faute devint le principe d'une grande révolution. Les facteurs ordinaires de la cour de Rome, se voyant privés des profits qu'ils faisoient sur la superstition, décrièrent, pour se venger, les indulgences, les bulles et les pardons que d'autres avoient mis en vente.

A peine Luther eut-il levé l'étendard de la révolte contre le pape, qu'on fut étonné d'avoir aperçu si tard les abus intolérables dont il se plaignoit avec amertume. Sa doctrine eut les plus grands succès, et la cour de Rome, qui auroit dû se corriger, ne fut qu'indignée de l'insolence d'un moine qui avoit l'audace de la censurer et de braver son autorité. Elle le déclara hérétique, et en séparant ses sectateurs de la communion romaine, Luther lui jura une haine éternelle. Calvin qui le fuyoit, porta une main encore plus hardie sur la religion. Le premier, qui se défioit du succès de ses raisons, eut des ménagemens que le second n'eut point, en voyant le clergé consterné de ses défaites et à moitié vaincu. Plus il tâcha de se rapprocher de la simplicité des premiers siècles de l'église, plus il éleva, si je puis parler ainsi, un mur de séparation entre sa doctrine et celle de l'église romaine.

On ne sauroit trop louer le zèle de ces deux novateurs, si, respectant le dogme, ils s'étoient contentés de montrer les plaies profondes que l'ignorance, l'ambition, l'avarice et la superstition avoient faites à la morale de l'évangile. En attaquant les vices des ecclésiastiques, il auroit fallu respecter leur caractère; et au lieu de les irriter par des injures et des reproches amers, les inviter avec douceur à se corriger. Si on vouloit substituer à la monarchie absolue du pape l'ancien gouvernement des apôtres, il falloit instruire les évêques de leurs droits, leur apprendre par quels artifices leur dignité avoit été avilie, et par quels moyens ils pouvoient la rétablir. Si Luther et Calvin avoient défendu leurs opinions avec moins de hauteur et d'emportement, la cour de Rome auroit, selon les apparences, protégé avec moins d'opiniâtreté les abus qu'elle avoit fait naître: la vérité auroit peut-être triomphé et réuni tous les esprits.

Au milieu des disputes théologiques qui commençoient à occuper et troubler toute l'Europe, il n'y a eu que quelques hommes modérés, justes et éclairés, qui furent capables de tenir la balance égale entre les deux religions; et les efforts qu'ils firent pour les concilier, ne servirent qu'à les rendre également odieux aux catholiques et aux réformateurs. On n'écouta que son zèle; et quand il n'est pas éclairé, il dégénère bientôt en fanatisme. La France, ainsi que plusieurs autres états, se trouva partagée en deux partis ennemis; révolution qui, jointe à celles que sa politique et ses mœurs avoient déjà souffertes, devoit influer dans son gouvernement et donner de nouveaux intérêts et de nouvelles passions à tous les ordres de l'état.

CHAPITRE II.

Louis XII et François I profitent des changemens survenus dans la politique et les mœurs de l'Europe, pour étendre leur pouvoir et ruiner la puissance dont les grands s'étoient emparés.

LES changemens survenus dans les intérêts de la France, ou plutôt dans la manière de les envisager relativement aux étrangers, devoient nécessairement faire contracter de nouvelles habitudes aux Français, et les accoutumer à voir leurs intérêts domestiques d'un autre œil que leurs pères ne les avoient vus. La noblesse impatiente, légère, et dont le crédit étoit considérable dans la nation, n'aimoit et n'estimoit que la guerre; non pas comme aujourd'hui, par un préjugé froid qui lui persuade que toute autre profession est indigne d'elle; mais par goût et parce que n'étant en effet propre qu'à se battre avec beaucoup de courage, elle se croyoit destinée à défendre l'état et faire des conquêtes. Les premiers succès de Charles VIII en Italie flattèrent si agréablement sa vanité, que les disgraces qui les suivirent, ne purent la retirer de son erreur. D'autres motifs peut-être contribuèrent encore à lui faire illusion. Elle espéra de grands établissemens en Italie, les guerres étrangères lui ouvroient de nouvelles portes à la fortune; et devenant plus nécessaire et plus importante, le gouvernement la ménageoit avec plus de soin. Quoi qu'il en soit, la noblesse s'accoutuma à regarder la conquête du royaume de Naples et du Milanez comme une entreprise très-sage. Plus les obstacles se multiplièrent, plus elle crut qu'il seroit beau d'en triompher; plus on s'occupoit des affaires du dehors, moins on étoit attentif à celles du dedans. Si le gouvernement hésitoit à faire des entreprises sur les immunités et les franchises de la nation, la noblesse lui reprochoit sa lenteur et l'accusoit de foiblesse. Le pouvoir arbitraire, acquérant ainsi de jour en jour de nouvelles forces, ne redoutoit plus cette inquiétude qui avoit autrefois agité les Français, et qui auroit encore pu renaître, s'ils n'eussent été occupés que de leurs affaires domestiques.

En effet, tous les ordres de l'état se laissèrent enivrer par ces idées de gloire et de conquête que la noblesse leur avoit communiquées. Le peuple lui-même, toujours victime de la guerre, dont il ne retire dans une monarchie aucun avantage, ne parloit ridiculement que de conquérir des provinces et d'humilier ses voisins, et croyoit son honneur intéressé à voir régner son maître sur Naples et sur Milan. Un pareil préjugé étoit une preuve des progrès que la monarchie avoit déjà faits, et un présage encore plus certain de ceux qu'elle alloit faire.

Louis XII éprouva des disgraces assez considérables pour devoir retirer ses sujets de leur erreur, mais ses vertus empêchoient qu'on ne vît ses fautes, ou les faisoient excuser. Quand le poids des impositions auroit pu commencer à dégoûter de la guerre, et rappeler le souvenir des états-généraux et des anciennes franchises, Louis, touché des maux publics, ne s'opiniâtra point à poursuivre ses avantages ou à réparer ses pertes en Italie. On lui savoit gré de conclure mal à propos une trève ou une paix, et de paroître oublier sa gloire et ses projets de conquête pour ne pas épuiser la fortune de ses sujets. Ce sentiment de bonté et de bienveillance, si nouveau dans un roi, et qui a mérité à Louis XII le titre de père du peuple, préparoit tous les cœurs à le seconder avec l'empressement le plus vif, quand il voudroit recommencer la guerre. Sous un prince qui paroissoit économe, l'avarice des sujets ne causa aucune agitation; et parce que Louis ménageoit leur fortune, ils l'en laissèrent le maître.

«Nous travaillons en vain: ce gros garçon, disoit-il, en parlant du jeune comte d'Angoulême son successeur, gâtera tout.» Louis étoit le seul dans son royaume qui <u>pressentit</u> cette triste vérité; il est sûr du moins qu'on peut déjà remarquer une prodigieuse différence dans la manière dont la nation avoit regardé ses immunités sous les premiers Valois, et les regardoit actuellement. Les anciens états avoient voulu compter avec le roi et prendre part à l'administration; toujours attachés à leurs vices économiques, ils n'accordoient jamais aucun subside sans faire reconnoître que c'étoit de leur part un don purement gratuit. Les derniers états tenus à Orléans avoient promis à Charles VIII de ne lui rien refuser, mais avoient du moins demandé qu'on les convoquât, et ils sentoient par conséquent que la nation avoit besoin de ce secours pour contenir le gouvernement, et prévenir les abus qu'on avoit éprouvés sous le règne précédent, par trop de mollesse et de négligence. Sous son successeur, on parut au contraire avoir oublié qu'il y eût eu autrefois des états, des dons gratuits, et des contributions consenties. La nation ne regarda plus ses assemblées que comme des formalités inutiles, onéreuses[284] même à tous les ordres de citoyens, et qui n'étoient bonnes qu'à retarder les opérations du gouvernement. Il est vrai qu'en 1501 les états furent encore tenus à Tours, mais ce n'est point une preuve qu'il subsistât quelque sentiment de patriotisme ou de liberté; ils étoient l'ouvrage de la comtesse d'Angoulême pour faire le mariage de son fils avec la princesse Claude, et les députés des provinces ne montrèrent aucun regret sur le passé ni aucune inquiétude sur l'avenir.

François I étoit bien propre par ses prodigalités, son inconsidération et ses négligences à retirer les Français de la sécurité imprudente que Louis XII leur avoit inspirée; mais jamais prince n'eut plus que lui les mœurs, le génie, les vices et les vertus de la nation qu'il gouverna, et ne dût par conséquent jouir d'un empire plus absolu. Ardent, impétueux, sincère, libéral, brave, populaire, ne respirant que cet honneur que la chevalerie avoit mis à la mode, on aima jusqu'à ses défauts, qui tenoient toujours à quelques qualités estimables. La conquête du Milanez, par où commença son règne, et qui ne devoit annoncer qu'une longue suite d'affaires difficiles et malheureuses, fut regardée comme l'augure d'une prospérité constante. Plus il montra d'ambition et fit d'entreprises téméraires, plus les Français, qui étoient courageux, ambitieux et imprudens, crurent que le prince qui leur ressembloit étoit sage; et toute la nation s'abandonna à l'imprudence du roi en croyant s'associer à sa gloire.

On ne vit que trop souvent que les subsides n'étoient pas employés aux choses qui avoient servi de raison ou de prétexte pour les établir. Le luxe excessif de la cour devoit déplaire aux personnes qui en payoient les frais aux dépens de leur nécessaire; des mains infidelles et avares épuisoient le trésor royal et le peuple. Tandis que les maux de l'état se multiplioient, on n'avoit pas même la consolation d'espérer qu'on pût y apporter un prompt remède. En voyant se former subitement une puissance aussi considérable que celle de Charles-Quint, on jugeoit aisément qu'il n'étoit plus question de vaincre les seuls Italiens, et qu'une guerre qui paroissoit n'avoir plus de terme, épuiseroit les forces du royaume. Sans doute qu'il y avoit encore quelques Français capables de penser que ce n'étoit que par des assemblées libres, fréquentes et régulières, qu'on préviendroit les malheurs dont on étoit menacé; mais on conservoit sous François I les sentimens de respect et de soumission que Louis XII avoit inspirés pour son gouvernement; et c'est ainsi que le règne d'un prince vertueux devient quelquefois funeste, en accoutumant ses sujets à voir avec trop d'indulgence les vices de son successeur.

Quand la nation avoit lieu de faire les plaintes les plus vives et de redemander son ancien gouvernement, elle se contenta de murmurer; et même quelque événement imprévu ne manquoit pas d'étouffer bientôt les murmures. Les Français sans tenue retomboient dans leur léthargie, parce que le prince, lassé de ses plaisirs, paroissoit sortir de la sienne; on reprenoit ses espérances et son enjouement, et les abus recommençoient à renaître. Se plaint-on de la déprédation des finances? On fait périr Semblançay, qui étoit innocent, et on croit que tout le mal est réparé. Si, par son imprudence, François réussit assez mal dans quelques entreprises pour devoir perdre l'affection de ses sujets, on admirera encore en lui quelque qualité estimable. La bataille de Pavie devoit relâcher les ressorts du gouvernement; mais il supporta son infortune avec tant de noblesse et de fermeté, qu'on ne lui montra que de l'attachement et du zèle; et pour le consoler de ses malheurs, on permit à sa mère d'abuser comme elle voudroit de son autorité.

Qu'on ne soit pas surpris de cette conduite. Les ames avoient contracté une mollesse qui annonce et hâte les plus grands abus. Lorsqu'une nation acquiert des lumières et se police sous la main d'un législateur habile, elle prospère, parce qu'elle connoît mieux ses devoirs, aime à les remplir et a la force de surmonter les obstacles qui s'y opposent. Mais quand les lumières, nées au hasard, ne se répandent que sur des objets indifférens au bien de la société; qu'on n'encourage l'industrie que pour faire naître de nouveaux vices avec des besoins inutiles; que la politesse et la douceur des mœurs n'est que le fruit d'une fausse délicatesse et d'un raffinement puéril dans les plaisirs: les lumières, les grâces et la politesse d'une nation ne servent qu'à l'avilir. Le citoyen occupé de petits objets, et concentré, pour ainsi dire, dans les intérêts personnels et domestiques de sa paresse, de son luxe, de son avarice, de sa prodigalité, de ses commodités ou de son élégance, est entièrement distrait de l'attention qu'il doit à la chose publique, et bientôt devient incapable d'y penser, sans une sorte de travail qui le fatigue et le rebute. Le règne de François I forme une époque remarquable dans le caractère de sa nation. J'en appelle aux personnes qui connoissent le cœur humain. Croira-t-on qu'en prenant des affections frivoles et contractant le goût de l'or, de l'argent et des superfluités, les hommes conserveront quelque estime pour les choses estimables? Les idées du bien sont à la cime de l'esprit, et ne descendent point jusques dans le fond du cœur. Toutes ces misères que les nations corrompues appellent politesse, grâces, agrément, élégance, sont autant de chaînes qui doivent servir à lier et garrotter des esclaves. Et perdant leur ignorance et leur rudesse, les Français policés par un prince qui n'aimoit et ne protégeoit que les choses inutiles au bonheur de sa nation, ne firent que changer de vices. Ceux que nos pères perdirent, avoient du moins l'avantage de donner à leur caractère une force qu'ils n'eurent plus quand ils acquirent des qualités agréables; et comme l'inconsidération des Français avoit agrandi l'autorité royale, leur frivolité devoit désormais l'affermir.

Si les grands, qui s'étoient rendus les dépositaires et les ministres de l'autorité royale pendant le règne de Charles VI et de son fils, et qui firent la guerre du bien public sous celui de Louis XI, avoient plus songé à donner du crédit à leur ordre qu'à se rendre personnellement eux-mêmes puissans, il leur auroit été facile d'établir assez solidement l'autorité de la grande noblesse, pour qu'aucun événement ni aucune circonstance ne pussent la renverser[285]. S'ils avoient compris que pour affermir leur empire sur la nation, et conserver malgré le roi l'exercice de son pouvoir, dont ils s'étoient emparés, il étoit nécessaire de recourir à des lois et de former entre eux une sorte de constitution qui les maintînt en vigueur; il n'en faut point douter, nous aurions vu se former parmi nous un gouvernement à peu près semblable à celui que les Polonois ont aujourd'hui. Les successeurs de Charles VI n'auroient eu qu'un vain nom et des honneurs encore plus stériles. Le roi, entouré de princes, de pairs, de grands officiers de la couronne, de palatins, de sénateurs, qui auroient eu une autorité propre et personnelle, n'auroit été lui-même que le simulacre de la majesté de l'état. Je n'en dis pas d'avantage; il est aisé d'imaginer par quels moyens la haute noblesse seroit parvenue à composer elle seule, avec les principaux ecclésiastiques, le corps de la nation, en condamnant le reste des citoyens à souffrir les abus d'une aristocratie arbitraire.

Heureusement les grands étoient trop divisés entre eux et trop accoutumés à mépriser ou ignorer les lois pour se réunir, s'entendre et former le plan d'un nouveau gouvernement. Chacun ne songea qu'à ses intérêts particuliers, sans s'embarrasser de l'avenir; et se saisit comme il put, d'une portion de l'autorité royale, dont il ne se déclara que le dépositaire et le ministre. Dès que leur ambition s'en étoit tenue là, il étoit facile à Louis XII et à François I de se servir du changement qui étoit survenu dans le caractère et les mœurs de la nation, et de l'autorité qu'ils avoient acquise, pour secouer le joug des grands et les rendre aussi dociles que les autres citoyens. Aucun d'eux ne pouvoit s'emparer d'une branche de l'autorité royale, ou la conserver malgré le roi; parce que Louis XII ni François I n'avoient plus besoin de leur secours pour régner sur le reste de la nation, qui se précipitoit au-devant du joug.

Les grands n'ayant point eu l'art de former un corps dont tous les membres eussent un intérêt commun, ils se trouvèrent tous ennemis les uns des autres. Ceux qui jouissoient de la confiance du prince, et ceux qui aspiroient à la même faveur, furent jaloux, se craignirent, et le roi se servit sans peine de leur rivalité et de leur crainte pour les dominer les uns par les autres. Tous furent également soumis, et leur ambition, qui pouvoit autrefois causer des troubles dans le royaume et changer la forme du gouvernement, fut réduite à faire des révolutions à la cour, c'est-à-dire, à employer les voies basses de l'intrigue pour élever un courtisan sur les ruines de l'autre, disgracier un ministre en faveur, et créer un nouveau favori; tandis que le prince qui, par un mot, décidoit de leur sort, paroissoit de jour en jour plus absolu au milieu des grands humiliés.

C'est par une suite de cette nouvelle disposition des choses que Louis XII gouverna souverainement tous ceux que ses prédécesseurs avoient craints. Mais François I y mit plus d'art. Il avoit soin de se faire instruire[286] des personnes qui, par leur naissance, leur crédit et leurs talens, avoient acquis une certaine autorité dans les provinces; et il se les attachoit en leur donnant des emplois considérables à la guerre, dans l'église et dans la magistrature. Ses espions, répandus dans tous les ordres de l'état, étoient chargés de contenir, non-seulement par leur exemple et leurs discours, les esprits inquiets et remuans, mais d'avertir même le conseil de la disposition de leur province à chaque événement considérable, de ses murmures, de ses plaintes, et, en un mot, de tout ce qui étoit capable de déranger le cours de la docilité à laquelle la nation étoit inclinée. Que de certaines familles ne se glorifient donc plus des grâces qu'elles obtinrent dans ce temps-là, puisqu'on sait à quel prix elles étoient méritées et accordées?

Les provinces étant ainsi contenues dans la soumission, il n'étoit plus possible que les grands y formassent des cabales et des partis, rassemblassent des forces, et se rendissent assez puissans pour inquiéter le gouvernement. Le duc d'Orléans, qui avoit fait la guerre à Charles VIII, n'auroit pas pu opposer cent hommes d'armes à François I. Aussi le connétable de Bourbon, persécuté par la duchesse d'Angoulême n'eut-il d'autre ressource pour se venger que de traiter avec les étrangers, et d'aller servir Charles-Quint. Un amiral et un chancelier furent poursuivis en justice: leçon frappante pour les grands qui n'auroient point voulu être courtisans ou qui n'auroient point eu l'art de l'être. Autrefois il eût été dangereux de mécontenter un connétable; il eût trouvé des amis, des partisans et des défenseurs; sous François I, le connétable de Montmorenci alla languir dans ses terres, supporta obscurément sa disgrace, et apprit qu'on n'étoit grand que par la faveur du roi.

Je ne dois pas oublier ici que ce fut pour s'attacher plus étroitement le clergé, que François I fit avec Léon X le concordat, et soutint avec tant d'opiniâtreté un traité qui le rendit le distributeur des dignités et de la plus grande partie des domaines de l'église. Des biens destinés au soulagement des pauvres et à l'entretien des ministres de la religion, devinrent le prix de la corruption, et la firent naître. Le roi tint, pour ainsi dire, dans sa main, tous les prélats, dont l'ambition et la cupidité étoient insatiables; et par leur secours disposa de tous les ecclésiastiques dont le pouvoir est toujours si considérable dans une nation.

C'est dans ces temps-là qu'on substitua aux états-généraux des assemblées de notables[287]; établissement d'autant plus pernicieux, que paroissant favoriser la liberté nationale, il ruinoit en effet ses fondemens. On espéra que ces assemblées produiroient quelque bien, et on en fut plus disposé à oublier ou du moins à ne pas regretter les états-généraux. Les notables furent convoqués; et bien loin que la nation tirât quelque avantage de leurs assemblées, elles ne servirent qu'à avilir de plus en plus les grands. C'étoit une faveur que d'y être appelé, mais il avoit fallu s'en rendre digne par des complaisances, et on ne s'y rendit que dans le dessein de trahir l'état. Ces assemblées n'eurent aucune autorité, et n'en purent prendre aucune, parce qu'elles n'avoient aucun temps fixe pour leur convocation, et qu'elles dépendoient de la volonté seule du roi. Cependant, soit qu'on craignît que les grands ne se crussent trop considérables si on les consultoit seuls, soit qu'on ne cherchât qu'à les humilier, on appela à ces assemblées des magistrats, et même quelquefois des bourgeois d'un ordre moins distingué.

CHAPITRE III.

De l'autorité du parlement sous Louis XII, François I et Henri II.—Examen de sa conduite.—Pourquoi il devoit échouer dans ses prétentions de partager avec le roi la puissance législative.

TANDIS que tous les ordres de l'état oublioient ou négligeoient leurs anciennes prérogatives, et se soumettoient sans résistance au pouvoir arbitraire, le parlement, qui avoit considérablement augmenté ses droits et ses prétentions sous le règne de Charles VI, n'étoit point satisfait de sa fortune, et résistoit à l'impulsion générale qui entraînoit le reste de la nation. Formant un corps toujours subsistant, toujours assemblé, et par conséquent moins distrait de ses intérêts que les trois ordres de l'état, il devoit avoir plus de suite et plus de tenue dans sa conduite; du droit qu'il avoit acquis d'enregistrer les lois, de les désapprouver ou de les modifier, il pouvoit tirer les conséquences les plus avantageuses à son ambition; mais il ne les vit pas d'abord, ou n'osa se livrer trop précipitamment à ses espérances.

Les corps ont une routine ou une habitude à laquelle ils obéissent malgré eux; et après avoir travaillé avec tant d'ardeur depuis le règne de Philippe-le-Bel à rendre l'autorité du roi arbitraire, le parlement devoit être quelque temps à concilier son ancienne conduite avec l'idée qu'il avoit prise, et qu'il auroit voulu donner au public de son enregistrement. Sous le règne de Charles VII, il étoit encore trop voisin du temps où il n'avoit pu se déguiser qu'il ne tint toute son autorité du roi, pour oser prétendre au partage de la souveraineté. Il avoit offensé ce prince[288], il devoit réparer ses fautes; il craignoit sur-tout l'indignation des grands, qui, s'étant emparés de l'autorité royale, trouvoient trop d'avantage à gouverner arbitrairement, pour souffrir qu'une compagnie de praticiens ou de jurisconsultes, sous prétexte de défendre les lois, s'opposât à leur volonté, et s'emparât d'un pouvoir qui leur avoit rendu les états odieux.

Ne voulant plus être ce qu'il avoit été, et n'osant cependant laisser voir ce qu'il désiroit d'être, le parlement se conduisit encore avec une grande circonspection sous le règne de Louis XI. Quelque jaloux de son autorité que fût ce prince, il ne fut point alarmé de l'enregistrement; il jugea qu'il falloit[289] contenir le parlement, ne pas diminuer ses droits, mais l'empêcher de se faire de nouvelles prétentions. Cette compagnie conserva sous Charles VIII la même modestie, et selon les apparences, elle auroit profité des divisions et des troubles de l'état pour augmenter son pouvoir, si plusieurs de ses principaux membres n'avoient trouvé leur avantage particulier à se dévouer aux volontés de la cour. Le parlement chemina moins sourdement sous les règnes suivans. Soit qu'il fût enhardi en voyant qu'on ne convoquoit plus les états-généraux dont le souvenir s'effaçoit de jour en jour; soit qu'il espérât que les abus multipliés du pouvoir arbitraire rendroient ses prétentions agréables au public, il fit quelques démarches qui devoient déplaire à la cour, et son autorité parut si incommode à François I, qu'il songea à la réprimer.

La duchesse d'Angoulême ne pardonna pas au parlement les modifications qu'il mit à la régence que son fils lui avoit confiée pendant qu'il feroit la guerre en Italie. Pour commencer à se venger de cette prétendue injure, elle n'appela aucun magistrat à l'assemblée des notables qu'elle tint après la malheureuse journée de Pavie. Mais son ressentiment ne fut pas satisfait, et quand François revint de Madrid, elle l'engagea à ne pas laisser impunie la témérité insultante du parlement. Ce prince le manda, et dans la salle du conseil où cette compagnie fut reçue, on publia un édit qui lui enjoignit de se borner[290] à la seule administration de la justice. En annullant toutes les limitations mises à la régence de la mère du roi, on lui défendit de modifier à l'avenir les édits qui lui seroient adressés.

On ne se contenta pas de réprimer l'ambition qui portoit le parlement à se regarder comme législateur: pour l'humilier davantage, on voulut borner sa compétence. On lui défendit de prendre connoissance des contestations relatives au concordat, et on lui déclara qu'il n'avoit aucune juridiction sur le chancelier. Ce dernier article détruisoit tout ce que cette compagnie avoit fait pour devenir la cour des pairs. En effet, il ne faut pas douter que si le chancelier n'eût pas été justiciable du parlement, les pairs et les princes, alors bien supérieurs à ce magistrat, n'eussent bientôt décliné la juridiction du parlement. On auroit vu se rétablir des usages pratiqués[291] avant le procès du duc d'Alençon. Le parlement, si fier de son titre de cour des pairs, n'auroit encore été que la seconde cour de justice du royaume; il se seroit formé pour la seconde fois un tribunal composé du roi, des pairs, des princes et des grands officiers de la couronne. Peut-être y auroit-on bientôt porté les affaires de la plus haute noblesse; et l'on juge combien le parlement, condamné à ne juger que les citoyens les moins considérables, auroit perdu de sa considération.

On ne lui épargna dans cette journée aucune mortification. François I se plaignoit dans son édit des abus énormes qui s'étoient introduits dans l'administration de la justice. Il vouloit sans doute parler des épices[292], usage vil et injuste, qui change les magistrats en mercenaires, et avec lequel nous ne nous serions jamais familiarisés, si nous ne savions que la justice est due au citoyen, et que c'est un crime de la lui faire acheter. On accusoit le parlement de former des intrigues et d'entrer dans les cabales. Pour lui ôter toute espérance de se relever, on ordonna aux magistrats de prendre tous les ans de nouvelles provisions, et c'étoit en effet ne leur laisser qu'une existence précaire, telle qu'ils l'avoient eue avant le règne de Charles VI, et les réduire à la fâcheuse alternative ou d'obéir aveuglément à tous les ordres de la cour, ou de perdre leur état. François terminoit son édit en les menaçant de se faire instruire en détail de tous les abus dont il n'avoit parlé que d'une manière vague, et se réservoit d'y apporter un remède efficace; c'est-à-dire, pour entrer dans l'esprit de cette loi, que si le parlement, intimidé et docile sous la main qui le châtioit, se soumettoit aux ordres de la cour, le prince fermeroit les yeux sur les abus qui n'intéressoient que le public.

Le parlement étoit déjà trop puissant pour qu'un pareil édit ruinât ses espérances et son ambition. Dès qu'on lui laissoit le droit de faire des remontrances, on lui laissoit la liberté de se conduire à peu près de la même manière qu'il avoit fait jusqu'alors, et les moyens de reprendre peu à peu la même autorité dont on avoit cru le dépouiller. Qui a le droit de faire des remontrances, a le droit de reprendre des erreurs, et de paroître avec toutes les forces de la justice et de la raison; et ce droit n'est pas vain dans une société qui conserve encore quelque pudeur. Qui a le droit d'indiquer ce qu'il faut faire, acquiert nécessairement un crédit qui doit faire trembler tout gouvernement qui se conduit sans règle.

Le droit de remontrance étoit une arme d'autant plus redoutable dans les mains du parlement, que la menace de corriger les abus et l'ordre de prendre tous les ans de nouvelles provisions, ne pouvoient lui donner aucune inquiétude. Tout le monde savoit le besoin extrême que le roi avoit d'argent pour la guerre et ses plaisirs; et que détruire les profits des officiers de justice et leur état, ce seroit diminuer dans le trésor royal le produit des fonds qu'il tâchoit d'y attirer, en vendant les magistratures. C'est peut-être à l'occasion de cet édit que le parlement établit dans son corps la doctrine long-temps secrète de ne point regarder comme lois, les ordonnances, les lettres-patentes ou les édits enregistrés sans délibération précédente, et par l'autorité du roi séant en son lit de justice: doctrine qu'il étoit nécessaire d'établir, si l'enregistrement n'est pas une vaine formalité; mais doctrine qui n'a acquis aucun crédit, parce que le parlement n'est pas assez fort pour la faire regarder comme une vérité, et que le public se voit tous les jours contraint d'obéir à des lois que cette compagnie n'a enregistrées que malgré elle.

Quoi qu'il en soit, François I, pour ne pas irriter ses sujets par un acte trop despotique, ayant laissé au parlement le droit de faire des remontrances, se vit encore contraint de le ménager. Les besoins de l'état, ou plutôt de la cour, obligeoient de publier souvent des édits bursaux; si on faisoit des remontrances vives et fortes sur un objet si intéressant, il étoit à craindre que le public n'ouvrît les yeux sur sa situation: et un rien auroit suffi encore pour faire regretter et rétablir les états-généraux. La politique de la cour fut donc de permettre au parlement une sorte de résistance molle, qui laissoit croire au peuple qu'il y avoit un corps occupé de ses besoins et qui veilloit à ses intérêts. De sorte que le parlement, humilié, et non pas vaincu, fut obligé de changer un peu de conduite, mais non pas de principes: et il continua à se regarder comme le dépositaire et le protecteur des lois, et peut-être même comme le tuteur de la royauté.

Pour que le gouvernement ne lui contestât pas son droit, il en usa avec modération; il songea à se rendre agréable, et s'appliqua à étendre l'autorité royale, quand le poids n'en devoit pas retomber sur lui. Il fléchit quand il crut qu'il y auroit trop de danger à résister, ou qu'il ne s'agissoit que de passer des injustices dont il ne sentiroit pas le premier les inconvéniens. Il mit de certaines formes dans son obéissance, afin de la rendre équivoque, et de contenter à la fois, s'il étoit possible, la cour et le public. Soit qu'il faille l'attribuer à une politique fausse et trop commune, qui, ne sachant se décider, se contrarie elle-même; soit que ce soit la marche naturelle d'un corps qui, ayant des projets au-dessus de ses forces, a, tour à tour, de la crainte et de la confiance; sa conduite fut si embrouillée et si mystérieuse, qu'on ne savoit pas mieux, sur la fin du règne de François I, ce qu'il falloit penser de l'enregistrement, qu'on ne l'avoit su sous Charles VII. Le conseil et le parlement gardoient tous deux le silence sur cette matière, ou du moins n'osoient s'expliquer d'une façon trop claire et trop précise, dans la crainte d'élever une contestation dangereuse et de se compromettre. Chacun attendoit avec patience un moment favorable pour découvrir, si je puis parler ainsi avec Tacite, le secret de l'Empire; et expliquer une énigme que nos neveux ne devineront[293] peut-être jamais; mais qui, nous laissant incertains entre le despotisme de la cour et l'aristocratie du parlement, jette dans notre administration je ne sais quoi de louche et d'obscur, qui nuit à la dignité des lois et à la sûreté des citoyens, et indique un gouvernement sans principes, qui se conduit au jour le jour par les petites vues de quelque intérêt particulier.

En effet, dans les temps encore peu éloignés de la naissance de l'enregistrement, on put pardonner au parlement d'enregistrer une loi qui lui paroissoit injuste et dangereuse, en ajoutant que c'étoit «par le très-exprès commandement du roi.» Il se croyoit alors obligé d'obéir, parce qu'il pensoit que la puissance législative étoit entre les mains du roi, sans restriction ni modification; et le public n'exigeoit rien de plus d'une compagnie de jurisconsultes dont les fonctions avoient paru bornées à l'administration de la justice. Mais lorsque, commençant à voir dans son enregistrement le germe d'une grandeur nouvelle, elle crut avoir le droit de rejeter les lois proposées ou de les modifier, pourroit-on me dire ce que signifioit cette ancienne formule dont elle continuoit à se servir? Le parlement pensoit-il que cette clause eût la vertu magique de laisser sans autorité les ordonnances qu'il feignoit d'enregistrer? En ce cas, je demanderois pourquoi il obéissoit ensuite et nous faisoit obéir à un édit auquel il n'avoit pas donné le caractère de loi. Si dans ses principes cette clause laissoit subsister la loi dans toute sa force, par quels sophismes nos magistrats pouvoient-ils se persuader qu'ils ne prévariquoient point en devenant les complices et les instrumens de l'injustice? Par quelle imprudence nous avertissoient-ils de mépriser une ordonnance à laquelle il falloit cependant nous soumettre?

Malgré les traverses que le parlement avoit éprouvées, et son attention à ne pas user imprudemment de l'autorité qu'il croyoit avoir, il continua à se rendre plus puissant et plus importun. Soit qu'on ne fût que choqué, comme la plupart des courtisans, de la résistance ou plutôt des chicanes que cette compagnie faisoit aux volontés de la cour; soit qu'avec l'Hôpital, l'homme de notre nation qui, par ses lumières, ses mœurs et ses talens, a le plus honoré la magistrature, on fût touché des abus qui régnoient dans l'administration de la justice; il se forma un orage considérable contre un corps qui abusoit de son crédit pour partager l'autorité des ministres, et dont les mains ne paroissoient pas pures. Il étoit cependant difficile d'accabler le parlement, car la multitude croyoit avoir besoin de sa protection; et pour réussir dans cette entreprise, il fallut la présenter comme une réforme avantageuse à l'état.

Sous prétexte d'accorder quelque repos à des magistrats qui avoient si bien mérité de la patrie, et qui, malgré leur zèle, étoient accablés sous le poids de leurs fonctions pénibles et perpétuelles, on résolut donc de partager le parlement en deux semestres qui se succéderoient l'un l'autre. Par le moyen de ce nouvel établissement, la justice, disoit-on, devoit être administrée avec d'autant plus de dignité, de vigilance et d'exactitude, que les magistrats, après avoir vaqué pendant six mois à leurs affaires domestiques, ou médité dans leur cabinet sur les lois, loin de porter encore au palais la lassitude de leurs fonctions, y reparoîtroient toujours plus éclairés, plus assidus, et plus attachés à leurs devoirs. Le parlement voyoit sans doute le piége qu'on lui tendoit, et qu'on ne cherchoit qu'à le diviser pour l'affoiblir; mais ce fut inutilement. Le conseil prévint ses plaintes, ou du moins empêcha qu'elles ne fussent appuyées par celles du public en diminuant les épices; il dédommagea les juges par une augmentation de leurs gages, le roi se chargea de payer les contributions auxquelles la justice avoit condamné les plaideurs.

La cour triomphoit. On ne doutoit point que le parlement, pour ainsi dire, divisé en deux corps, qui n'auroient presque aucun commerce entre eux, ne perdît son ancien esprit. En répandant à propos quelques bienfaits, en semant des soupçons, des rivalités et des haines, art funeste dans lequel les courtisans les moins adroits ne sont toujours que trop habiles, il paroissoit aisé de s'assurer de la docilité de l'un des deux semestres, et on devoit lui porter les édits qui pouvoient occasionner de longues et fastidieuses remontrances. On se flatta d'un succès d'autant plus prochain, qu'étant nécessaire d'augmenter considérablement le nombre des magistrats, on ne vendroit les nouveaux offices qu'à des personnes dont le gouvernement seroit sûr et qui déplairoient à leur compagnie. Un historien[294], plus à portée que tout autre de rendre compte des suites qu'eut cette révolution, nous apprend que le parlement devint en quelque sorte un nouveau corps. Les conseillers des enquêtes qu'on avoit coutume, dit-il, de n'admettre à la grand'chambre qu'après qu'ils avoient acquis une grande expérience, y montèrent avant le temps convenable. Comme la plupart, faute de capacité, n'étoient pas en état d'occuper ces places, il arriva qu'au lieu de rétablir la discipline et la dignité du parlement, ainsi qu'on avoit feint de le désirer, on détruisit presque entièrement l'une et l'autre.

Le parlement auroit été perdu sans retour, si les ministres du roi avoient pu prendre les mesures nécessaires pour maintenir leur ouvrage; mais au bout de trois ans, le mauvais état des finances ne permettant pas de payer les gages considérables qu'on avoit promis, il fallut supprimer les offices de nouvelle création, et permettre aux anciens juges de recevoir encore des épices des plaideurs. Fut-ce un bonheur, fut-ce un malheur que cette seconde révolution qui rétablit le parlement dans son premier état? Je n'ose le décider; qu'on en juge par le bien qu'il produisit dans la suite, et par les maux qu'il ne put empêcher. Peut-être que si la nation n'avoit pas compté sur ce secours impuissant, elle auroit été assez inquiète pour réprimer l'autorité arbitraire du gouvernement, et donner un appui utile à sa liberté; au lieu que, trompée par les espérances qu'elle avoit conçues du crédit et des vues du parlement, elle s'en reposa sur lui de son bonheur, et contracta une sécurité nonchalante qui est le signe certain de la décadence et de l'avilissement d'un peuple. Quoi qu'il en soit, le parlement, qui n'avoit pas eu le temps de perdre son ancien esprit, continua à faire des entreprises et à être repoussé par une puissance supérieure à la sienne.

Ce fut pour humilier le parlement de Paris, dont les prétentions devenoient de jour en jour plus considérables, que Charles IX, dit Davila, se fit déclarer majeur au parlement de Rouen. La cour des pairs crut recevoir une injure mortelle, et se plaignit de cette nouveauté, dans le fait assez indifférente à l'état, comme s'il eut été question du renversement de la monarchie. Tout le monde sait de quelle manière Charles reçut ses députés, quand ils vinrent lui faire des remontrances à ce sujet. Vous devez vous souvenir, leur dit le roi, que votre compagnie n'a été établie par mes prédécesseurs que pour rendre la justice aux particuliers, suivant les lois, les coutumes et les ordonnances qu'ils publieroient. Les affaires d'état ne regardent que moi et mon conseil, et vous devez n'y prendre aucune part: défaites-vous de l'ancienne erreur où vous êtes de vous faire les tuteurs des rois, les défenseurs du royaume et les gardiens de Paris. Si dans les ordonnances qui vous sont adressées, vous trouvez, ajouta-t-il, quelque chose de contraire à ce que vous pensez, je veux que, selon la coutume, vous me le fassiez au plutôt connoître par la voie des représentations; mais je veux qu'aussitôt que je vous aurai déclaré ma dernière volonté, vous obéissiez sans retardement. Sans prendre un ton si absolu, en vertu de quel titre, pouvoit leur dire Charles IX, vous croyez-vous supérieurs au parlement de Rouen?

Quelle loi m'ordonne de me transporter chez vous pour me faire déclarer majeur? Je le suis en vertu de l'ordonnance de Charles V, et il me suffit de vous envoyer une déclaration pour vous apprendre que j'ai atteint l'âge prescrit par la loi. Pourquoi ne serois-je pas le maître de faire au parlement de Rouen une faveur que je ne vous dois point, et de quoi vous plaignez-vous, si je ne vous fais aucun tort?

Le parlement étoit accoutumé depuis trop long-temps à recevoir de pareilles réponses, pour que celle-ci n'eût pas le sort des précédentes. Il devoit même être d'autant moins disposé à obéir, qu'il voyoit la cour agitée par des factions puissantes, et avoit appris avec tout le royaume à mépriser un gouvernement qui flottoit dans une perpétuelle irrésolution. Les voix furent partagées, quand on opina sur l'enregistrement de l'édit de majorité; et le conseil rendit un arrêt[295], par lequel il cassoit et annulloit tout ce qui avoit été fait à cet égard par le parlement, comme incompétent, de la part d'une compagnie à qui il n'appartient pas de connoître des affaires publiques du royaume. Il lui étoit ordonné d'enregistrer l'édit de majorité sans y ajouter aucune restriction, modification ni condition. On lui défendit d'avoir jamais la présomption d'examiner, statuer ou même délibérer sur les ordonnances qui concernent l'état, surtout lorsqu'après avoir fait des remontrances, ils auroient appris la volonté absolue du roi.

Le parlement obéit, dans la crainte qu'une plus forte résistance ne servît qu'à constater sa défaite d'une manière plus certaine; mais il conserva, suivant sa méthode ordinaire, l'espérance d'être plus heureux dans une autre conjoncture. En effet, il avoit et a encore le talent de ne se rappeler de son histoire que les événemens qui lui sont avantageux, et de remettre toujours en avant les mêmes prétentions qu'il paroît avoir abandonnées plusieurs fois. Cette ressource ou ce manége de la vanité et de la foiblesse finit toujours par être pernicieux à l'ambition. Malgré l'inconsidération et la frivolité des Français, il étoit impossible que, s'accoutumant à faire des démarches qui devoient paroître fausses au public et téméraires au conseil, le parlement ne fût pas enfin accablé par une puissance qui lui étoit supérieure.

Sans doute que les oppositions et les remontrances de cette compagnie, toutes inutiles qu'elles étoient à l'agrandissement de sa fortune, ont d'abord opposé quelques obstacles aux abus du pouvoir arbitraire; mais elles étoient incapables de fixer les principes du gouvernement, et d'empêcher que la liberté publique ne fût enfin opprimée. Le conseil ne trouvant qu'une résistance inégale à ses forces, ne sentit point la nécessité de se tenir dans les limites que la justice, les lois et les coutumes lui prescrivoient. Retardé, mais non pas arrêté dans sa marche, il s'accoutuma à aller toujours en avant. Le succès étoit certain; il ne s'agissoit que de marcher avec quelque lenteur, et de ne pas vouloir commencer en un jour des entreprises qui devoient être l'ouvrage de la patience et du temps.

Tandis que le roi déclare éternellement aux magistrats du parlement qu'ils n'ont été créés que pour rendre en son nom la justice aux particuliers, ils persévérèrent constamment à se regarder comme les gardiens et les protecteurs de la liberté publique, mais sans oser le dire nettement. Cette conduite n'étoit-elle pas la preuve d'une foiblesse égale à leur ambition, et si elle étoit incapable d'intimider et de contenir les ministres, pouvoit-elle rassurer une nation sensée? Rien n'est plus extraordinaire que la politique des gens de robe. Le roi répète continuellement qu'il est le suprême législateur, la source et le principe de tout droit public et particulier; qu'il ne tient son autorité que de Dieu seul, qu'il ne doit compte qu'à lui de ses actions; et le parlement convient de cette doctrine. D'où lui vient donc ce droit qu'il s'arroge de protéger la nation? Et si le roi veut l'en priver, pourquoi refuse-t-il d'y consentir? En ne donnant aucune borne à la puissance royale, par quelle raison peut-il cependant s'attribuer le privilége d'examiner, de rejeter ou de modifier les lois? S'il ne voyoit pas que ce droit négatif et modificatif le rendroit lui-même suprême législateur, ses lumières devoient être extrêmement bornées, et par conséquent bien incapables de servir le public. S'il sentoit au contraire l'importance de ses prétentions, pourquoi ne prévoit-il pas que le conseil tentera tout, pour ne pas laisser échapper de ses mains la puissance législative dont il est en possession, et qu'il n'en souffrira pas même le partage. Le parlement ne prévit rien, ou s'il prévit quelque chose, il faut convenir qu'il prit pour élever et affermir sa fortune, les moyens les plus propres à la renverser.

Son premier tort fut de ne pas connoître sa situation, et d'avoir espéré ou craint sans se rendre compte de ses espérances ou de ses craintes. Quand on supposeroit qu'il ne vouloit qu'affermir l'autorité royale dans les mains du roi, en prévenant les abus que ses ministres en feroient, et qui la rendroient désagréable à la nation et par conséquent peu sûre, ne devoit-il pas prévoir les difficultés sans nombre qui s'opposeroient au succès d'un pareil projet? Il étoit facile aux grands, qui s'étoient faits ministres de l'autorité royale, pour en faire l'instrument de leur fortune, de lui rendre le parlement suspect et même odieux. Falloit-il espérer que le prince, élevé comme un sage au-dessus de ses passions, jugeât que c'étoit pour son avantage qu'on s'opposeroit à ses volontés? Des rois qui avoient refusé de concerter leurs opérations avec les états-généraux, devoient nécessairement avoir plus d'ambition que d'amour pour le bien public. Le parlement devoit donc penser que l'autorité qu'il vouloit attribuer à son enregistrement pour l'avantage du public, choqueroit le roi et son conseil; et que n'ayant pas des forces supérieures ou même égales à leur opposer, il ne se rendroit puissant qu'autant qu'il s'appliqueroit plus à mériter une bonne réputation qu'à étendre et multiplier ses prétentions.

C'est l'estime que le public avoit conçue pour les lumières du parlement sous Charles VI qui avoit fait désirer, à ceux qui administrèrent tour à tour l'autorité royale, de se concilier son approbation: et de là, comme on l'a vu, étoit née la coutume de l'enregistrement. Il auroit donc fallu que par son amour de la justice, de la vérité et du bien public, cette compagnie eût fait souhaiter à tous les ordres de l'état que l'enregistrement acquît toujours un nouveau pouvoir. Il falloit, si je puis parler ainsi, mettre des vertus et non pas des prétentions en avant. Il importoit au parlement de rester, pour ainsi dire, en arrière, et de se faire avertir et presser par le public d'avoir de l'ambition. Sa modestie n'auroit servi qu'à donner plus de zèle à ses partisans, qui, dans l'espérance d'opposer un plus grand obstacle au pouvoir arbitraire, auroient eux-mêmes développé et étendu les priviléges qui découlent naturellement du droit d'enregistrer et d'examiner les lois. Le conseil, nécessairement intimidé par la sagesse du parlement, n'auroit pu lui résister sans soulever contre lui tout le public.

Je ne suis pas assez injuste pour exiger que nos magistrats du quinzième siècle eussent les mœurs, les lumières et le courage des anciens sénateurs de Sparte et de Rome; mais il n'auroit pas été besoin de les égaler pour mériter la confiance de nos pères. Dans l'état informe où se trouvoit notre législation, que le parlement ne proposoit-il lui-même quelques règlemens utiles au public, au lieu de rester attaché à ses erreurs et à ses préjugés? Quand Charles VII eut ordonné de rédiger les différentes coutumes de nos provinces, pourquoi cette opération, conduite sans génie, n'étoit-elle pas encore[296] terminée, quand Charles IX monta sur le trône? Pourquoi nos magistrats paroissoient-ils craindre qu'elle ne les gênât dans les jugemens? Attachés par vanité au malheureux privilége de courber les lois, sous prétexte de les rendre plus utiles, et d'en faire une application plus juste, c'étoit s'attribuer un pouvoir dont il est trop aisé à la fragilité des hommes d'abuser; c'étoit apprendre aux simples citoyens l'art malheureux de mépriser et d'éluder les lois, et aux grands d'en faire l'instrument de leur tyrannie. Qu'importoit-il à la nation que le parlement montrât quelquefois la vérité dans ses remontrances, s'il n'y restoit pas inviolablement attaché? La trahir ou l'abandonner est un plus grand mal que de ne la pas connoître. L'administration de la justice demande une dignité modeste et grave, et non pas de l'éclat. Les citoyens devoient trouver dans leurs juges des défenseurs de leur fortune, et non pas des ennemis qui la dévoroient.

Le parlement auroit fait, selon les apparences, tout ce qu'on pouvoit attendre de lui, s'il eût continué à choisir lui-même ses magistrats; mais il perdit malheureusement cet avantage[297], à peu près dans le même temps où il commençoit à prendre part à l'administration et concevoir les plus grandes espérances de fortune. Il n'y a que le peuple qui sache choisir ses magistrats intègres et courageux, et ce fut la cour qui se chargea de ce choix. Il fallut apprendre à mendier la protection des grands, et elle fut plus utile que la probité et la connoissance des lois, pour parvenir aux dignités de la magistrature. Il est certain que sous le règne de Charles VIII elles étoient déjà l'objet d'un commerce[298] secret. Les personnes puissantes de la cour remplirent le parlement d'hommes qui avoient acheté à prix d'argent ou par des bassesses, le droit de juger; et quel moyen restoit-il dès-lors à cette compagnie, pour s'emparer du pouvoir auquel elle aspiroit?

Ces abus multipliés donnèrent naissance à la vénalité publique des offices, qui augmenta la corruption et par conséquent l'avilissement où la magistrature devoit tomber. Croyez, disoit le premier président Guillard à François I, «que ceux qui auront si cher acheté la justice la vendront, et ne sera cautelle ni malice qu'ils ne trouvent.» Il n'y a point de milieu pour les juges; ils sont les membres les plus méprisables de la société, s'ils ne forcent pas le public à avoir pour eux l'estime la plus entière. Le parlement se remplit d'hommes inconnus, qui n'avoient souvent d'autre mérite que d'avoir amassé une grande fortune pour acheter des places que des hommes de bien ne regardent qu'en tremblant, et n'osent remplir que quand la voix publique les y appelle. Pour comble de scandale, ces magistrats prêtèrent serment qu'ils n'avoient pas acheté ces offices. Quelle confiance pouvoit-on prendre en des hommes qui s'étoient joués de ce que la religion et l'honneur ont de plus sacré; et leurs mains étoient-elles dignes de porter la balance et l'épée de la justice?

On se rappelle avec douleur que dans un discours que le chancelier de l'Hôpital prononça au parlement, il reprochoit à la plupart des[299] magistrats de s'ouvrir le chemin des honneurs, en trahissant leur devoir. Il se plaignoit que l'intégrité des juges fût devenue suspecte, et qu'on ne vît dans leur conduite que les vues d'un intérêt sordide et d'une ambition criminelle. Tous les jours, leur dit-il, vous augmentez vos honoraires et vous êtes divisés entre vous par les factions des princes et des seigneurs; ils se vantent de vous acheter à prix d'argent, et vous leur vendez votre amitié comme des courtisans. Vous prostituez votre dignité et vos services, jusqu'à devenir les agens et les intendans de quelques personnes dont vous tenez la vie et les biens dans vos mains.

Sire, disoit Monluc[300], évêque de Valence, en opinant dans le conseil en présence des députés du parlement qui venoient faire des remontrances; les magistrats vous disent souvent qu'ils ne peuvent ni ne doivent, selon leur conscience, entériner les ordonnances qui leur sont envoyées; cependant, il arrive assez souvent qu'après s'être servis d'expressions si fermes et si vigoureuses, ils oublient bientôt le devoir de leur conscience, et accordent sur une simple lettre de jussion ce qu'ils avoient refusé. Or, je demande volontiers à ces magistrats ce que devient alors leur conscience?

Les vices grossiers qui révoltoient la probité de l'Hôpital, choquoient depuis long-temps tout le monde; il n'y avoit personne en France qui n'eût fait cent fois les mêmes réflexions que Monluc; et la résistance du parlement n'étant qu'une espèce de routine dont on prévoyoit toujours l'issue, ne servoit qu'à le rendre importun à la cour, sans lui concilier l'estime de la nation. Dans cette situation critique, et après avoir fait cent expériences de sa foiblesse et de la supériorité du conseil, il devoit s'apercevoir qu'il ne feroit que des efforts inutiles pour s'emparer de la puissance publique; que les ministres ne cesseroient point de travailler à son abaissement; et que pour conserver un reste de considération et de crédit, il falloit retirer la nation de l'assoupissement auquel elle s'abandonnoit, et l'inviter à conserver ou plutôt à recouvrer sa liberté.

Quelque peu éclairé qu'on fût en politique avant le règne de François I, la réflexion la plus simple suffisoit pour faire connoître qu'une nation est seule capable de protéger les lois; et que souvent même, quoiqu'elle se trouve en quelque sorte toute rassemblée par ses représentans dans des états-généraux, elle a bien de la peine à le faire avec succès. On voyoit alors, comme aujourd'hui, que peu de peuples avoient eu le bonheur de conserver leur liberté, et que ce n'étoit qu'en accumulant précautions sur précautions que les Français pouvoient résister au despotisme de la cour. Le parlement n'entrevit aucune de ces vérités; il ne connut ni sa situation ni celle de l'état.

Il n'en faut point douter; quand, après avoir aliéné les cœurs de la nation, cette compagnie fut enfin persuadée qu'elle manquoit des forces nécessaires pour élever une puissance supérieure, ou du moins égale à celle du roi, elle prit la politique des grands pour le modèle de la sienne. Dans le déclin de leur grandeur, ils s'étoient rendus ministres de l'autorité royale pour être encore puissans. De même les magistrats du parlement, las de lutter sans succès contre le conseil, servirent son ambition dans l'espérance du même avantage. Ils crurent se rendre nécessaires en travaillant à faire oublier la nation, et formèrent le projet de partager avec les grands le droit de gouverner sous le nom du roi.

Mais cette espèce d'aristocratie ne devoit-elle pas lui paroître contraire à tous les préjugés de la nation, et par conséquent impraticable? L'ancien gouvernement des fiefs, dont le souvenir étoit toujours précieux aux grands, leur rappeloit leur ancien état; ils conservoient encore dans leurs terres des restes[301] de leur indépendance et de leur despotisme. Avec tant d'orgueil et de vanité, pouvoient-ils consentir à partager l'administration de l'autorité royale, avec des familles du tiers-état, qu'ils regardoient comme leurs affranchis? Quand la magistrature auroit été dès-lors un moyen de se glisser[302] dans l'ordre de la noblesse, le parlement y auroit peu gagné: on sait le mépris que la grande noblesse a toujours eu pour les anoblis. L'autorité dont les grands étoient déjà en possession, la partie brillante d'administration dont ils étoient chargés, l'orgueil des titres, les charges de la couronne, les gouvernemens des provinces, le commandement des armées, la familiarité du prince, tout concouroit à la fois à éblouir et tromper l'imagination du peuple; qui ne voyant rien de cet éclat dans les magistrats, auroit lui-même été assez stupide pour trouver mauvais qu'ils eussent voulu marcher d'un pas égal avec les grands et partager le droit de gouverner.

Tant que les grands furent assez puissans pour se faire regarder comme les ministres nécessaires de l'autorité royale, l'ambition du parlement ne put avoir aucun succès. La pompe des lits de justice qui flattoit sa vanité, et lui persuadoit qu'il avoit part au gouvernement, n'auroit dû que lui faire sentir sa foiblesse; mais quand, sous le règne de François I, les grands furent enfin écrasés par la puissance même qu'ils avoient donnée au roi, et l'avilissement où ils avoient jeté la nation, le parlement n'auroit-il pas dû ouvrir les yeux? Il devoit voir manifestement que toutes ses espérances étoient renversées; qu'on ne l'écrasoit pas, parce qu'on le craignoit peu; et que quand, par le secours de quelque événement favorable, il parviendroit à partager avec le roi la puissance publique, il auroit bientôt le même sort que les grands. Le roi s'étoit servi des jalousies qui régnoient entre les grands pour les asservir tous à sa volonté et en faire des courtisans; et il n'étoit pas moins aisé de se servir des mêmes jalousies qui divisoient tous les ordres de l'état, pour opprimer un corps qui refuseroit d'obéir. Par quel prestige peut-on se flatter d'être puissant dans une nation où il n'y a plus de liberté? Cependant, en voyant l'extrême dépendance où François I tenoit les grands, le parlement regarda leur décadence comme un obstacle de moins à son ambition.

C'étoit alors, s'il eût aimé véritablement le bien public, ou ménagé ses intérêts avec habileté, qu'il devoit se servir d'un reste de crédit prêt à s'échapper de ses mains, pour émouvoir les différens ordres de l'état, les réunir et les appeler à son secours. Quand on lui portoit des édits pour établir quelques nouvelles impositions, il auroit dû se rappeler les anciens principes de Comines qui n'étoient pas entièrement oubliés. Il devoit représenter au conseil que le consentement seul de la nation pouvoit légitimer l'établissement et la levée des impôts; et que des magistrats trahiroient leur devoir, si, par un enregistrement inutile, ils paroissoient s'attribuer un droit qui ne leur appartient pas. Il falloit alors demander généreusement la convocation des états-généraux. Mais le parlement vit, au contraire, avec plaisir qu'on lui fournissoit une occasion d'établir son pouvoir, et de se mettre à la place de ces assemblées nationales qu'il haïssoit, parce qu'il en avoit éprouvé autrefois et qu'il en méritoit encore la censure. Il ne s'aperçut pas du piége qu'on lui tendoit. Il crut qu'on lui donnoit une marque de considération; et il auroit dû sentir qu'on ne recouroit à lui préférablement aux états-généraux que parce qu'on le craignoit moins; et que le conseil étoit bien aise de lui voir usurper un droit ou un pouvoir dont il ne pourroit user, sans s'exposer à le perdre ou à se déshonorer aux yeux du public.

Cette usurpation sur les droits de la nation ne fut point une erreur qu'il faille attribuer à l'ignorance ou à une inconsidération passagère. Le parlement savoit que les édits qui ne regardent pas l'administration de la justice et le domaine du roi, n'étoient point soumis à son inspection; et le président de Saint-André en faisoit encore l'aveu[303], en répondant au nom du parlement à un discours du chancelier de l'Hôpital. Il étoit si bien instruit qu'il exerçoit un pouvoir qui ne lui appartenoit pas, qu'il ne manquoit point d'exprimer dans l'enregistrement des édits bursaux, qu'il ne les entérinoit qu'autant que le domaine du roi y étoit intéressé. Ainsi pour justifier, s'il étoit possible, son injustice, le parlement s'accoutumoit à croire que le droit d'établir des impôts est dans le prince un droit domanial. N'étoit-ce pas faire entendre que le patrimoine des particuliers forme une partie des domaines de la couronne? N'étoit-ce pas attaquer le droit de propriété? Qu'importe d'être le propriétaire du fonds, si on n'est pas le maître des fruits?

Je n'entrerai point dans le détail des imprudences qu'on peut reprocher au parlement. Sans s'être formé un plan de conduite, ni un objet fixe, tandis qu'il ne songeoit qu'à étendre et multiplier ses prérogatives, tantôt aux dépens du roi et tantôt aux dépens de la nation, il ne songea jamais à se faire des amis qui le protégeassent. Il eut l'imprudence de choquer et d'irriter à la fois l'orgueil des grands avec lesquels il prétendoit s'égaler, et la vanité du tiers-état avec lequel il ne voulut plus être confondu. Puisqu'il ne pouvoit être puissant et jouir de sa puissance, qu'en s'opposant aux entreprises du conseil, et qu'en vertu de son enregistrement; puisqu'il croyoit avoir le droit de résistance que les lois romaines donnèrent aux tribuns après la retraite du peuple sur le Mont-Sacré, il devoit donc avoir la conduite de ces magistrats. Vit-on jamais les tribuns, pour augmenter leur pouvoir, chercher à s'unir au sénat, et dédaigner de confondre leurs intérêts avec ceux du peuple?

Dans la célèbre assemblée des notables que tint François I pour délibérer sur l'exécution du traité de Madrid, il y appela des magistrats de tous les parlemens de province. Les différens ordres délibérèrent et donnèrent leur avis à part; c'étoit une occasion décisive pour gagner l'affection du tiers-état; mais les magistrats ne balancèrent pas à former un corps[304] distingué de la commune de Paris. Cette séparation des ordres parut encore plus frappante dans l'assemblée des notables[305] tenue au parlement après la malheureuse bataille de Saint-Quentin. Les députés des cours souveraines formèrent encore un ordre à part entre la noblesse et le tiers-état; et, tant la vanité est aveugle! les gens de robe sollicitèrent cette prétendue grâce, et regardent encore aujourd'hui comme une faveur cette séparation qui les avilissoit, et que le gouvernement étoit bien aise de leur accorder. Les magistrats n'obtenant point l'égalité avec la noblesse, constatèrent seulement leur infériorité dans l'ordre politique; ils n'eurent point la considération qu'ils auroient nécessairement acquise, en paroissant les députés, les représentans et les chefs d'un ordre qui, par la nature des choses, est le plus puissant quand il connoît ses forces, et qui les connoîtra toujours quand des magistrats l'inviteront à les connoître. Le parlement rejeté par la noblesse qui ne vouloit pas l'admettre dans son corps, séparé du peuple par sa vanité, et depuis long-temps ennemi du clergé, dont il attaquoit sans cesse la juridiction, sous prétexte de défendre les libertés de l'église Gallicane, devoit donc être le jouet de l'autorité royale.

Dans cet état de foiblesse, le parlement de Paris mit le comble à son imprudence, en séparant ses intérêts de ceux des parlemens de province. Il ne comprit pas combien il lui importoit de les faire respecter, et que tout ce qui dégraderoit leur dignité, aviliroit la sienne.

Il faut se rappeler que les justices seigneuriales ayant perdu leur souveraineté par l'établissement des appels, on étoit obligé de recourir à la cour du roi, du fond de toutes les provinces. Pour que les plaideurs ne fussent pas toujours errans à la suite de la justice, et que la cour ne fût pas elle-même incommodée de cette foule de praticiens, de solliciteurs et de plaideurs qui l'accompagnoit, il fallut fixer les plaids de la justice du roi dans un lieu déterminé, et c'est ce qu'exécuta Philippe-le-Bel, en rendant le parlement sédentaire à Paris. Cette première disposition en préparoit une seconde qui ne seroit pas moins utile au public. Le même prince sentit l'avantage de partager sa cour de justice en deux branches, afin que, présente à la fois à Paris et à Toulouse, les citoyens des provinces méridionales ne se consumassent pas en frais pour venir suivre dans la capitale les appels qu'ils avoient interjetés des jugemens rendus dans leurs bailliages. C'étoit imiter la conduite de Charlemagne, qui avoit envoyé autrefois des[306] commissaires dans les provinces, pour y remplir les fonctions de la cour qui étoit à la suite de sa personne. Quelque sage que fût cet établissement de Philippe-le-Bel, il fallut le révoquer, et, sans en rechercher ici les raisons, je me contenterai de dire que ce ne fut qu'après avoir été cassé et rétabli à différentes reprises, que le parlement de Toulouse reçut enfin de Charles VII une résidence fixe.

L'utilité de cet établissement invita les successeurs de ce prince à créer divers autres parlemens, en faveur de quelques provinces. Il est évident que tous ces tribunaux n'étant tous que des portions de la justice souveraine du roi, ne formoient tous qu'un seul et même corps. Charles VII avoit invité le parlement de Paris et le parlement de Toulouse à être étroitement[307] unis, et les magistrats de ces deux compagnies devoient avoir indifféremment séance et voix délibérative dans l'une et dans l'autre. Les rois, en érigeant différens parlemens, avoient déclaré qu'ils avoient tous la même autorité, et qu'ils jouiroient des mêmes prérogatives. Cependant le parlement de Paris, qui devoit regarder ces nouveaux tribunaux comme des portions de lui-même, qui serviroient à étendre son pouvoir et son crédit, eut l'orgueil d'une métropole, et affecta une supériorité offensante sur ces colonies. Peut-être fut-il indigné de ne plus voir tout le royaume dans son ressort et les plaideurs de toutes les provinces ne plus contribuer à sa fortune. Voilà peut-être la première cause d'une désunion funeste à la magistrature. Quoi qu'il en soit, le parlement de Paris, fier du titre de cour[308] des pairs, dont il se crut seul honoré et de la relation plus étroite qu'il avoit avec le gouvernement, dédaigna de fraterniser avec les parlemens de province, ne permit point à leurs membres de prendre séance dans ses assemblées, et ne les regarda que comme des espèces de bailliages qui avoient le privilége de juger souverainement.

Ce n'est que dans ces derniers temps que le parlement de Paris a connu sa faute, et que pour opposer des forces plus considérables au gouvernement et au clergé, il a senti la nécessité de s'associer les autres parlemens[309], en ne se regardant tous que comme les membres différens d'un même corps. Mais sa politique a bientôt été sacrifiée à sa vanité. A peine jouissoit-il du crédit que lui donnoit sa confédération qu'il le perdit, et rompit l'union pour conserver sa dignité frivole de cour des pairs. Il craignit que si les autres parlemens osoient informer contre un pair et le décréter, ils ne se crussent bientôt assez importans pour le juger.

Par sa nature, le parlement devoit avoir une compétence sans bornes, et cependant il avoit vu former différens tribunaux qui la limitoient, comme la création des parlemens de province avoient limité son ressort. L'élection des cours des aides et du grand conseil lui parut un attentat contre son autorité. Il craignit que des corps formés à ses dépens, et qui jugeoient souverainement, ne voulussent en quelque sorte, affecter avec lui la même égalité que la chambre[310] des comptes prétendoit avoir. Il est certain que le parlement de Paris ne pouvoit rien faire de plus utile à ses intérêts, que de former un seul corps de toute la magistrature du royaume. De ces forces réunies, il se seroit formé une masse de puissance assez considérable pour donner quelque sorte de consistance aux lois, et forcer le gouvernement à se faire quelques règles. Mais le parlement se laissa gouverner par cet esprit de dédain et de mépris, que les Français en général, étoient accoutumés d'avoir pour leurs inférieurs, et qui a été également funeste au clergé, à la noblesse et aux simples citoyens.

Après avoir aliéné tous les esprits, choqué et insulté tous les ordres de l'état, si le parlement n'avoit pas fait de temps en temps quelques efforts pour s'opposer à l'établissement des nouveaux impôts, et montré par occasion quelques maximes estimables, ou une fermeté momentanée contre les entreprises du ministère, il y a long-temps qu'il ne jouiroit d'aucune considération auprès du public. Quelques disgraces et quelques exils que le parlement a paru supporter avec courage, ont fait perdre le fil de sa conduite et oublier qu'il a plus contribué que les grands mêmes à faire proscrire l'usage des états-généraux, sans lesquels il ne peut y avoir de liberté ni de lois respectées. On lui sait gré des remontrances impuissantes et du manége puéril qu'il emploie pour empêcher le mal; on le regarde comme une planche après le naufrage, sans songer qu'il a été lui-même une des principales causes du naufrage. Parce qu'il offre le spectacle toujours répété d'une résistance toujours inutile, on espère qu'il parviendra enfin à empêcher le mal, et notre inconsidération éternelle nous empêche de juger de l'avenir par le passé.

CHAPITRE IV.

Règne de Henri II et de François II.—Les changemens survenus dans la religion préparent une révolution, et contribuent à rendre aux grands le pouvoir qu'ils avoient perdu.

EN profitant de l'ambition et de la jalousie qui divisioient les grands, François I avoit joui de l'autorité la plus absolue. De nouvelles circonstances préparoient les Français à prendre un génie nouveau et conforme à leur gouvernement. J'ai rendu compte de l'art que ce prince employa pour rendre ses sujets dociles; des délateurs honorés et protégés l'instruisoient de l'état de toutes les provinces; mais ce qui contribua principalement à tenir les ordres du royaume dans la soumission, ce fut le soin qu'il eut de ne confier l'exercice de sa puissance qu'à des personnes qui ne pouvoient la tourner contre lui, et d'humilier ou disgracier les grands qui lui faisoient ombrage, avant qu'ils eussent acquis assez de crédit pour se rendre dangereux. Le dernier conseil qu'il donna à son fils, fut de se défier de la maison de Guise, qui, par ses talens et son courage, sembloit aspirer à une grandeur suspecte dans une monarchie. En appliquant ce précepte à toutes les maisons qui deviendroient trop considérables, en les abaissant, en les élevant tour à tour, Henri II auroit eu toute la politique désormais nécessaire à un roi de France, pour retenir sans peine toute l'autorité dans ses mains. Le parlement pouvoit <u>embarrasser</u> et gêner le gouvernement, mais on connoissoit sa foiblesse, et il ne donnoit aucune inquiétude réelle.

Un gouvernement qui n'avoit besoin que de si peu d'art pour se maintenir, ne devoit, ce semble, éprouver aucune révolution. Quelque simple cependant que fût cet art, il faut s'attendre que la fortune placera tôt ou tard sur le trône quelque prince qui ne sera pas même capable de la légère attention qu'il demande. Tel fut Henri II, arbitre souverain de la fortune de ses courtisans, entouré de flatteurs et d'esclaves, ce prince ne vit que sa cour; embarrassé de son autorité, dont le poids écrasoit tout, il étoit bien éloigné de penser qu'il dût prendre quelque précaution pour la conserver et la laisser à ses enfans telle qu'il l'avoit reçue de son père: il ne s'occupa que de ses plaisirs, et abandonna les rênes du gouvernement à une maîtresse et à ses favoris. A mesure qu'on s'aperçut que le prince, incapable d'agir par lui-même, négligeoit davantage les soins de l'administration, les passions, auparavant réprimées, prirent un nouveau degré de force. Tandis que les Guises exerçoient seuls l'autorité royale en gouvernant la duchesse de Valentinois, la maison de Bourbon, qui n'avoit éprouvé que des dégoûts depuis la révolte de son chef, souffrit plus impatiemment sa disgrace en voyant qu'elle n'étoit plus que l'ouvrage d'une maîtresse et de ses favoris.

Cette fermentation dans les esprits, qui auroit autrefois produit des troubles dans tout le royaume et allumé une guerre du bien public, se borna à lier entre les courtisans quelques intrigues, qui ne causèrent même aucune révolution dans la faveur; car, par une suite même de la foiblesse de son caractère, Henri étoit incapable de prendre la résolution de renvoyer les personnes à qui il avoit donné sa confiance. Ce prince mourut, et les Guises, qui avoient fait épouser la reine d'Ecosse à son jeune successeur, furent plus puissans qu'ils ne l'avoient encore été. Tandis qu'ils disgracioient, exiloient et perdoient tous ceux qui leur faisoient ombrage, ou qui ne se hâtoient pas de demander leur faveur, il n'y eut de fortune que pour leurs créatures, et elles occupèrent les places les plus importantes à la cour, dans la capitale et dans les provinces. Par un seul trait qu'on auroit de la peine à croire, s'il n'étoit consigné dans les monumens les plus sûrs de notre histoire, qu'on juge de l'avilissement où la nation étoit tombée, et des périls dont François II étoit menacé de la part des ministres de son autorité. Il s'étoit rendu à Fontainebleau un grand nombre de personnes pour solliciter le paiement de ce qui leur étoit dû, ou demander des grâces qu'elles croyoient mériter. Les Guises, las de répondre à tant de sollicitations qui les gênoient, firent dresser des gibets, et publier une ordonnance qui enjoignoit à toutes ces personnes de sortir de Fontainebleau en vingt-quatre heures, sous peine d'être pendues.

On croyoit voir revivre l'ancienne mairie du palais, et vraisemblablement les Guises, à force de répandre la crainte, l'espérance et les bienfaits, auroient eu le même pouvoir que les Pepins, si François II, qui ne fit en quelque sorte que paroître sur le trône, eût régné assez long-temps pour qu'ils pussent affermir leur fortune, et en maniant l'autorité royale, se faire une autorité propre et personnelle. Il est sûr du moins qu'à la mort de François II, ils ne tombèrent point dans le néant qui attendoit des ministres chargés de la haine publique, qui avoient perdu leur protecteur, et qui voyoient leurs ennemis à la tête de leur gouvernement. Ils se soutinrent par leurs propres forces, et la régente, veuve de Henri II et mère du nouveau roi, qui les craignoit, fut obligée de les ménager.

Quoiqu'il en soit des ressources qui restoient aux Guises pour se faire respecter, et des talens qui rendoient l'ambition du prince de Condé si agissante et si redoutable, le temps, les événemens, les mœurs, les lois et l'habitude avoient tellement affermi la monarchie, que tous auroient été contraints de plier également sous l'autorité royale, malgré l'enfance du roi et l'incapacité de sa mère pour les affaires, si les changemens survenus dans la religion n'avoient dérangé les ressorts du gouvernement, mis les grands à portée de se faire craindre, et d'établir leur fortune par d'autres voies que celles de la flatterie et de l'abaissement.

Il faut se rappeler que le calvinisme à sa naissance avoit fait des progrès si rapides, que dans les instructions que le parlement envoya à la régente après la bataille de Pavie, il demandoit que les novateurs, dont le nombre et la doctrine l'effrayoient, fussent sévèrement punis et réprimés. Je sais, pour le dire en passant, qu'on a souvent blâmé le gouvernement d'avoir pris part aux disputes théologiques et d'en avoir fait des affaires d'état; mais, sans doute, on n'a pas fait attention au pouvoir de la religion sur l'esprit des citoyens, et que ce n'est que chez un peuple assez sage et assez éclairé pour savoir qu'il doit être permis à tout homme d'honorer Dieu selon les lumières de sa conscience, que la diversité du culte et des opinions religieuses ne causera aucun trouble. Par-tout ailleurs, elle excitera des querelles dont l'ambition se servira pour allumer des dissensions funestes, et ébranler les principes du gouvernement. Les questions agitées par Luther et Calvin n'étoient pas de ces questions abstraites et métaphysiques, qui ne peuvent intéresser que des théologiens oisifs. On attaquoit le culte journalier et sensible de la religion et les dogmes qui lui sont le plus précieux; comment donc auroit-il été prudent au gouvernement de voir avec indifférence les progrès d'une doctrine que des personnes de tout état embrassoient? L'auroit-il pu quand il l'auroit voulu? Le clergé, corps puissant dans l'ordre de la politique, étoit menacé de la perte de ses richesses et de son autorité; il n'auroit pas gardé le silence; et dès qu'il se plaignoit, le gouvernement étoit forcé de prendre part aux querelles de religion.

Quoiqu'il en soit, on ne s'aperçut du mal que quand il n'étoit plus temps d'en arrêter le cours; et le gouvernement, qui ne devoit songer alors qu'à établir la tolérance, et employer les moyens les plus doux pour ramener les novateurs dans le sein de l'église, et retenir les catholiques dans la religion de leurs pères, prit le parti barbare et insensé de poursuivre les réformés comme des criminels, et de hâter ainsi les progrès du mal qu'il vouloit prévenir. On fit mourir un grand nombre de Calvinistes, à qui on n'avoit d'autre crime à reprocher que leur religion. Des hommes qui renoncent au culte dans lequel ils ont été élevés, pour en prendre un nouveau, ne sont point effrayés du martyre. Les réformés, jaloux dans leur première ferveur de rappeler les vertus de la primitive église, bénissoient, comme les premiers chrétiens, la main qui les punissoit; ils s'applaudissoient du sacrifice de leur vie qu'ils offroient à Dieu, et le remercioient de la grâce qu'il leur faisoit d'éprouver leur foi.

Les nouvelles sectes flattent toujours le gouvernement, pour mériter sa protection, ou du moins sa tolérance; ainsi les novateurs, sans se plaindre de François I, n'accusoient que le cardinal de Tournon et le clergé des persécutions qu'on leur faisoit éprouver; et, dans l'ardeur de leur fanatisme, ils n'étoient peut-être pas fâchés d'avoir ce reproche de plus à faire aux prélats de l'église Romaine. Mais leur foi dut commencer à être un peu moins patiente, quand ils virent qu'ils étoient sacrifiés à la cupidité de la duchesse de Valentinois[311] et du duc de Guise, qui avoient obtenu la confiscation des biens de tous ceux qui seroient punis pour cause de religion. L'une n'étoit qu'avare, et l'autre songeoit déjà à faire naître les troubles dont un ambitieux qui sent ses talens, a besoin dans une monarchie pour établir sa fortune. Le royaume fut plein de leurs émissaires, qui, par des informations secrètes et souvent calomnieuses, mirent à une nouvelle épreuve la foi et la résignation des réformés aux ordres de Dieu. Henri leur fit trop de mal pour ne les pas craindre, et dès qu'il les craignit, il voulut les exterminer. On rejeta les sages remontrances[312] que fit alors le parlement. Puisque tant de supplices, disoit-il, n'ont point servi jusqu'ici à suspendre les progrès de l'erreur, il nous a paru conforme aux règles de l'équité et de la droite raison, de marcher sur les traces de l'ancienne église, qui n'a pas employé le fer et le feu pour établir et étendre la religion. C'est en présentant la vérité avec constance et avec charité que les apôtres ont persuadé; c'est en édifiant par les vertus d'une vie sainte et exemplaire que les évêques ont autrefois affermi et étendu la religion. Que pouvons-nous espérer en répandant des fleuves de sang? L'aveuglement opiniâtre des novateurs ébranle et séduit les catholiques peu instruits. Nous croyons donc qu'on doit entièrement s'appliquer à conserver la religion par les mêmes moyens qu'elle a été établie et qu'elle a fleuri.

Pour rendre sa haine contre les novateurs plus éclatante, Henri tint un lit de justice au parlement, et y déclara qu'il avoit pris la résolution de se servir de toute son autorité pour extirper de son royaume une hérésie qui méprisoit tout ce que la religion a de plus sacré. Quelques magistrats, dont la doctrine étoit suspecte, parlèrent en gens de bien; les uns furent arrêtés, les autres n'évitèrent la prison qu'en se cachant, et le reste du parlement, intimidé ou gagné par le duc de Guise, renonça à cet esprit de douceur et de conciliation que respiroient ses dernières remontrances, et que dans la suite le chancelier de l'Hôpital ne put jamais faire revivre.

Quoiqu'une pareille conduite annonçât aux réformés la persécution la plus cruelle, rien n'indique cependant qu'en voyant dresser des échafauds et allumer des bûchers, ils songeassent à se réunir pour repousser l'injustice par la force. S'ils s'armèrent d'une nouvelle patience, ce n'est pas qu'ils ne crussent avoir le même droit que les Luthériens d'Allemagne de s'opposer à l'oppression, et qu'ils les blâmassent d'avoir pris les armes; mais la prudence leur prescrivoit une politique différente. Le gouvernement de l'Empire invitoit les novateurs Allemands à avoir plus de zèle que de patience. Ayant à leur tête quelques princes puissans, dont les forces pouvoient les protéger efficacement contre la maison d'Autriche, il étoit naturel qu'ils se dégoûtassent de la douceur et de la gloire du martyre plus promptement que les réformés Français, qui, étant dispersés dans un royaume où aucun grand ne pouvoit les défendre contre le roi, ne trouvoient aucun point de ralliement.

Il fallut le concours de plusieurs circonstances étrangères au gouvernement pour persuader enfin aux Calvinistes que Dieu avoit besoin de leurs bras pour défendre la vérité. Quelque ambitieux et quelque entreprenant que fût le prince de Condé, jamais l'amiral de Coligny n'auroit approuvé son projet de secouer le joug des Guises et de les perdre par une conjuration, s'il n'avoit pu lui conseiller en même temps de chercher un secours auprès des réformés et d'unir leur cause à la sienne. Jamais les réformés, de leur côté, n'auroient pensé à se révolter, s'ils n'y avoient été invités par un prince qui leur promettoit sa protection, et qu'ils mettoient en état de se faire craindre. Quoique le calvinisme commençât à former un parti puissant, on ne fit cependant pas des projets de guerre et des plans de campagne. On respecta l'autorité de François II; c'étoit pour le délivrer de la tyrannie des Guises, qu'on devoit surprendre la cour à Amboise. Le seul objet des Calvinistes étoit de se défaire des auteurs de tous leurs maux, et celui du prince de Condé de s'emparer du pouvoir qu'ils exerçoient sous le nom du roi.

Tout le monde sait que la conjuration d'Amboise n'eut pas le succès que les conjurés en attendoient; et si les Guises avoient eu le temps de perdre les chefs de ce parti, il est vraisemblable que le gouvernement n'auroit reçu aucune secousse. Les réformés, dispersés et sans chefs, n'auroient plus songé à se révolter, ou leurs émeutes réprimées en naissant par un gouvernement tout-puissant, n'auroient point allumé de véritables guerres. Mais François II mourut avant que les Guises se fussent vengés. Le prince de Condé, déjà condamné à perdre la tête sur un échafaud, est bientôt déclaré innocent. Il se forme un nouvel ordre de choses, et sans que le gouvernement eût souffert en apparence aucune altération, ses ressorts étoient cependant brisés; et la politique avec laquelle François I avoit gouverné impérieusement, ne suffisoit plus à Catherine de Médicis pour faire respecter sa régence et le nom de Charles IX.

On s'aperçoit sans doute que le prince de Condé, se trouvant désormais à la tête des réformés, que la conjuration d'Amboise avoit réunis en un corps, et qui n'avoient plus la soif du martyre, eût entre les mains des forces infiniment plus considérables qu'aucun seigneur n'en avoit eu depuis le règne de Charles VIII; il pouvoit se faire craindre de la régente, lui imposer des lois, la forcer d'acheter son obéissance; ou il étoit mécontent, il n'étoit plus condamné, comme le connétable de Bourbon, à porter son ressentiment et sa vengeance dans le pays étranger. L'inclination des Français à la docilité étoit dérangée, et le fanatisme étoit propre à leur rendre un courage et une confiance qu'ils n'avoient plus depuis longtemps. L'ambition des courtisans devoit avoir plus de noblesse; leurs projets devoient être plus grands et plus hardis, et il s'ouvroit d'autres voies à la fortune que celles qu'ils avoient connues sous les règnes précédens.

Guise étoit trop habile pour ne pas voir tout l'avantage que le prince de Condé son ennemi avoit sur lui: ce génie vaste et profond se porta dans l'avenir; il vit que les fondemens ébranlés de la monarchie et de l'obéissance étoient prêts à s'écrouler, et que d'autres temps et d'autres soins demandoient de lui une autre conduite. En jugeant que le prince de Condé ne seroit pas impunément à la tête d'un parti puissant, persécuté et répandu dans toutes les provinces, il se vit réduit à la triste humiliation de faire encore sa cour comme on la faisoit à François I; tandis que son ennemi parleroit en maître, et n'obtiendroit pas, mais prendroit des grâces. Guise étoit perdu, s'il ne formoit pas un parti. Accoutumé à manier l'autorité royale sous deux rois, il ne fut point effrayé du nom de Charles IX: la régente Catherine de Médicis ne lui paroissoit qu'une intrigante, incapable de se faire respecter. L'état étoit divisé dans son culte. Les deux religions montroient l'une contre l'autre la haine la plus emportée. Plus les réformés avoient conçu de hautes espérances en voyant à leur tête le prince de Condé, et que le roi de Navarre son frère étoit revêtu de la lieutenance générale du royaume, plus les zélés catholiques se défioient du gouvernement, et souhaitoient qu'on se hâtât de perdre ou de persécuter leurs ennemis.

Quelle que fût la conduite du gouvernement à l'égard des deux religions, il étoit aisé de le rendre odieux ou du moins suspect; et Guise jugea qu'il devoit se mettre à la tête des catholiques zélés que la régente ne pouvoit jamais contenter, comme le prince de Condé étoit à celle des réformés qui croiroient n'avoir jamais obtenu assez de priviléges. Jusqu'alors il n'avoit peut-être montré tant de zèle pour l'ancienne religion, que dans la vue de satisfaire l'avarice de la duchesse de Valentinois, et d'enrichir ses créatures. Après la mort de François II, il ne chercha qu'à s'attacher les évêques, et à fixer sur lui les yeux des catholiques; de sorte qu'ils le regardassent comme leur chef et leur protecteur, quand le gouverneur se conduiroit avec quelque sorte de modération et de retenue à l'égard des novateurs.

CHAPITRE V.

Situation de la France sous les règnes de Charles IX et de Henri III.

QUELLES que fussent au commencement du règne de Charles IX, les haines et les forces des deux factions ennemies qui alloient diviser l'état, l'autorité absolue du roi étoit si bien établie dans l'opinion publique, et on étoit tellement accoutumé d'y obéir, que le prince de Condé et le duc de Guise, dans la crainte de soulever contre eux les esprits, étoient obligés de cacher leurs projets ambitieux, d'affecter la soumission la plus entière, et de feindre qu'ils ne songeoient qu'à défendre le roi contre ses ennemis. Si on croit le traité[313] par lequel le duc de Guise, le connétable de Montmorency et le maréchal de St. André formèrent leur union qui fut appelée le triumvirat, Charles IX n'avoit point de serviteurs plus affectionnés qu'eux à son service. Le prince de Condé, en formant un parti par l'association des réformés les plus zélés pour leur culte, assuroit[314] de même que son seul dessein étoit de maintenir l'honneur de Dieu, le repos du royaume et la liberté du roi sous la régence de sa mère. Cette ligue ne devoit subsister que jusqu'à la majorité de Charles, c'est-à-dire, jusqu'à ce qu'il prît en personne le gouvernement. Pour lors, disoient les associés, nous nous soumettrons avec plaisir aux premiers ordres qu'il nous donnera, comme nous nous soumettrions dès aujourd'hui à la volonté de la reine, si les ennemis de l'État lui permettoient de la faire connoître. Pour justifier les préparatifs de guerre et de révolte qui se faisoient de toutes parts, on feignoit de croire que la personne du roi étoit dans le plus grand danger, et chaque faction reprochoit à l'autre les projets et les attentats qu'elle méditoit elle-même.

Pour préparer les esprits à voir avec moins d'étonnement les désordres que tout annonçoit, on publia des écrits qui rappeloient une doctrine que les règnes de Louis XII et de François I avoient fait oublier. Sans chercher à rendre odieuse la monarchie absolue, on établissoit le droit qu'avoient eu autrefois les grands de prendre part au gouvernement. Les princes du sang, les pairs et les grands officiers de la couronne, sont appelés les conseillers[315] nés du roi. Aucune affaire importante ne peut être traitée ni réglée sans leur participation. La monarchie arbitraire de François I et de Henri II n'est déjà plus qu'une monarchie consultative; il s'élève une sorte d'aristocratie dont le roi n'est que le premier magistrat; et quand les grands prendront les armes, le peuple pourra croire que leur révolte est légitime, et qu'ils ne font que se défendre et rentrer en possession des droits dont ils avoient été injustement dépouillés.

Peut-être que Médicis seroit encore parvenue à faire respecter l'autorité de son fils, ou du moins, à empêcher qu'elle ne tombât dans le dernier avilissement, si elle eût été capable de voir d'avance tout ce qu'elle devoit craindre du fanatisme des catholiques et des réformés; de connoître les intérêts et les forces des deux factions; et en renonçant à l'orgueil de commander impérieusement, de se faire une politique plus modeste et conforme à sa situation. Dès que le roi se présenteroit comme arbitre médiateur entre les deux partis, sans être en état de leur en imposer, et de les contenir par la force, il ne feroit que les instruire de sa foiblesse, les enhardir, s'avilir et se faire mépriser. Il étoit dur pour la veuve d'Henri II, et la mère de Charles IX, de se faire chef de faction pour n'être pas opprimée, mais les rois sont soumis à la nécessité comme le reste des hommes; et c'étoit le seul parti qui restât à Médicis.

Il falloit d'abord examiner quelle faction, de la catholique ou de la réformée, étoit la plus forte ou présentoit le plus de ressources, laquelle, en un mot, il étoit le plus important de favoriser; mais après avoir fait un premier pas, la régente ne devoit plus regarder en arrière, afin de mieux imprimer au parti qu'elle auroit déclaré son ennemi, le caractère de la révolte, et de tenir l'autre toujours soumis à l'autorité de son fils. Cette conduite ferme et constante n'eût pas seulement ruiné les vastes espérances des réformés et fait triompher la religion catholique, elle auroit fait voir le prince toujours agissant, et lui auroit par conséquent donné tout le crédit que les Guises acquirent, en décriant les intentions du gouvernement et en le rendant suspect aux catholiques.

Mais la régente, qui n'étoit propre qu'à l'intrigue, et toujours lasse de ce qu'elle faisoit, parce qu'elle faisoit toujours une faute, agit sans principes, essaya cent entreprises sans en suivre aucune, et fut enfin obligée d'obéir aux événemens. Son esprit, étonné et intimidé par la supériorité qu'elle sentoit dans les Guises, les Montmorency, les Condé et les Coligny, eut recours aux armes de la foiblesse: elle espéra de les tromper par des ruses, des mensonges et des fourberies; mais elle en fut elle-même la dupe; et bientôt son fils ne fut plus le roi des réformés ni des catholiques zélés. On diroit que cette princesse s'étoit fait un plaisir cruel de tout brouiller, dans l'espérance qu'avec le nom de Charles et le sien, elle sortiroit triomphante du chaos qu'elle avoit formé. Si tel fut le plan de sa politique, elle eut bientôt occasion de connoître son erreur; mais elle ne se corrigea point, parce qu'un caractère foible et irrésolu ne peut-être constamment attaché à aucune idée. En voulant conserver la paix, elle hâta la guerre, et se vit prisonnière avec son fils, avant que les hostilités fussent, pour ainsi dire, commencées. Tandis que les Guises trompoient le peuple encore plein de respect pour l'autorité royale, en feignant de s'armer pour la défense du roi, Médicis fut contrainte d'implorer la protection du prince de Condé et des Calvinistes. Elle supplia ce prince, de ne point perdre courage, de venger les injures qu'on faisoit au trône, et de ne pas permettre qu'à sa honte ses ennemis disposassent du gouvernement. Ainsi le prince de Condé, qui avoit la même ambition que le duc de

Bourgogne et le duc d'Orléans avoient eu sous le règne de l'imbécille Charles VI, fut invité à venger l'autorité royale qui étoit tombée dans le même mépris, mais sa faveur étoit passagère, et la régente, bientôt réconciliée avec les Guises, devoit le traiter en ennemi.

Tandis que Médicis, toujours incertaine et <u>flottante</u> entre la faction catholique et la faction protestante, se flattoit de les tenir en équilibre pendant la paix, ou de les perdre l'une par l'autre pendant la guerre, elle fut toujours obligée de prendre ou de quitter les armes à leur volonté. Les catholiques, toujours indignés de voir terminer la guerre, et les réformés qu'on violât les traités solennels qu'on avoit conclus avec eux, se plaignirent également du gouvernement, et ne voulurent plus obéir qu'à leurs chefs.

Ce fut alors que la nation ne prit conseil que de son fanatisme. Les esprits, de jour en jour plus échauffés, ne virent plus d'autre objet que celui de la religion, et par piété se firent les injures les plus atroces. A l'exception de quelques chefs de parti, qui ne songèrent qu'à profiter de l'erreur publique pour satisfaire leur ambition, tout le reste ne connut point d'autre intérêt que de faire triompher sa doctrine, ou de faire beaucoup de mal à ses ennemis. On devoit du moins s'attendre que le parlement aimeroit la paix, et seconderoit le chancelier de l'Hôpital, dont toutes les vues tendoient à calmer les esprits. Il devoit sentir que la guerre civile et le bruit des armes feroient taire les lois et détruiroient son autorité; cependant on vit cette compagnie, dont l'exemple ne fut que trop suivi par les parlemens de province, donner un arrêt[316] pour proscrire les protestans, ordonner elle-même de prendre les armes, de courre sus aux réformés, et de les tuer sans crainte d'en être repris; peut-être même, oserai-je le dire, étoient-ils flattés secrètement de voir la magistrature donner des ordres aux milices, et en déclarant la guerre, exercer un des actes les plus éclatans de la souveraineté.

Le parlement s'oublia jusqu'à établir une inquisition[317] odieuse. Il ordonna des informations secrètes, mit en honneur la délation, et autorisa les espions à faire sourdement des enquêtes et à dresser des procès-verbaux qu'ils étoient dispensés de signer. Quand on voit un corps de magistrats, à qui l'étude des lois doit faire haïr la tyrannie, se porter à de tels excès, quelle idée ne doit-on pas prendre des mœurs publiques, ou plutôt de la fureur frénétique qui animoit la nation? Il écrivit à la reine, pour l'inviter à renvoyer de son service les officiers de sa maison dont la religion étoit suspecte. Mais pourquoi m'arrêter à ce tableau scandaleux de nos malheurs? Qu'il me suffise de dire que le parlement ordonna une procession annuelle pour célébrer l'anniversaire de la S. Barthélemy.

Tandis que la nation paroissoit condamnée à se détruire par ses propres mains, on se rappela qu'elle avoit eu autrefois des états-généraux; mais quand le fanatisme et l'esprit de faction ne se seroient pas répandus de la capitale dans toutes les provinces, que pouvoit-on espérer de ces grandes assemblées? Les prédécesseurs de François II les avoient trop avilies et dégradées, pour qu'elles pussent lui être utiles, et personne ne savoit quels étoient leurs[318] droits et quelle devoit être leur forme. S'il en faut croire un de nos plus sages historiens, la convocation des états à Orléans ne fut qu'un piége que les Guises tendoient à leurs ennemis; ils avoient imaginé ce prétexte de les rassembler pour les opprimer à la fois. Quoi qu'il en soit, ces états ne virent aucun des maux du royaume. On reprocha au clergé ses vices et son ignorance; et pour toute réponse, il demanda qu'on brulât impitoyablement les réformés, en promettant que Dieu accorderoit à ce prix une protection particulière aux Français.

C'étoit aux états d'Orléans encore assemblés quand François II mourut, qu'il appartenoit de décider du sort du royaume et du gouvernement; et ils ne furent que spectateurs tranquilles de l'accord qui fut fait entre les Guises dont la puissance paroissoit s'anéantir, et les princes de la maison de Bourbon qui alloient gouverner à leur place. Ces deux factions, dit Davila, s'étant mises en état de se défendre, ou plutôt de prévaloir sur leurs ennemis, la cour et les gens de guerre se partagèrent, suivant que l'exigeoient leurs intérêts particuliers, et les députés des provinces aux états suivirent cet exemple funeste. Des hommes faits pour représenter la nation et dont le devoir étoit de réprimer les factions, devinrent eux-mêmes des factieux, et ne rapportèrent dans leurs provinces que l'esprit d'intrigue, de cabale et de fanatisme qu'ils avoient pris en s'approchant des grands.

Pourquoi parlerois-je ici des états qui, à deux reprises, furent tenus à Blois sous le règne de Henri III? Ce n'étoit pas des fanatiques ou des esclaves des Guises qui composoient ces assemblées, que le royaume devoit attendre son salut.

La guerre civile, allumée sous Charles IX, n'étoit pas de nature à pouvoir s'éteindre promptement. Les passions irritées n'étoient susceptibles d'aucun conseil; il falloit qu'une faction fut accablée sous les forces de ses ennemis, ou que le temps consumât les humeurs qui fermentoient dans l'état, pour qu'on établît une paix solide. Cependant les hostilités se faisoient à la fois dans différentes provinces, les succès étoient partagés, et aucun parti n'étoit assez humilié pour renoncer à ses haines et à ses espérances. Les chefs n'étant jamais plus puissans que pendant les troubles, avoient un intérêt toujours nouveau de les perpétuer; plus leurs talens étoient grands, plus ils trouvoient de ressources dans les revers, et par conséquent des moyens pour envenimer les plaies de l'état. Parloit-on de paix? c'étoit sans la désirer, et seulement pour réparer ses forces; étoit-on convenu de quelques articles? les catholiques et les réformés croyoient avoir trop accordé; on n'avoit pas assez obtenu; pour comble de maux, le parlement ne manquoit point d'ébranler ces paix douteuses et équivoques; et son enregistrement des édits de pacification étoit en quelque sorte une déclaration de guerre. Il y désapprouvoit la nouvelle doctrine, et déclaroit que l'arrangement pris par l'édit ne subsisteroit que jusqu'à ce que le royaume fût réuni dans une même croyance. Un historien[319] qui, en cette occasion, mérite la plus grande confiance, rapporte au sujet d'un édit favorable qu'obtinrent les protestants, qu'en l'enregistrant le parlement fit un arrêt secret, qui devoit servir de règle lorsqu'il s'agiroit de l'exécuter ou de l'interpréter. Ces registres secrets ne sont attestés que par un trop grand nombre de monumens; les réformés et les catholiques savoient que le parlement en faisoit usage, et les esprits n'osoient se calmer sous la foi des traités et des lois.

C'est dans ces circonstances malheureuses que Henri III prit le vain nom de roi de France, et s'endormit sur un trône dont les fondemens étoient détruits. On ne peut être Français et parcourir cette longue suite de calamités qui mit pour la seconde fois la famille de Hugues-Capet sur le penchant du précipice, sans faire les plus tristes réflexions sur la fortune des rois et de leurs états, quand elle n'est pas établie sur les lois d'un sage gouvernement. Le règne d'Henri III nous rappelle celui de Charles VI. Le mépris que ces deux princes inspirèrent à leurs sujets est le même, tous deux sont prêts à voir passer leur couronne dans des maisons étrangères. L'esprit de faction aveugle également les Français. On voit les mêmes passions dans les grands, la même misère dans le peuple, et les campagnes ravagées sont inondées de sang Français. Voilà donc le terme fatal auquel ont abouti la politique de Charles V, et les soins persévérans de ses successeurs à séparer leurs intérêts de ceux de la nation, et à s'emparer de la puissance publique dont le poids devoit les accabler. Je répète cette triste réflexion, parce qu'elle renaît, malgré moi, dans mon esprit à chaque époque mémorable de nos malheurs. Plaise au ciel que le retour des mêmes calamités ne force jamais nos neveux à faire les mêmes reproches à nos anciens rois!

Henri III n'avoit jamais eu de valeur que pour un jour de combat; et le courage que demande l'administration des affaires lui manquoit entièrement. Il falloit se montrer égal aux chefs des deux partis qui divisoient le royaume, et il s'abandonna aux flatteries de quelques jeunes favoris perdus de débauche et de mollesse. Pour regagner l'affection et la confiance des catholiques, il eut recours aux pratiques d'une dévotion puérile et ridicule. Les Français n'auroient point su que Henri régnoit, s'il ne les eût vexé par sa prodigalité et ses rapines; et le duc de Guise pouvoit lui ravir sa couronne, sans que cette grande révolution pour la maison royale en fût une pour l'état. Henri tomba enfin dans un tel avilissement qu'il crut nécessaire à sa sûreté d'entrer dans les complots mêmes que ses ennemis avoient tramés contre lui; il s'associa à la ligue dans l'espérance d'en être le chef, et il ne fut encore que le lieutenant méprisé du duc de Guise, dont il ne put secouer le joug qu'en le faisant assassiner. Catherine de Médicis, que le projet impie du massacre de la Saint

Barthélemy n'avoit pas fait trembler, ne put apprendre sans terreur cet assassinat; elle regarda l'action de son fils comme une témérité qui alloit achever de le perdre, et, pour me servir de son expression, le rendre roi de rien.

Fin du livre septième.e

LIVRE HUITIÈME.

CHAPITRE PREMIER.

Pourquoi le gouvernement des fiefs n'a pas été rétabli pendant les guerres civiles.—Des causes qui ont empêché que l'avilissement où Henri III étoit tombé, ne portât atteinte à l'autorité royale.

DANS le malheureux état où se trouvoit la France pendant les guerres civiles, tous les ressorts du gouvernement avoient été brisés. L'injustice, la violence et la foiblesse se montroient par-tout. La confiance, ce premier lien des hommes, étoit détruite, et quelques instans de repos dont on ne jouissoit que malgré soi, ne servirent qu'à irriter la haine, l'ambition et le fanatisme. C'est en éprouvant de semblables calamités sous le règne de Charles-le-Chauve, que la France souffrit les démembremens funestes qui, la divisant en autant de souverainetés qu'il y avoit de provinces et même de seigneuries, établirent chez nos pères les coutumes anarchiques de la police féodale. Tel avoit été le terme où les passions des Français les avoient conduits sous les fils de Louis-le-Débonnaire, et tel il devoit être encore sous ceux de Henri II.

Cette révolution paroissoit d'autant plus dans l'ordre des choses, que les grands et la noblesse avoient conservé le souvenir du gouvernement féodal, le regrettoient, et que les abus qui avoient contribué à le faire naître, subsistoient encore. En peut-on douter, en voyant la puissance que les gouverneurs de provinces exerçoient dans leurs gouvernemens, et les seigneurs dans leurs terres, et qui étoit l'image de la souveraineté la plus absolue? Louis XII avoit voulu remédier à ces désordres la première année de son règne, mais ils subsistoient encore dans toute leur force sous les fils de Henri II. Les gouverneurs de provinces[320] accordoient grâce aux coupables, établissoient des foires et des marchés, anoblissoient des bourgeois, légitimoient des enfans nés hors du mariage, connoissoient de toutes les matières, tant civiles que criminelles, et évoquoient devant eux les procès pendans aux tribunaux des sénéchaux et des baillis. Les seigneurs affectoient dans leurs terres la même tyrannie que quand le gouvernement féodal étoit dans sa plus grande vigueur. Chacun, selon ses forces et son crédit, vexoit ses sujets et ses voisins, établissoit encore de nouvelles tailles, de nouveaux péages et de nouvelles corvées. C'étoit en vain que quelques magistrats du parlement alloient tenir les grands jours[321] dans les provinces, pour faire observer les ordonnances et punir les délinquans. La noblesse s'étoit fait une espèce de point d'honneur de ne se pas soumettre aux lois; non-seulement elle méprisoit les jugemens des tribunaux subalternes et les arrêts du parlement, mais elle les rendoit inutiles à l'égard des personnes mêmes qu'elle vouloit protéger, et ses châteaux leur servoient d'asyle. Tant de fierté et de hauteur s'allioit admirablement bien avec l'indépendance féodale, et les grands devoient être d'autant plus tentés d'usurper une seconde fois la souveraineté, qu'ils auroient cru ne rentrer que dans les droits dont leurs pères avoient été dépouillés.

Si les Français avoient voulu rétablir les fiefs, Charles IX et Henri III auroient été obligés de céder à la même nécessité à laquelle Charles-le-Chauve ne put résister; n'ayant point les forces nécessaires pour s'opposer à l'ambition conjurée des grands, ils se seroient flattés, comme tous les hommes foibles qu'une condescendance facile leur conserveroit un reste de puissance prête à disparoître. En abandonnant leur titre de monarque pour reprendre celui de simple suzerain, ils auroient espéré d'avoir au moins des vassaux fidelles à la place des sujets désobéissans qui ne les reconnoissoient plus. Qu'un des grands, dont l'ambition troubloit le royaume, eût rendu ou fait déclarer son gouvernement héréditaire, cet exemple eût été généralement suivi: les Français savent peu imaginer, mais aucun peuple n'est plus prompt à imiter. La grande noblesse, qui étoit encore dans les provinces, n'auroit point eu pour ces nouveaux suzerains le respect qu'elle étoit accoutumée d'avoir pour le roi. Quelques seigneurs puissans n'auroient encore voulu relever que de Dieu et de leur épée, tandis que les autres disputant sur les droits de la suzeraineté, auroient consenti à remplir les devoirs du vasselage; et la foi donnée et reçue seroit devenue le lien général et unique de la subordination et de l'ordre public.

Ce qui sauva la France de ce nouveau démembrement, ce fut le même hasard qui l'avoit empêché sous la première race. Je l'ai déjà remarqué, dans l'extrême anarchie où l'hérédité des bénéfices, l'établissement des seigneuries patrimoniales, et l'anéantissement de la puissance royale jetèrent le royaume, il s'éleva une famille puissante, qui, par ses talens, prit dans la nation l'autorité qu'avoient perdue les lois, et tint unies toutes les parties de l'état qui ne tendoient qu'à se séparer. Sous les fils de Henri II, il s'étoit élevé de même une nouvelle famille de Pepins, assez puissante pour espérer de s'emparer de la couronne, et dès que la maison de Guise avoit la même ambition et les mêmes espérances que les pères de Charlemagne, elle devoit avoir le même intérêt d'empêcher que les provinces du royaume ne se divisassent en différentes souverainetés.

Quoique plusieurs familles françaises descendissent de souverains qui avoient régné dans d'importantes provinces, et n'eussent pas une origine moins grande ni moins illustre que la maison de Guise, aucune cependant ne jouissoit d'une si grande considération. Le public, qui n'est frappé que des objets qui sont sous ses yeux, ignoroit ces grandeurs passées et oubliées depuis la ruine des fiefs, et voyoit nos plus grands seigneurs accoutumés à obéir dans une fortune médiocre, tandis que le chef de la maison de Lorraine étoit souverain dans un état considérable. Les Guises prétendoient avoir des droits sur la Provence et sur l'Anjou, et faisoient remonter leur origine à Charlemagne: ces avantages ne sont rien quand ils sont seuls, mais quel pouvoir n'ont-ils pas quand ils sont soutenus par de grands talens? Cette famille, nouvellement établie en France, avoit préparé les personnes du rang le plus distingué à lui voir prendre la supériorité par le crédit immense qu'elle avoit eu sous le règne de Henri II; il n'y avoit personne qui ne lui dût sa fortune, et tout le monde la craignoit ou l'aimoit. Le pouvoir des Guises augmenta encore sous le règne de François II; leur nièce étoit sur le trône, régnoit sur le roi, et obéissoit à ses oncles. Bientôt le fanatisme les mit à la tête d'un parti considérable dont les forces leur appartenoient; et quels projets ne dûrent-ils pas concevoir, en ne voyant devant eux qu'un roi enfant, une régente intrigante, foible, détestée, et ensuite un prince également méprisé des catholiques et des réformés?

Que les rois savent mal ce qu'ils doivent désirer ou craindre pour la grandeur de leur maison, quand, par une heureuse constitution, l'état n'est pas lui-même l'appui et le garant de leur fortune! Les Guises, que François I redoutoit et qu'il avoit recommandé à son fils d'humilier, conservèrent eux-mêmes la France au milieu des troubles que son pouvoir arbitraire préparoit, et que la foiblesse et la mauvaise conduite de ses successeurs, l'ambition et le fanatisme de ses sujets devoient faire naître. Retranchez les Guises de notre histoire, et vous n'y verrez ni moins de désordres, ni moins de guerres civiles. A la place de quelques hommes de génie qui servoient de point de ralliement à un parti puissant qu'ils gouvernoient, vous trouverez une anarchie dont le rétablissement des fiefs auroit été le fruit. Au lieu d'un chef capable de tout contenir, les catholiques en auroient eu cent qui, ne pouvant aspirer à s'emparer du trône, n'auroient songé qu'à se cantonner. Si les Guises ne réussirent pas à usurper la couronne, ils réussirent à empêcher le démembrement du royaume, et le remirent entier à la maison de Bourbon qui, sans leur ambition sans borne, n'auroit joui que de cette foible autorité que Hugues-Capet avoit eue. Henri IV auroit laissé à ses descendans le soin de ruiner une seconde fois les fiefs, ou plutôt il n'auroit plus été temps de songer à les détruire. Ces princes n'auroient pas trouvé des circonstances favorables à cette entreprise, depuis que tous les états étoient liés entre eux par des négociations continuelles. La même politique qui a protégé la liberté[322] germanique, auroit défendu la liberté française; à l'exemple des vassaux de l'empereur, les vassaux du roi de France auroient formé des ligues entre eux et des alliances au dehors.

On accusoit déjà François de Guise d'aspirer au trône, avant que la conjuration d'Amboise eût éclaté; mais l'ambition ne pouvoit point être une passion insensée dans un homme tel que lui, et vraisemblablement on ne cherchoit par cette calomnie qu'à le rendre odieux et suspect. Il n'est pas impossible, si je ne me trompe, de suivre les progrès de son ambition, en voyant ceux de sa fortune. Courtisan adroit, souple et altier sous Henri II, il n'aspira qu'à gouverner son maître en se rendant agréable et nécessaire. Sous

François II, il gouverna impérieusement, parce que des circonstances plus favorables agrandirent ses espérances; mais il n'avoit encore que l'ambition d'un ministre. A la mort de ce prince, sa fortune étoit ruinée, s'il ne se soutenoit par ses propres forces; et voyant que la protection ouverte et déclarée qu'il accordoit aux catholiques, le rendoit aussi considérable dans l'état que le prince de Condé, et plus puissant que Catherine de Médicis, il commença, selon les apparences, à ouvrir une carrière plus étendue à son ambition.

Formant des intrigues dans le royaume et étendant ses relations aux dehors, n'auroit-il mis en mouvement tous les ressorts de la plus profonde politique, que pour se faire craindre du gouvernement, et n'avoir que la fortune incertaine d'un séditieux ou d'un révolté? Puisqu'il ne songea point à se faire une souveraineté en s'emparant de quelques provinces où on lui auroit obéi avec zèle, il ne mit sans doute plus de bornes à ses espérances, et s'il les cacha, ce fut pour donner le temps aux esprits de changer de maximes et de préjugés, et de se familiariser peu à peu avec son usurpation.

Quoi qu'il en soit des projets de François de Guise, il est certain que son fils, héritier de son crédit et de son pouvoir, forma le dessein de réléguer Henri III dans un cloître et de s'asseoir sur le trône. Ce fut pour s'essayer à l'usurpation et se faire des sujets avant que d'être roi qu'il forma la ligue. Par l'acte qu'on signoit en y entrant, on juroit à son[323] chef une obéissance aveugle. Si quelque confédéré manquoit à son devoir, ou faisoit paroître quelque répugnance à s'en acquitter, le chef, je dirois presque le roi de la ligue, étoit le maître de lui infliger la punition qu'il jugeroit à propos. On devoit regarder comme ennemi quiconque refuseroit d'embrasser le parti de l'union, et les ligueurs ne connoissant point d'autre droit que la volonté du duc de Guise, n'attendoient que ses ordres pour attaquer les personnes qui pourroient lui déplaire. Tandis que l'administration du glaive ainsi déposée entre les mains du chef de la ligue le rendoit si redoutable à ses ennemis, il s'érigea un tribunal de justice sur ses partisans: ce n'étoit qu'avec sa permission que les confédérés pouvoient recourir dans leurs contestations aux tribunaux ordinaires. Si le duc de Guise n'avoit été occupé que de ses intérêts personnels, sans doute il auroit été content de sa fortune, et en effet, il n'auroit rien gagné à mettre la couronne de Henri III sur sa tête; mais il falloit établir d'une manière durable la grandeur de sa maison, et les mêmes motifs qui avoient porté les Pepins à faire proscrire les descendans de Clovis, invitèrent les Guises à dépouiller la maison de Hugues-Capet.

Avec un pouvoir si grand, qui s'étendoit sur toutes les provinces du royaume, et des espérances si bien fondées de monter sur le trône, il étoit impossible que Henri de Guise songeât à se cantonner dans les gouvernemens de sa maison, et dès que cette ambition étoit au-dessous de lui, elle étoit au-dessus des autres. Il contenoit les seigneurs de son parti, les uns par la supériorité de ses talens et l'éclat de sa réputation, les autres par leur attachement à la religion, et tous par le fanatisme général qui réunissoit les principales forces de la nation dans ses mains. D'ailleurs, l'exemple d'un supérieur en France ne décide-t-il pas de la conduite de ses inférieurs?

Le projet de démembrer l'état pour former de nouveaux fiefs ne pouvoit convenir qu'aux seigneurs réformés, qui n'avoient à leur tête qu'un chef moins puissant que le duc de Guise, et dont l'ambition par conséquent devoit aspirer moins haut; mais ils étoient plus occupés des intérêts d'une religion proscrite et qu'ils avoient embrassée par choix, que de leur fortune domestique. S'il leur eût été doux de se faire des souverainetés où ils auroient pratiqué en paix leur religion, et offert un asyle et leur protection à des élus qui se flattoient de faire revivre les premiers siècles de l'église; leur foiblesse les avertissoit sans cesse de se tenir étroitement unis, et ils auroient craint par ces démembremens de fournir à leurs ennemis un prétexte de les décrier, comme des rebelles et des ambitieux conjurés contre l'état. En un mot, la probité de l'amiral de Coligny produisit dans son parti le même effet que l'ambition du duc de Guise produisoit dans le sien.

Telles étoient les causes qui combattoient le penchant secret des grands pour les fiefs; mais dans un royaume où il n'y avoit plus de citoyen qui n'eût à se plaindre du gouvernement, pourquoi n'y eut-il aucune fermentation en faveur de la liberté? Pourquoi du mépris qu'on avoit pour le roi, ne passoit-on pas au mépris de l'autorité royale? En éprouvant des malheurs, on remonte naturellement à leur origine; et il étoit aisé de voir que la religion n'étoit que le prétexte ou l'occasion des troubles, mais qu'elle n'auroit point allumé la guerre, si le gouvernement eût été établi sur de sages principes. Il étoit facile de faire les réflexions que j'ai faites, et d'en conclure que la première cause du mal, c'étoit d'avoir séparé les intérêts du roi de ceux de la nation; et qu'il falloit par conséquent les rapprocher et les confondre. Pourquoi ce respect pour les abus de l'autorité royale, tandis que la guerre civile inspire des sentimens de liberté aux hommes les plus accoutumés à la servitude? Pourquoi personne ne parle-t-il de réformer le gouvernement, afin que les vices ou l'incapacité du monarque ne soient plus un fléau pour l'état?

Les novateurs, qui devoient mieux sentir le prix de n'obéir qu'aux lois, puisqu'ils avoient été persécutés, demandèrent la convocation des états-généraux, et pour se rendre le peuple favorable et faire une diversion au fanatisme, parlèrent en même temps de la nécessité de le soulager et de diminuer les impôts. Ils n'insistèrent pas, dit un de nos plus fameux historiens, dans la crainte d'indisposer les princes d'Allemagne, qui seroient moins empressés à les servir, s'ils croyoient que la cause de la religion seule ne leur mît pas les armes à la main: excuse frivole. Les Allemands devoient sentir qu'il importoit à la religion protestante que la France fût gouvernée par le conseil de la nation, et non par les favoris du prince; et qu'un des meilleurs moyens de faire diversion au fanatisme dangereux des catholiques, c'étoit de les occuper de leur fortune; et qu'on détacheroit par-là de leurs intérêts ceux d'entre eux qui n'étoient pas disposés à se sacrifier à leur religion.

Les réformés furent vraisemblablement découragés par l'indifférence avec laquelle ils virent que le public recevoit leurs demandes. En effet, les esprits accoutumés depuis long-temps au pouvoir le plus arbitraire, n'étoient alors occupés que des injures que recevoit la religion. En essayant de soulever l'avarice des Français contre le gouvernement, on ne devoit pas se flatter du même succès que les puritains eurent depuis en Angleterre, quand ils se plaignirent des abus de la prérogative royale, et recherchèrent l'origine du pouvoir dans les sociétés. Les Anglais, il est vrai, avoient été opprimés depuis le règne de Henri VIII; mais le parlement avoit toujours été assemblé régulièrement, et cette image subsistante de la liberté avoit empêché que le souvenir n'en fût effacé comme il l'étoit en France: plus même il avoit trahi lâchement les intérêts de la nation, plus les ames fortes devoient conserver leur haine contre la tyrannie. Quand les puritains prononcèrent le mot de liberté, ce nom ne fut pas étranger aux Anglais; et dès qu'ils voulurent être libres, la grande charte, qui leur apprenoit le but où ils devoient tendre et par quels chemins ils pouvoient y arriver, leur servit de point de ralliement. Les Français ne trouvoient dans leur constitution aucun secours pareil, et tandis qu'ils se bornoient à se plaindre du prince, les Anglais, plus habiles, se plaignoient du gouvernement. Ceux-ci vouloient remettre la loi au-dessus du trône, les autres croyoient que le roi, par sa qualité de législateur, est dispensé d'obéir aux lois, et que sa dignité seroit avilie, s'il n'étoit pas libre de contrevenir à ses ordonnances. Les états-généraux ne trouvoient point étrange qu'un prince aussi méprisé que Henri III, leur fît en quelque sorte des excuses, s'il renonçoit à la prérogative royale de se jouer des lois.

Mais ce qui empêcha sur-tout qu'on ne changeât les principes du gouvernement, c'est l'espérance qu'avoit conçue Henri de Guise de s'emparer de la couronne, et qui par-là étoit intéressé à ce qu'on ne fît aucune entreprise contre l'autorité royale. Il n'auroit point permis d'assembler les états à Blois, s'il n'avoit été sûr d'en être le maître, et qu'ils ne serviroient qu'à avilir et dégrader encore davantage Henri III.

Quelque méprisable que fût cette assemblée, où l'on disputoit sérieusement sur le rang et la séance des députés, tandis qu'il étoit question de prévenir la ruine du royaume, on vit cependant que la liberté n'étoit pas entièrement oubliée: on porta un[324] décret par lequel il étoit ordonné qu'on supplieroit le roi de nommer un certain nombre de juges auxquels on joindroit un député de chaque province, pour examiner les propositions générales et particulières qui seroient faites par les trois ordres. Les états demandoient la liberté de récuser ceux de ces juges qui leur paroîtroient suspects, et que tout ce qui seroit décidé par ce nouveau tribunal s'observeroit inviolablement dans la suite, et seroit regardé comme une loi perpétuelle. Pierre Despinac, archevêque de Lyon et président du clergé, vouloit que les résolutions unanimes des états devinssent autant de lois fondamentales: il proposa de demander au roi qu'il s'engageât de les observer et de les faire observer, et qu'à l'égard des objets sur lesquels les opinions auroient été partagées, il ne pût en décider que de l'avis de la reine mère, des princes du sang, des pairs du royaume, et de douze députés des états.

Ces demandes auroient changé la forme du gouvernement, si le duc de Guise l'avoit voulu; mais il étoit trop intéressé à dégrader Henri III, et à le rendre seul responsable de tous les malheurs du royaume, pour consentir que les états prissent quelque part à l'administration: il craignit d'ailleurs quand il monteroit sur le trône de trouver un peuple amoureux et jaloux de sa liberté; il ne voulut pas se mettre d'avance des entraves et s'exposer à la haine de ses sujets, en affectant une autorité supérieure à celle du prince qu'il auroit dépouillé. Si le duc de Guise avoit pensé assez sagement pour ne pas vouloir établir dans sa maison cette puissance arbitraire qui causoit la ruine des Valois, il auroit encore dû avoir la même politique. Le don de la liberté ne devoit pas préparer, mais affermir son usurpation; et quel crédit immense n'auroit-il pas lui-même acquis en sacrifiant librement et volontairement une partie de son pouvoir au bonheur de ses sujets? Qu'on ne m'oppose pas que dans l'acte d'union que les ligueurs signoient, il promettoit de rétablir les provinces dans leurs anciennes franchises, et que dans le manifeste que la ligue publia en 1585, il permit d'y mettre que, de trois ans au plus tard en trois ans, on tiendroit les états-généraux; ces espérances n'étoient qu'un artifice pour rendre odieuse la maison régnante; elles faisoient espérer un avenir heureux, et le duc de Guise étoit bien sûr que ces promesses seroient oubliées quand il remonteroit sur le trône; ou que le peuple livré à son engouement, seroit moins occupé de sa liberté que de la grandeur de son nouveau roi.

Tandis que le corps entier de la nation s'abandonnoit à son fanatisme, et n'avoit point d'autre intérêt que celui des chefs de faction qui la divisoient, il se forma un troisième parti, mais par malheur trop foible et incapable de résister aux deux autres; il n'étoit composé que des Français qui pensoient sainement, nombre toujours très-petit quand la guerre civile est allumée, et qu'on se bat pour la religion. Qu'importoit-il qu'ils approuvassent la réforme de Calvin en quelques articles, et blâmassent l'église romaine en quelques points; également odieux aux deux religions, ils travailloient inutilement à faire le rôle de conciliateurs, et tandis qu'ils conservoient seuls l'esprit de charité et de paix qu'ordonne l'évangile, on les regarda comme de mauvais chrétiens qui n'étoient occupés que des choses de la terre: on les nomma les politiques. Ce parti composé de catholiques et de réformés assez sages pour ne point fermer les yeux sur les abus de leur religion, devoit voir dans le gouvernement les vices qui avoient produit les maux publics; mais sa doctrine sur l'état n'eut pas un succès plus heureux que celle qu'il avoit sur la religion. Les politiques à qui on prodigua le nom infâme d'athées se multiplièrent, et leur nombre donnant une certaine confiance, ils s'assemblèrent à Nismes le 10 février 1575, et comme s'ils avoient été assez forts pour faire la loi sur l'état, ils entreprirent de changer la forme du gouvernement.

Un de nos[325] historiens nous apprend que le traité que les politiques signèrent dans leur conférence de Nismes, établissoit une nouvelle espèce de république composée de toutes ses parties, et séparée du reste de l'état: elle devoit avoir ses lois pour la religion, pour le gouvernement civil, la justice, la discipline militaire, la liberté du commerce, la liberté des impôts et l'administration des finances. Il est certain, continue de Thou, que le souvenir affreux et encore récent de la Saint-Barthelemy sembloit autoriser une entreprise si téméraire. Les gens de bon sens ne pouvoient s'empêcher d'attribuer ces malheurs aux ministres qui gouvernoient l'esprit du roi: cependant, il faut avouer que jamais attentat ne fut de plus dangereux exemple. Je ne m'arrêterai pas, ajoute cet historien, à en faire un plus grand détail; il seroit à souhaiter pour le repos de l'état, et même pour l'honneur de ceux que le malheur des temps engagea dans cette affaire, qu'on n'y eût jamais pensé.

Il seroit en effet inutile de s'étendre sur le plan, l'ordre et les lois d'une république qui n'exista jamais, et qui ne pouvoit point exister. Mais comment cette entreprise des politiques pouvoit-elle être du plus dangereux exemple? Jamais exemple ne fut moins fait pour être suivi: il étoit contraire à l'esprit de la nation, et à l'intérêt des factieux qui étoient les maîtres de toutes les forces du royaume: c'étoit une étincelle, si je puis parler ainsi, qui tombant sur des matières qui ne sont pas combustibles, s'éteint d'elle-même. Quel projet ce traité despotique a-t-il fait enfanter contre l'autorité royale? Quelles idées de liberté a-t-il réveillées? Comment ce plan de politique auroit-il pu être adopté dans une nation qui, en se révoltant contre le roi, aimoit la monarchie, et s'étoit fait des chefs tout-puissans?

Si cette république, séparée de l'état et cependant renfermée dans l'état, s'étoit établie à la faveur de quelque événement extraordinaire, jamais elle n'auroit pu acquérir des forces, et elle auroit été bientôt détruite par le reste des Français dont elle auroit révolté les préjugés et les habitudes. Le duc de Damville, dit de Thou, qui signa le traité de Nismes au nom des catholiques, ne le signa qu'à regret; quelle espérance pour les succès d'une république à peine projetée? Parmi les chefs qui étoient à la tête du parti politique, les uns étoient des hommes qui désiroient la tranquillité publique, c'est-à-dire, des hommes inutiles dans les temps de faction et de trouble, et qui auroient dû attendre pour agir que les passions fussent en quelque sorte usées, et qu'on fût capable d'entendre la voix de la justice et de la raison; les autres étoient des personnes ambitieuses, qui, faute de talens, ne pouvant se distinguer ni dans le parti catholique, ni dans le parti réformé, s'étoient jetées par désespoir dans celui des politiques, et devoient le trahir quand leur intérêt l'exigeroit.

CHAPITRE II.

Des causes de la décadence et de la ruine entière de la ligue.

ON ne pouvoit mettre plus d'art et de génie que François de Guise en avoit employé pour se faire un parti formidable, et frayer à sa maison le chemin du trône. Son fils eut, comme lui, les qualités les plus propres à le faire aimer, craindre et respecter; cependant ne pourroit-on pas dire qu'il manquoit d'une certaine précision, qui fait agir par les voies les plus simples et les plus courtes, et néglige les précautions superflues? Malgré un courage brillant qui le rendoit quelquefois téméraire, il se trouva quelquefois embarrassé dans les détours de sa politique; et dans des occasions décisives parut trop prudent et même irrésolu. Son père en préparant sa fortune avoit cru tout possible. Lui, au contraire, après être parvenu au comble de la puissance, persista encore à juger son entreprise plus difficile qu'elle ne l'étoit en effet: il ne calcula pas assez bien le pouvoir du fanatisme, et il essaya encore la couronne, ou plutôt se contenta de l'espérer, quand il étoit temps de l'usurper.

La fameuse journée des Barricades, où Henri III montra la plus honteuse lâcheté, et les Parisiens l'insolence la plus audacieuse, étoit le moment décisif pour consommer l'usurpation du duc de Guise. Qui doute que dans cette conjoncture favorable, s'il se fût fait proclamer roi dans Paris, et eût convoqué les états-généraux, il n'eût vu tous les catholiques se dévouer à sa fortune? Quand il auroit été incertain du succès de cette démarche, il falloit cependant la faire; parce que la journée des Barricades devoit le perdre, si elle ne le plaçoit pas sur le trône. Henri III avoit été prêt à périr; plus il étoit timide, plus sa timidité lui montroit le danger tel qu'il étoit; et ne pouvant éviter sa ruine que par un coup de désespoir, Guise devoit trembler après l'avoir réduit à commettre une action qui ne demande qu'une sorte de courage dont un lâche est toujours capable.

Il n'est pas possible de peindre la fureur de la ligue en apprenant l'assassinat de son chef. Le fanatisme déjà extrême acquit, s'il est possible, de nouvelles forces. Toutes les églises retentirent des noms de tyran, d'assassin, d'ennemi de la religion et de l'état qu'on donna à Henri III. Rome le proscrivit, la ligue mit, pour ainsi dire, sa tête à prix, et ce prince, qui n'avoit point d'armée à opposer aux catholiques, fut obligé de se jeter entre les bras du roi de Navarre son héritier, et de se mettre sous la protection des réformés; mais comme il n'avoit été que le lieutenant du duc de Guise en entrant dans la ligue, il ne fut encore que le lieutenant du roi de Navarre en passant dans son parti; et par cette conduite, qui le laissoit toujours dans le même avilissement, il ne fit que se rendre plus odieux aux catholiques.

Le duc de Mayenne, qui se trouvoit à la tête de la ligue par la mort de son frère, pouvoit profiter du désespoir des ligueurs pour s'emparer de la couronne. Mais soit qu'accoutumé jusqu'alors à ne faire qu'un rôle de subalterne et à ne servir que la fortune du duc de Guise, il ne pût élever subitement sa pensée si haut, soit qu'il n'eût en effet qu'une ambition patiente et circonspecte, il ne vit pas qu'il se trouvoit dans une circonstance aussi favorable que la journée des Barricades pour tout oser.

Henri périt par la main d'un assassin, et Mayenne ne songea point encore à réparer sa faute. Dans la joie insensée des catholiques qui s'étoient défaits d'un roi qui ne pouvoit leur faire aucun mal, pour en avoir un qu'ils devoient craindre, il ne vit qu'un mouvement convulsif auquel il n'osa se fier, et il falloit le fixer. Il devoit penser que les catholiques, regardant sa fortune comme leur ouvrage, auroient plus d'attachement pour lui, après l'avoir élevé sur le trône, qu'ils n'en avoient pour le chef de la ligue. Le nom seul de roi a de la force dans les pays accoutumés à la monarchie; et c'étoit beaucoup que de partager avec Henri IV le titre qui lui appartenoit. Ces fautes répétées affoiblirent de jour en jour le crédit de Mayenne; et à moins que la fortune ne ramenât encore quelqu'un de ces événemens qui changent en un instant la face des choses dans un état agité par des guerres domestiques, et qu'il n'en sût mieux profiter, il étoit impossible que les esprits ne se lassassent pas enfin d'une situation pénible sous un chef qui n'étoit pas assez entreprenant.

Pour mieux juger des obstacles secrets qui ont vraisemblablement retardé l'entreprise des Guises, et préparé ensuite la décadence de la ligue; il faut se rappeler que le frère de Mayenne avoit fait une ligue offensive, en son nom et au nom de ses successeurs, avec la cour de Rome et le roi d'Espagne pour maintenir la religion catholique en France et dans les Pays-Bas, ainsi que pour exclure du trône les princes hérétiques et relaps. Sans doute qu'une partie de cette alliance étoit très-favorable au duc de Guise; jamais la cour de Rome n'avoit eu plus de pouvoir, les catholiques cherchoient à la consoler par leur obéissance de la révolte des novateurs; elle conservoit toujours sa prétention de disposer des couronnes, et pour constater son droit, il n'y avoit point de pape qui ne dût être un nouveau Zacharie, s'il se présentoit un nouveau Pepin.

Mais pour l'autre partie de l'alliance avec le roi d'Espagne, rien ne pouvoit être plus contraire aux intérêts du duc de Guise. Il étoit permis aux réformés de chercher des secours étrangers, puisque leurs forces étoient très-inférieures à celles des catholiques; mais par quelle prudence inutile le chef de la ligue n'osoit-il se suffire à lui-même? Il associoit à ses desseins un roi puissant qui avoit hérité de son père le projet de la monarchie universelle, et qui se repaissant de cette chimère, ne travailloit qu'à semer partout le désordre, le trouble et la confusion; dans l'espérance que les peuples affoiblis et divisés ne lui opposeroient qu'une médiocre résistance, quand le temps seroit venu de les subjuguer. Il semble qu'il étoit aisé de prévoir qu'en se mêlant des affaires de France, Philippe II ne s'occupoit qu'à perpétuer ses malheurs; et que sous le masque d'un allié, il deviendroit en effet le rival du duc de Guise.

L'alliance que François de Guise avoit projetée à la naissance des partis, étoit bien différente de celle que fit son fils. En se liguant avec la maison d'Autriche, on voit qu'il[326] ne vouloit se servir des forces espagnoles que pour ruiner la maison de Bourbon dans la Navarre; et de celles de l'empereur pour empêcher que les protestans d'Allemagne ne protégeassent les réformés de France. Il invitoit le duc de Savoye à faire valoir ses droits sur Genève. Il souleroit les cantons Suisses les uns contre les autres; il ne cherchoit pas des alliés contre les réformés de France, mais contre leurs amis. Il se chargeoit lui seul de faire triompher la religion catholique dans le royaume, et pour traiter d'une manière plus égale avec ses alliés, c'est-à-dire, pour n'en pas dépendre, il leur rendoit les secours qu'il en avoit reçus; et devoit, après avoir soumis ses ennemis, se servir de ses forces pour pacifier les Pays-Bas, et soumettre l'empire à la maison d'Autriche. Quelques précautions qu'eût prises cet habile politique pour ne partager avec personne sa qualité de chef et de protecteur des catholiques Français, il craignit que la puissance de ses alliés ne leur donnât trop d'avantage sur lui; et c'est vraisemblablement ce qui empêcha que ce projet ne fût mis à exécution.

Henri de Guise ne tarda pas à éprouver les inconvéniens qui étoient une suite naturelle de son alliance. La cour de Rome n'osa le servir avec autant de zèle qu'elle le désiroit, dans la crainte de déplaire au roi d'Espagne qui s'opposa d'abord à la fortune de son allié pour le tenir dans la dépendance; et qui voulut ensuite faire de la France une de ses provinces ou la dot de sa fille. Il faudroit dévoiler ici tout l'artifice de cette politique machiavéliste, qui n'étoit alors que trop familière et trop fameuse en Europe, pour faire connoître combien l'alliance de l'Espagne fut funeste à la maison de Guise. Pour se débarrasser des entraves que Henri de Guise s'étoit mises à lui-même, il ne lui restoit d'autre ressource que de profiter de la journée des Barricades pour consommer son entreprise. S'il eût pris le titre de roi, le pape l'auroit secondé ouvertement; parce que ses états étoient enclavés dans les terres de Philippe II, et qu'il ne doutoit point que la liberté de l'Italie ne fût perdue si la France étoit soumise à ce prince. Philippe lui-même, qui s'étoit montré à toute l'Europe comme le protecteur de la religion catholique, n'auroit osé découvrir ses véritables sentimens. Content de nuire en secret au duc de Guise, il auroit craint de perdre sa réputation et de dévoiler sa politique, en embrassant les intérêts de la maison de Bourbon et des réformés.

Mayenne auroit encore été sûr d'un succès égal, s'il eût profité de deux occasions que la fortune lui offrit de satisfaire l'ambition de sa maison; mais n'ayant paru dans ces circonstances décisives que foible, irrésolu, lent et inférieur aux projets qu'il méditoit, la cour de Madrid conçut de plus grandes espérances. Philippe II se regarda comme le chef des catholiques Français.

Politique aussi artificieux que Mayenne l'étoit peu, il lui débaucha chaque jour ses créatures; et l'héritier de la puissance du duc de Guise ne fut plus que le lieutenant du roi d'Espagne.

Quoique Mayenne vît multiplier les obstacles qui s'opposoient à ses desseins, il ne pouvoit cependant renoncer entièrement à l'espérance de monter sur le trône. Les secours et les infidélités de la cour de Madrid le retenoient dans une indécision funeste à ses intérêts, et la ligue ayant deux chefs qui n'osoient ni se brouiller ni se servir, les catholiques divisés n'eurent plus un même esprit ni un même mouvement. Chacun songea à sa sûreté particulière. Les provinces, les villes mêmes formèrent des partis différens, et ne composèrent plus ce corps redoutable qui s'étoit dévoué à la fortune du duc de Guise en croyant ne servir que la religion.

En effet, sans la division qui se mit parmi les ligueurs, on entrevoit à peine comment Henri IV auroit pu triompher de ses ennemis. Ce prince étoit entouré des réformés et de catholiques qui s'étoient _faits_ de trop grandes injures, et trop accoutumés à se haïr pour agir de concert. Les uns craignoient qu'il n'abandonnât leur prêche, les autres ne l'espéroient pas. Par une suite naturelle des préjugés dans lesquels les catholiques avoient été élevés, ils sentoient quelque scrupule de rester attachés à un prince séparé de l'église, qui avoit déjà changé deux fois de religion, et dont la foi seroit peut-être toujours équivoque. Les réformés, de leur côté, voyoient avec jalousie que Henri eût des ménagemens pour les catholiques, et s'appliquât d'une manière particulière à se les attacher par des bienfaits. Ils craignoient de servir un ennemi, qui, pour monter sur le trône et s'y affermir, prendroit peut-être la politique intolérante de ses prédécesseurs et du plus grand nombre de ses sujets. Cependant le courage demeuroit suspendu, et tandis que le roi avoit besoin d'être servi avec le zèle le plus vif, la défiance glaçoit les esprits; ou du moins le peu d'ardeur dont on étoit animé laissoit le temps à chacun de songer à ses intérêts personnels, de se livrer à une fausse politique, d'établir sa fortune particulière sur l'infortune politique, de vendre trop chèrement ses services, et même de le mal servir pour lui être plus long-temps nécessaire.

Dès qu'on s'aperçut des intérêts opposés qui divisoient le roi d'Espagne et le duc de Mayenne, plusieurs princes espérèrent d'en profiter pour l'agrandissement de leur fortune particulière. Le duc de Lorraine, jaloux de la grandeur d'une branche cadette de sa maison, voulut placer la couronne sur la tête de son fils. Le duc de Savoye, fils d'une fille de François I, demandoit deux provinces importantes, le Dauphiné et la Provence. Le jeune duc de Guise s'échappa de la prison où il étoit renfermé depuis la mort de son père, et se fit un parti inutile de tous ceux à qui son nom étoit cher, ou que la conduite de son oncle mécontentoit. Tant de factions différentes produisirent enfin dans la ligue une confusion qui l'empêcha de rien faire de décisif. Tous ces concurrens redoutoient mutuellement leur ambition, ils se tenoient mutuellement en échec; et les ennemis de Henri IV le servirent sans le vouloir, presque aussi utilement que s'ils avoient été ses alliés. De-là cette politique bizarre de la cour de Madrid, qui, ne se trouvant jamais dans une circonstance assez favorable pour disposer à son gré de la France, ne donnoit que des secours médiocres aux ligueurs, et ne vouloit pas avoir des succès qui l'auroient rendu moins nécessaire. Philippe II gêne les talens du duc de Parme, qui commande ces forces, lui permet de servir Mayenne, et ne veut pas accabler Henri IV. De-là vient encore qu'à la mort du cardinal de Bourbon, qui n'avoit été qu'un vrai simulacre de roi, et dont la proclamation à la couronne avoit cependant servi à constater les droits de la maison de Bourbon, la ligue, dont les états étoient assemblés à Paris, ne put lui nommer un successeur.

La ligue ne formant plus qu'un parti dont tous les membres travailloient à se perdre, les affaires de Henri IV devoient tous les jours se trouver dans une situation plus avantageuse. Il n'y a point de peuple qui se livre plus témérairement à l'espérance que les Français; mais en montrant le plus grand courage, aucun peuple aussi n'est plus propre à tomber dans le dernier découragement. Les succès manquoient aux ligueurs, et en admirant l'activité de Henri IV, ils se disposoient insensiblement à lui obéir. Mayenne, dont l'autorité diminuoit de jour en jour, ruina celle des Seize pour paroître encore le maître de Paris, et détruisit ainsi des ennemis, d'autant plus dangereux pour le roi, qu'ils étoient vendus à l'Espagne, et entretenoient dans le peuple de la capitale un reste de fanatisme qui diminuoit sensiblement dans les autres ordres de la nation.

Dès que les catholiques s'aperçurent de la décadence de leurs affaires, ils se défièrent de leur fortune, et leurs espérances diminuèrent. Quelques prélats, qui auroient été fanatiques, si Henri IV avoit paru moins heureux, commencèrent par ambition à croire qu'on pouvoit se prêter à des tempéramens. Les réformés les plus zélés et les plus inquiets sentirent qu'étant les plus foibles, ils ne pouvoient raisonnablement espérer de détruire la religion romaine, et qu'il faudroit faire un désert de la France pour y rendre leur culte dominant. Tandis que tous les esprits, ainsi disposés à la paix, se préparoient à remettre à la Providence le soin de protéger et de faire triompher la vérité, Henri IV rentra dans le sein de l'église catholique. Dans la première chaleur du fanatisme, on n'eût pas cru sa conversion sincère, on l'eût regardée comme un piége et une profanation de nos mystères; mais après tant de calamités et d'espérances trompées, on crut tout pour avoir un prétexte d'obéir et de goûter enfin les douceurs de la paix. Dès que quelques ligueurs eurent traité avec Henri IV, tous s'empressèrent à lui porter leur hommage, et le successeur de Henri III fut plus puissant et plus absolu que François I.

CHAPITRE III.

Changemens survenus dans la fortune des grands et du parlement pendant les guerres civiles.

QUELQUES soins que la maison de Guise eût pris de ne point laisser affoiblir l'opinion que le public avoit depuis si long-temps de la puissance royale, il doit paroître surprenant qu'un prince qui succédoit à des rois aussi odieux et aussi méprisés que Charles IX et Henri III, ait pu reprendre subitement le pouvoir le plus absolu. Les prérogatives de la couronne n'avoient pas été, il est vrai, bornées et fixées par des lois; mais comment la licence des guerres civiles, et le mépris qu'on avoit eu pour Catherine de Médicis et ses fils, n'avoient-ils pas du moins donné plus de fierté aux esprits, et fait contracter de nouvelles habitudes qui gêneroient l'ambition du prince qui monteroit sur le trône? Une nation est comme une vaste mer, dont les flots sont encore agités après que les vents qui les soulevoient, ont cessé de souffler. En effet, Henri IV n'auroit joui, malgré ses talens, que d'une autorité équivoque et contestée, si pendant le cours des guerres civiles, il n'étoit survenu dans la fortune des grands et du parlement des changemens considérables, qui étoient autant d'obstacles à l'inquiétude qui devoit les agiter.

La révolution que souffrit la pairie étoit préparée depuis long-temps; et il faut se rappeler que, quoique les nouveaux pairs que Philippe-le-Bel et ses successeurs avoient créés, lussent dans leurs patentes qu'ils étoient égaux aux anciens pairs, et devoient jouir des mêmes prérogatives; les esprits s'étoient refusés à ces idées, et l'opinion publique, qui décide souverainement des rangs et de la considération qui leur est due, ne confondit point les anciens et les nouveaux pairs: il y eut une telle différence entre eux que le duc de Bretagne, loin d'être flatté de se voir élevé à la dignité de pair, craignit au contraire que les anciennes prérogatives de son fief n'en fussent dégradées; possédant une seigneurie plus puissante et plus libre que celle des nouveaux pairs, il eut peur qu'on ne voulût le réduire aux simples franchises dont jouissoient le duc d'Anjou et le comte d'Artois. Yoland de Dreux, duchesse de Bretagne, eut sans doute raison de demander à Philippe-le-Bel une déclaration[327] par laquelle il assuroit que l'érection du duché de Bretagne en pairie ne porteroit aucun préjudice au duc et à la duchesse de Bretagne ni à leurs enfans. Cette précaution étoit sage: quand on contesteroit quelques droits à la Bretagne, il devoit arriver qu'on consultât moins les anciennes coutumes qui les autoriseroient, que les priviléges ordinaires dont les nouvelles pairies seroient en possession, et que le conseil du roi seroit intéressé à regarder comme le droit commun de la pairie.

La même vanité qui avoit porté les ducs de Normandie, de Bourgogne et d'Aquitaine, ainsi que les comtes de Champagne, de Toulouse et de Flandre à se séparer des seigneurs qui relevoient comme eux immédiatement de la couronne[328], pour former un ordre à part dans l'état, les empêcha encore de se confondre avec les seigneurs à qui le roi avoit attribué le titre de la pairie: ils prétendoient que ces pairs de nouvelle création n'étoient pas pairs de France, mais tenoient seulement leurs terres en pairie; et le public admit cette distinction, que ni lui ni les pairs n'entendoient pas, mais qui supposoit cependant une différence entre les anciens et les nouveaux pairs.

Quelque passion qu'eussent ces derniers de s'égaler aux autres, ils ne pouvoient se déguiser à eux-mêmes la supériorité de l'ancienne pairie. La nouvelle, formée dans un temps où le gouvernement féodal faisoit place à la monarchie, n'étoit assise ordinairement que sur des terres déjà dégradées, ou sur des terres que les rois avoient données en apanage à des princes de leur maison. Quand les nouveaux pairs auroient été mis en possession des mêmes prérogatives que les anciens, ils n'en auroient pas en effet joui, ou n'en auroient joui que d'une manière précaire, parce qu'ils n'avoient pas les mêmes forces pour les conserver malgré le roi, et que l'inégalité des forces met une différence réelle entre les dignités qui d'ailleurs sont les plus égales. Il est si vrai que l'opinion publique n'avoit pas confondu les anciennes et les nouvelles pairies, qu'après l'union des premières à la couronne, les nouveaux pairs ne parurent pas sous leur nom aux cérémonies les plus importantes, telles que le sacre des rois; mais y représentèrent les anciens pairs qui n'existoient plus, et c'étoit avouer bien clairement que la nouvelle pairie étoit inférieure en dignité à l'ancienne.

Malgré cette espèce de dégradation, tout contribua cependant à faire de la nouvelle pairie la dignité la plus éminente et la plus importante de l'état. Elle ne fut conférée qu'à des princes de la maison royale, qui, sous les fils de Philippe-le-Bel, se trouvant tous appelés au trône, acquirent une considération qu'ils n'avoient point[329] eue, tant qu'il avoit été incertain si la royauté étoit une seigneurie masculine, ou seroit soumise au même ordre de succession que les grands fiefs qui passoient aux filles. La nouvelle pairie conserva un rang supérieur aux distinctions qui furent attachées à la dignité de prince du sang; les princes qui en étoient revêtus, prirent le pas sur[330] ceux qui étoient plus près de la couronne dans l'ordre de la succession, mais qui n'étoient pas pairs, et cet usage établit comme un principe la supériorité de la pairie sur la dignité de prince de la maison royale. La révolution arrivée à notre gouvernement, sous le règne de Charles VI, ne fut pas moins favorable à la pairie; car les pairs en qualité de pairs n'auroient point eu un prétexte aussi plausible qu'en qualité de princes du sang, de s'emparer de l'administration du royaume. Quoiqu'ils se regardassent comme les colonnes de l'état[331] et les ministres de l'autorité royale, il étoit juste que dans des troubles qui intéressoient plus le sort de la maison régnante que celui de l'état, ils eussent moins de part aux affaires que les héritiers nécessaires de la couronne. Les pairs qui vraisemblablement auroient été dégradés s'ils n'avoient pas été princes, acquirent au contraire un nouveau degré de crédit par l'autorité dont ils s'emparèrent comme princes.

Tant que les pairs furent princes du sang, on ne songea point à mettre une distinction entre leurs dignités, qui, si je puis parler ainsi, s'étayant réciproquement, jouirent des mêmes prérogatives. On étoit même si accoutumé à voir les princes pairs précéder ceux qui n'étoient pas revêtus de la même dignité, que des princes étrangers à qui la pairie fut conférée eurent le même avantage, et dans les cérémonies occupèrent une place supérieure à celle des princes du sang qui n'étoient pas pairs. C'est ainsi, pour en donner un exemple, qu'au sacre de Henri II[332], le duc de Guise et le duc de Nevers prirent le pas sur le duc de Montpensier. Mais en voyant élever à la pairie d'autres personnes que les princes du sang, il étoit aisé, si je ne me trompe, de prévoir sa décadence prochaine. Dans une monarchie telle que la nôtre, et gouvernée par une coutume que nous appelons la loi salique, c'étoit beaucoup que l'orgueil du sang royal ne fût pas choqué de céder le pas à un prince d'une branche cadette, et il ne falloit point s'attendre à la même condescendance pour des familles étrangères à la maison royale.

Dès qu'un prince de cette maison régnante se plaindroit de se voir précéder par une famille sujette, le public devoit trouver ses plaintes légitimes; et le roi, par l'intérêt de sa vanité, devoit établir une nouvelle coutume, et laisser un long intervalle entre sa maison et les familles les plus distinguées de l'état. En effet, le duc de Montpensier fit sa protestation sur la prétendue injure qu'il croyoit avoir reçue au sacre de Henri II; et vraisemblablement cette querelle naissante auroit été dès-lors terminée, si le duc de Guise, qui gouvernoit le roi par la duchesse de Valentinois, n'eût fait rendre une ordonnance obscure qui ne décidoit rien; et qui servant également de titre aux prétentions des princes et des pairs, annonçoit que la dignité des premiers seroit bientôt supérieure à celle des seconds.

Quand la pairie n'auroit été conférée qu'à des familles d'un ordre égal à celles du duc de Guise et du duc de Nevers, ou qu'on n'auroit pas oublié que les principales maisons du royaume, tiroient leur origine de seigneurs puissans qui avoient été princes[333], et dont les descendans l'auroient encore été, si le gouvernement des fiefs eût subsisté en France comme il a subsisté en Allemagne, la contestation élevée par le duc de Montpensier devoit bientôt se terminer à l'avantage des princes du sang. Henri II érigea Montmorency en pairie; ce n'étoit que faire rentrer cette maison dans les droits dont elle avoit joui[334] sous les prédécesseurs de Philippe-Auguste. Mais cette grâce, qui n'étoit point un abus du pouvoir souverain, ouvrit cependant la porte à mille abus. La manie éternelle de tout gentilhomme en France, c'est de se croire supérieur à ses égaux, et égal à ses supérieurs; l'élévation de la maison de Montmorency répandit donc une ambition générale parmi les courtisans, et sous les règnes foibles qui suivirent celui de Henri II, comment des favoris n'auroient-ils pas obtenu une dignité qu'ils devoient dégrader? La pairie fut bientôt conférée à des familles d'une noblesse ancienne, mais qui n'avoient jamais possédé que des fiefs peu distingués. En la voyant multiplier, on ne sut plus ce qu'il en falloit penser. Le public, trop peu instruit pour juger des pairs par leur dignité, jugea de leur dignité par leur personne; et sans qu'il fût nécessaire de porter une loi pour régler l'ordre que les princes et les pairs devoient tenir entre eux, il s'établit naturellement et sans effort une subordination entre des pairs dont la naissance ne présentoit aucune égalité; et c'est ainsi qu'au sacre de Charles IX, les pairs qui étoient princes donnèrent le baiser à la joue, et les autres ne baisèrent que la robe du roi.

Dans le lit de justice qui se tint à Rouen pour la majorité du même prince, les droits du sang parurent encore supérieurs à ceux de la pairie; et les princes, qui n'avoient d'autre titre que celui de leur naissance, précédèrent les pairs qui n'étoient pas de la maison royale. S'il s'élevoit encore quelque contestation, l'événement ne pourroit en être douteux; et en donnant enfin l'édit qui établit les choses dans l'ordre où elles sont actuellement, Henri III[335] affermit une coutume qui avoit déjà acquis force de loi. Mais la pairie ne tarda pas à recevoir un second échec: étant moins considérée depuis qu'elle étoit multipliée, les grandes charges de la couronne devinrent l'objet de l'ambition des courtisans. On sait qu'en mourant, François de Guise avertit déjà son fils de ne pas rechercher ces places qui attiroient, disoit-il, la jalousie, l'envie et la haine, et qui exposoient à mille dangers ceux qui les occupoient. Les pairs avoient un grand titre, mais les grands officiers de la couronne avoient un pouvoir réel, et c'est ce qui porta Henri III à donner à ces officiers la préséance sur les pairs[336], dont la dignité fut encore dégradée par la manière arbitraire dont il disposa de leur rang sans égard à l'ancienneté[337] des érections. Cet édit auroit détruit l'esprit et toutes les coutumes de notre ancien gouvernement, s'il eût été observé dans toute son étendue; mais il ne servit à élever au-dessus de la pairie que quelques offices que les anciens pairs ne regardoient[338] qu'avec une sorte de dédain.

Tandis que ces différentes révolutions annonçoient aux grands la ruine de leur pouvoir, quand la tranquillité publique seroit rétablie, le parlement éprouva aussi diverses fortunes. Il étoit naturel qu'une compagnie qui n'avoit de crédit et de considération que par les lois, perdit l'un et l'autre au milieu des troubles et des désordres de la guerre civile. Le chancelier de l'Hôpital lui-même, choqué du fanatisme du parlement, tenta une fois de ne point y envoyer[339] les édits pour y être vérifiés, mais ce fut sans succès; et l'enregistrement continua d'avoir lieu, parce que la guerre civile, interrompue par des paix fréquentes, ne dura jamais assez long-temps pour qu'à la faveur de la nécessité il s'établît un usage contraire. Si Henri III ne put s'affranchir de cette formalité odieuse au gouvernement qu'elle gênoit et qu'il vouloit détruire[340], il apprit du moins à ses successeurs à la rendre inutile; puisqu'il lui suffit d'aller tenir son lit de justice au parlement, pour que toutes ses volontés devinssent autant de lois. Une autorité dont il étoit si aisé de trouver la fin, n'auroit laissé aucune considération au parlement, si quelques circonstances favorables à son ambition ne lui avoient rendu une sorte de confiance.

Il arriva entre autres deux événemens qui persuadèrent à cette compagnie qu'elle étoit, pour ainsi dire, au-dessus de la nation, lorsque la tenue des lits de justice auroit dû lui apprendre qu'elle n'avoit en effet aucune autorité. Elle eut la hardiesse[341] de rejeter ou de vouloir modifier plusieurs articles de l'édit que Henri III publia d'après les remontrances des états de Blois. Un prince plus ferme et plus éclairé auroit saisi cette occasion pour réprimer les entreprises du parlement, et sous prétexte de venger la dignité des états qu'il ne craignoit pas, se seroit débarrassé pour toujours de l'enregistrement qui le gênoit. Mais soit que Henri vît avec plaisir qu'on infirmoit une loi dont plusieurs articles lui déplaisoient, soit que par une suite de sa foiblesse et de l'avilissement dans lequel il étoit tombé, il n'osât faire un acte de vigueur, cet attentat fut impuni; et le parlement, fier d'avoir humilié à la fois le roi et la nation dans ses représentations, crut follement que son droit d'enregistrement étoit plus affermi que jamais; et qu'après cet exemple, on ne pourroit plus lui contester la puissance législative.

On pourroit peut-être croire que c'est en conséquence de cet attentat contre les droits de la nation, que le parlement de Paris osa s'élever au-dessus des états-généraux de la ligue, et lui prescrire des lois. Il fit un arrêt[342] pour ordonner une députation solennelle au duc de Mayenne; et le supplier de ne faire aucun traité qui tendît à transférer la couronne à quelque prince ou à quelque princesse d'une autre nation; on lui insinuoit de veiller au maintien des lois de l'état, et de faire exécuter les arrêts de la cour donnés pour l'élection d'un roi catholique et Français. Puisqu'on lui avoit confié l'autorité suprême, il étoit de son devoir, lui disoit-on, de prendre garde que sous prétexte de servir la religion catholique, on n'attentât aux loix fondamentales du royaume, en mettant une maison étrangère sur le trône de nos rois. Enfin, l'arrêt du parlement cassoit et annulloit comme contraires à la loi salique tous les traités et conventions qu'on auroit déjà faits, ou qu'on pourroit faire dans la suite pour l'élection d'une princesse ou d'un prince étranger.

Quelque idée que le parlement eût prise de son autorité par les modifications qu'il avoit mises dans l'enregistrement de l'édit de Blois: n'est-il pas vraisemblable qu'étant fanatique et ligueur, il n'auroit jamais tenté une pareille entreprise, s'il n'y avoit été invité par le duc de Mayenne lui-même? C'est après la séparation des états de Blois, c'est quand ils n'existoient plus, que le parlement les offensa; mais les états de la ligue, présens et maîtres de Paris, devoient-ils souffrir patiemment que le parlement leur fît la loi? On ne reconnoissoit pas dans cette compagnie le droit de disposer de la couronne, puisqu'on avoit cru nécessaire d'assembler les états pour cette opération. Par quel vertige le parlement auroit-il donc osé s'ériger en surveillant de leur conduite, s'il n'avoit été sûr de la protection du duc de Mayenne?

Je croirois que ce seigneur, pressé par les intrigues des Espagnols, et ennemi des prétentions de la cour de Madrid, qu'il étoit cependant obligé de ménager, vouloit leur nuire en feignant de la servir. Il se cacha sous le nom du parlement, et se servit du crédit de cette compagnie pour faire échouer les projets de l'Espagne, ou du moins pour y opposer un obstacle de plus. Il est vrai que les historiens ne disent point que le parlement fût invité par le duc de Mayenne à donner cet arrêt qui l'élevoit au-dessus des états; mais doit-on en être surpris? Le mystère le plus profond devoit être l'ame de cette opération, pour qu'elle produisît l'effet qu'on en attendoit, Mayenne ne s'adressa sans doute qu'aux principaux membres du parlement qui lui étoient dévoués; et tout son artifice auroit été perdu pour lui, si on eût su qu'il avoit sollicité un arrêt contraire aux intérêts de l'Espagne. Ne voit-on pas que cet arrêt est dicté par le duc de Mayenne? C'est pour lui ouvrir le chemin du trône que le parlement en veut écarter les étrangers. Si cette compagnie n'eût pas été conduite par ce motif secret, si elle eût été véritablement attachée à l'ordre de succession, en ne voulant cependant rien faire qui pût préjudicier à la religion catholique, pourquoi ne se seroit-elle pas expliquée d'une manière plus claire? Pourquoi n'auroit-elle parlé que confusément du successeur de Henri III ou du cardinal de Bourbon? Tous les princes de la maison royale n'étoient pas hérétiques et relaps; et si l'arrêt du parlement n'eût pas été l'ouvrage de l'intrigue, il auroit nommé le prince que les lois appeloient au trône.

Les historiens disent que le duc de Mayenne fut extrêmement irrité de l'arrêt et de la députation du parlement: ils devoient dire seulement qu'il eut l'art de le paroître. Dans un temps où le mensonge, l'intrigue et la fourberie étoient l'ame de la politique, étoit-il si rare et si difficile d'emprunter des sentimens contraires à ceux qu'on avoit en effet? Pour ne se pas brouiller avec les Espagnols, pour ralentir leurs démarches, pour ménager ses propres partisans, pour persuader aux Parisiens mêmes que l'arrêt du parlement étoit une bien plus grande importance qu'il n'étoit, Mayenne ne devoit-il pas feindre une colère qu'il n'avoit pas? S'il eût été véritablement irrité, pourquoi n'auroit-il pas cherché à soulever les états contre le parlement?

CHAPITRE IV.

Des effets que la révolution arrivée dans la fortune des grands et du parlement produisit dans le gouvernement, après la ruine de la ligue.

QUAND le fanatisme, peu à peu ralenti, ne fut plus capable de faire supporter avec constance les maux de la guerre, quand on goûta enfin les douceurs de la paix, la nation ne se représenta qu'avec une sorte d'effroi le tableau des troubles dont elle avoit été la victime. La lassitude du passé, et l'espérance d'un avenir plus heureux lui donnèrent un nouvel esprit et de nouvelles mœurs. On n'avoit été touché d'aucune des vertus de Henri IV, et quand on l'eut connu, on ne voulut voir aucun de ses défauts; à l'exception de quelques fanatiques dévoués aux intérêts de l'Espagne, et dont la haine contre les réformés étoit implacable, le peuple se livroit à son engouement et vouloit avoir un maître qui le contînt. Henri devoit jouir d'un pouvoir d'autant plus étendu, que les grands, plus divisés entre eux qu'ils ne l'avoient jamais été, ne pouvoient, comme autrefois, former des cabales, et par leurs ligues ou leurs divisions inquiéter et troubler le gouvernement.

Les princes du sang, en s'élevant, comme on l'a vu, au-dessus des pairs, augmentèrent puérilement leur dignité, et diminuèrent réellement leur puissance. Séparés des grands, qui n'étoient pas familiarisés avec cette distinction qui les choquoit, ils n'eurent que leurs propres forces à opposer à la puissance royale; et ces forces étoient trop médiocres pour qu'elles pussent les mettre en état de maintenir les principes que le prince de Condé avoit retirés de l'oubli, et prétendre avoir part au gouvernement.

Les fils d'Henri II, ayant honoré plusieurs familles de la pairie, il n'étoit plus possible, en suivant l'esprit de son institution, de les associer toutes au gouvernement; et cependant, leur nombre étoit trop petit pour former un corps puissant; de sorte que la pairie se trouvoit destituée à la fois de ses fonctions réelles, de son pouvoir, et des forces nécessaires pour les recouvrer. En aspirant aux distinctions honorifiques que conservoit les pairs, la haute noblesse, qui n'en jouissoit pas, en devint ennemie. Cette rivalité affoiblit tous les grands, et ne pouvant être puissans que par la faveur et les grandes charges de la cour, il fut encore plus facile à Henri IV, qu'il ne l'avoit été à François I, de les contenir tous dans l'obéissance, et de ne confier son autorité qu'à des personnes qui ne pourroient la tourner contre lui.

Cette situation des grands devoit leur faire perdre insensiblement les idées de grandeur, de fortune et d'indépendance auxquelles ils s'étoient accoutumés pendant la guerre civile; mais, en attendant qu'ils eussent pris un caractère convenable à leur foiblesse actuelle, il y avoit entre eux une sorte de fermentation sourde, et ils regrettoient l'ancien gouvernement des fiefs. Cette ambition que le duc de Guise avoit réprimée, tant qu'il s'étoit flatté d'usurper la couronne, le duc de Mayenne l'avoit fait revivre: lorsqu'obligé de renoncer aux projets ambitieux de sa maison, il voyoit la décadence de son parti, il demanda que le gouvernement des provinces de Bourgogne, de Champagne et de Brie, fut héréditaire en faveur de ses descendans. Le duc de Mercœur, cantonné en même temps dans la Bretagne, la regarda comme son domaine, et espéroit de la tenir aux mêmes conditions que ses anciens ducs, tandis que le duc de Nemours affectoit dans son gouvernement l'indépendance et l'autorité d'un souverain. Mais ces seigneurs prirent trop tard une résolution qui leur auroit réussi quelques années plutôt. Les peuples qui commençoient à se lasser de la guerre civile, n'étoient pas disposés à s'exposer pour l'intérêt des grands à des maux que l'intérêt même de la religion ne pouvoit plus leur faire supporter; et les grands, si je puis m'exprimer ainsi, furent autant vaincus par cet esprit d'obéissance et de monarchie auquel ils avoient accoutumé la nation, que par les armes d'Henri IV.

En obéissant, ils ne pouvoient cependant s'empêcher de murmurer, et sans se rendre compte de leurs projets, ou plutôt de leurs vues, ils espéroient toujours que quelques circonstances heureuses les mettroient à portée de se cantonner dans les provinces. Rien n'est plus propre à prouver combien les grands étoient timides, petits et inconsidérés dans leur ambition, que le fait bizarre que je vais raconter; et je voudrois, pour l'honneur de leur politique, qu'on en pût douter. Ils imaginèrent qu'Henri IV, embarrassé par la guerre qu'il soutenoit contre l'Espagne, et qui sembloit avoir épuisé ses ressources, consentiroit à céder ses provinces[343] sous la foi et l'hommage, à condition que ses nouveaux vassaux lui fourniroient les secours dont il avoit besoin. Si on ne connoissoit pas l'extrême illusion que se font quelquefois les passions, il seroit inconcevable que les grands se fussent persuadés que cette ridicule proposition seroit acceptée. L'espèce d'arrangement et d'ordre qu'ils mirent dans leur projet est le comble du délire. Les seigneurs, qui avoient les gouvernemens les plus importans, consentoient à en démembrer quelques portions pour faire des souverainetés à d'autres seigneurs qui ne commandoient dans aucune province, et qui, sans cet abandon, n'auroient trouvé aucun avantage à voir renaître le gouvernement féodal, ou plutôt qui s'y seroient opposés pour ne se pas voir dégradés et avilis par la fortune de leurs pareils.

Le duc de Montpensier, chargé par ses collègues de négocier cette affaire, ou plutôt de la proposer au roi, commença par lui faire valoir le zèle, la fidélité et l'attachement des personnes qui vouloient le dépouiller; il tâcha de prouver que l'abandon des provinces et le rétablissement des fiefs étoit le seul moyen de résister aux forces de la maison d'Autriche; et Henri IV dut se trouver heureux de n'avoir affaire qu'à des conjurés si méprisables; s'il est vrai cependant qu'on puisse donner le nom de conjuration à une ineptie si ridiculement imaginée et proposée.

Le maréchal de Biron eut une conduite plus conséquente: tourmenté par son ambition, et ne voyant dans l'esprit général des peuples aucune disposition au démembrement du royaume, ce ne fut pas à Henri IV, mais à ses ennemis qu'il s'adressa pour rétablir les fiefs. Dans le traité qu'il avoit[344] fait avec la cour de Madrid et de Turin, on étoit convenu qu'il épouseroit une princesse de Savoye, et qu'il auroit pour lui et les siens la souveraineté du duché de Bourgogne; que si on parvenoit à enlever la couronne à Henri, on la rendroit élective; et que des grands gouvernemens, on feroit autant de principautés qui ne dépendroient du roi que de la même manière dont les électorats dépendent de l'empereur. Si une pareille entreprise eût été conduite avec assez de secret pour qu'elle eût éclaté avant que le gouvernement en fût instruit, jamais la monarchie n'auroit été menacée d'un plus grand péril. L'ambition des grands, qui étoit plutôt assoupie qu'éteinte, auroit été instruite par cet exemple de la route qu'elle devoit prendre. Tous les grands auroient éclaté à la fois, ou tous du moins, étant devenus suspects au gouvernement, l'auroient jeté dans le plus grand embarras: il étoit de l'intérêt des alliés du maréchal de Biron de démembrer la France, et leur premier succès auroit certainement fait paroître des révoltés dans plusieurs provinces. En partageant ses forces pour soumettre tous les rebelles à la fois, Henri IV se seroit exposé à succomber par-tout. Si son courage et sa sagesse n'avoient pas également soumis toutes les provinces, la révolution n'étoit que retardée; l'exemple d'un seul gouverneur, qui auroit réussi à s'établir dans son gouvernement, auroit entretenu une fermentation continuelle dans le royaume. Un rebelle heureux auroit travaillé à multiplier les démembremens pour diviser les forces du roi, et n'être pas seul l'objet de son ressentiment. Selon les apparences, la France, toujours agitée par des intrigues et des révoltes sous le règne de Henri IV, auroit vu renaître le gouvernement féodal après la mort de ce prince. Heureusement la conjuration du maréchal de Biron fut découverte à temps; et dans la disposition où se trouvoient les esprits, son supplice suffit pour faire perdre entièrement aux grands le souvenir de leurs anciens fiefs: on ne voit pas du moins que depuis ils aient tenté de les rétablir.

Tandis que tout fléchissoit enfin sans résistance sous le pouvoir de Henri, le parlement, qui voyoit avec plaisir l'abaissement des grands, éprouva à son tour que l'esprit d'obéissance qui étoit répandu dans tous les ordres de l'état, ruinoit son pouvoir négatif et modificatif, et qu'il étoit condamné à ne plus faire que des remontrances inutiles. Vaincu, pour ainsi dire, par la solennité des lits de justice, et ne pouvant rien refuser au roi, il chercha à s'en dédommager aux dépens de la nation, dont il avoit déjà usurpé plusieurs fonctions. Lorsque Henri IV convoqua une assemblée de notables à Rouen en 1595, le parlement de Paris s'en plaignit, alléguant qu'il étoit contre l'usage[345] que les états se tinssent hors du ressort du premier parlement du royaume: cette prétention auroit été absurde, si le parlement, enhardi par ses entreprises contre les états de Blois et les états de la ligue, n'avoit voulu donner à entendre que ces assemblées étoient soumises à sa juridiction, et qu'il étoit nécessaire qu'elles se tinssent dans l'étendue de son ressort, pour qu'il pût les juger, les réprimer, et les contenir, s'il en étoit besoin.

C'est dans ce temps que le parlement commença à se faire un systême qu'il a depuis manifesté dans plusieurs occasions. Il imagina qu'il représente les anciens champs de Mars et de Mai, et, chose inconcevable! que les états-généraux, tels que Philippe-le-Bel et ses successeurs les avoient convoqués, ne tenoient point à la constitution primitive de la nation, et que tout leur droit se bornoit à faire des demandes et des représentations dont le conseil du roi jugeoit arbitrairement. Le parlement prétendit être le conseil nécessaire des rois[346], et ne former avec lui qu'une seule puissance pour gouverner la nation. La vanité dans les affaires est l'avant-coureur de la petitesse; et le parlement, bientôt convaincu, par des efforts impuissans, qu'il ne pouvoit pas disposer de la puissance royale, se borna à disputer du rang et de la dignité avec les deux premiers ordres de l'état.

L'assemblée des notables qui se tint à Paris en 1626, est une preuve évidente de ce que j'avance: on étoit convenu d'opiner dans ces conférences[347] par corps et non par tête; et les officiers des cours supérieures, se croyant avilis par cette manière de recueillir les voix, représentèrent au duc d'Orléans, qui présidoit cette assemblée, qu'outre qu'elle étoit préjudiciable et même honteuse aux officiers de justice, qui par-là se trouveroient séparés et distingués du clergé et de la noblesse pour être compris et confondus dans un ordre inférieur; elle étoit nouvelle et contraire aux usages pratiqués jusqu'alors. Ces officiers ne se rappeloient pas sans doute ce qui s'étoit passé sous Henri II, après la bataille de Saint-Quentin, et qu'ils avoient regardé comme une faveur de former un ordre mitoyen entre la noblesse et le tiers-état: c'est assez la coutume du parlement d'oublier les faits qui ne sont pas favorables à ses prétentions.

Le duc d'Orléans n'ayant pas eu égard à ces requisitions, les magistrats portèrent leurs plaintes au roi, et lui montrèrent que «des députés des cours souveraines ne pouvoient consentir à opiner par corps, puisque représentant leurs compagnies composées de tous les ordres du royaume, ils se verroient néanmoins réduits au plus bas, et à représenter le tiers ordre séparé de ceux du clergé et de la noblesse, lesquels n'avoient à présent sujet de se distinguer d'eux, puisque toujours ils ont réputé à honneur de pouvoir être reçus à opiner avec eux dans lesdites compagnies; que la vocation que eux tous avoient en ladite assemblée étoit différente, en ce que ceux du clergé et de la noblesse y sont appelés par la volonté et faveur particulière du roi, qui en cela avoit voulu reconnoître le mérite d'un chacun d'eux; mais que les premiers présidens et les procureurs généraux y étoient appelés par les lois de l'état, suivies de la volonté de sa majesté pour y représenter toute la justice souveraine.»

Il est mieux d'examiner de quelle manière les hommes se forment des prétentions, et comment ces prétentions se changent en droits. Le parlement devient par surprise, par la négligence et l'ignorance des pairs, la cour des pairs; et bientôt il regarde comme un privilége pour les pairs de pouvoir y siéger, quoique ce prétendu privilége ne soit qu'une dégradation de la pairie. Il prétend qu'il est composé de tous les ordres de la nation, parce qu'il compte parmi ses magistrats quelques gentilshommes et quelques ecclésiastiques d'un ordre inférieur; c'est qu'il veut être le corps représentatif de la nation, et accoutumer le public à cette idée extraordinaire. En vertu de quel titre le parlement pouvoit-il dire que le clergé et la noblesse n'étoient reçus que par grâce aux assemblées de notables, et que les seuls magistrats en étoient les membres nécessaires? C'est ainsi que dans un royaume où personne ne veut se tenir à sa place, où chacun aspire à s'introduire dans un ordre qui refuse de le recevoir, une vanité puérile devient le principal intérêt de tous les citoyens. Le parlement s'essayoit à se mettre au-dessus des états-généraux, en dégradant les différens ordres qui les composent; bientôt il publiera ouvertement sa doctrine, et sous prétexte que les pairs ne sont que conseillers de la cour, il prétendra que ses présidens sont revêtus d'une dignité supérieure à la pairie.

J'aurois quelque honte de m'arrêter à ces minuties, si ces minuties de rang n'avoient été de la plus grande importance chez presque tous les peuples, et n'étoient d'ailleurs très-propres à faire connoître dans quel oubli le pouvoir absolu de Henri IV avoit fait tomber les règles, les principes, les lois et les coutumes. Quand la France perdit ce prince, aucune voix ne se fit entendre en faveur des états-généraux; personne ne dit qu'ils étoient nécessaires pour régler la forme du gouvernement. Les grands étoient trop humiliés pour oser s'assembler au Louvre, proclamer Louis XIII et déférer la régence à sa mère. Marie de Médicis et ses créatures ne virent, au milieu de cette dégradation générale de tous les ordres, que le parlement qui eût des prétentions, et conservât la forme d'un corps. La reine le pria de s'assembler pour examiner ce qu'il seroit le plus important de faire dans une conjoncture si fâcheuse; et cette compagnie, trouvant une occasion de se saisir d'un droit qui n'appartenoit qu'aux états-généraux, donna un arrêt par lequel il conféroit la régence à la reine. Le lendemain, quand le jeune roi vint tenir son lit de justice, ce ne fut qu'une vaine formalité pour déclarer que, conformément[348] à l'arrêt donné la veille, sa mère étoit régente.

Cette conduite étoit digne d'une nation, qui, depuis sa naissance, n'avoit pu encore parvenir à se faire un gouvernement, et qui, ayant pris l'habitude de ne consulter que des convenances momentanées, n'avoit aucun intérêt déterminé, et devoit par conséquent éprouver encore des agitations domestiques.

CHAPITRE V.

Situation du royaume à la mort de Henri IV.—Des causes qui préparoient de nouveaux troubles.

TOUT avoit fléchi sous la main de Henri IV; la douceur de son administration avoit fait aimer son autorité; sa vigilance à prévenir les moindres désordres avoit entretenu l'obéissance et la tranquillité publique; mais, qui pouvoit répondre que ses successeurs seroient plus heureux, plus sages et plus habiles que les derniers Valois? Sur quel fondement espéroit-on qu'on ne verroit plus sur le trône des Henri II, des Charles IX, des Henri III, des Catherine de Médicis? A l'exception du maréchal de Biron, les derniers ambitieux n'avoient été que des imbécilles qu'il étoit facile de réprimer; mais, comptoit-on qu'il n'y auroit plus de prince de Condé, ni de duc de Guise? S'il paroissoit un nouveau maréchal de Biron, étoit-on sûr qu'il auroit le même sort que le premier? Les grands pouvoient encore sortir de leur néant. En voyant les succès heureux de sa vanité, le parlement pouvoit encore devenir ambitieux. La puissance d'un prince foible ne remédie à aucun des maux que doit produire sa foiblesse. Plus le pouvoir est grand, plus il est voisin de l'abus; et si tous les hommes ont besoin qu'il y ait des lois et des magistrats qui les contiennent, par quelle imprudence espéroit-on qu'un monarque, qui n'est qu'un homme, remplira ses devoirs difficiles dans le temps qu'on les a multipliés en augmentant son autorité, et que ses passions ne sont point réprimées par la crainte d'une puissance qui l'observe?

Sully étoit-il assez modeste pour croire que des ministres tels que lui seroient désormais communs? En voyant avec quelle peine il retiroit, pour ainsi dire, le royaume de ses ruines, et combien il éprouvoit de traverses, non-seulement de la part des courtisans et de tous les ordres de l'état, mais de la part même d'un prince qui aimoit la justice et le bien public, et qui s'étoit formé à l'art de régner en passant par les épreuves les plus terribles, pouvoit-il ne pas prévoir que l'édifice qu'il élevoit seroit ruiné en un jour? Les sujets d'un bon roi sont heureux; mais qu'importe à la société ce bonheur fragile et passager? Aux yeux de la politique, ce n'est rien d'avoir un bon roi, il faut avoir un bon gouvernement. Comment ce tableau que Sully se faisoit de l'avenir, ne le décourageoit-il pas dans ses opérations? Sans doute que la passion de dominer arbitrairement est de toutes les passions la plus impérieuse, même dans les ministres qui ne jouissent que d'une autorité empruntée et passagère; sans doute qu'un Charlemagne, qui cherche à diminuer son autorité pour l'affermir, est un prodige qu'on ne doit voir tout au plus qu'une fois dans une monarchie.

Si on y fait attention, on s'apercevra sans peine, qu'à l'avénement de Louis XIII au trône, le gouvernement se trouvoit dans la même situation où il avoit été sous les règnes des princes qui virent allumer les guerres que Henri IV avoit éteintes. Les deux religions, qui, en divisant la France, avoient fait tomber le roi et les lois dans le mépris, subsistoient encore: et si, après s'être fait la guerre pendant long-temps, elles étoient lasses de se battre, elles ne l'étoient pas de se haïr. En voyant la fin malheureuse de Henri IV, les réformés ne pouvoient s'empêcher de prévoir les dangers dont ils étoient menacés; et dès qu'ils avoient lieu de craindre le zèle immodéré des catholiques, on devoit se rappeler de part et d'autre les injures que les deux religions s'étoient faites.

La persécution exercée sur les réformés par Henri II les préparoit à la révolte sous son fils; et la crainte, non pas d'essuyer les mêmes persécutions, mais de voir ruiner leurs priviléges sous Louis XIII, devoit les tenir unis et disposés à agir de concert pour leur défense commune. Tandis que les catholiques, délivrés d'un prince tolérant, se flattoient de renverser leurs ennemis qui n'avoient plus de protecteurs, les réformés durent s'effaroucher, en voyant passer le gouvernement dans les mains d'une princesse qui, pour parler le langage des novateurs, avoit sucé en Italie les superstitions de l'église romaine. Marie de Médicis confirma, il est vrai, l'édit de Nantes en parvenant à la régence. Mais que prouve cette vaine cérémonie? Que la loi de Henri IV avoit acquis peu de crédit, et que les réformés ne la regardoient pas comme un rempart assuré de leur liberté. Si la puissance royale s'étoit accrue, les calvinistes de leur côté étoient plus forts et plus puissans qu'ils ne l'avoient été sous les règnes précédens, et ils avoient entre eux des liaisons et des correspondances qu'il avoit autrefois fallu former.

Le souvenir des maux qu'on avoit éprouvés pendant la guerre civile, pouvoit s'effacer, et le fanatisme reprendre de nouvelles forces, si des ambitieux habiles entreprenoient de se servir du ressort puissant de la religion pour exciter des troubles nécessaires à l'accroissement de leur fortune particulière. Depuis que l'esprit de la ligue avoit été détruit, il auroit fallu, il est vrai, un concours de circonstances extraordinaires pour qu'il se formât une nouvelle maison de Guise, et que les successeurs de Henri IV fussent exposés au danger qu'avoit couru Henri III de perdre la couronne et de se voir reléguer dans un cloître. Mais il ne falloit que des talens et des événemens communs pour produire à la fois cent ambitieux qui entreprendroient de se cantonner dans leurs gouvernemens ou dans leurs terres; et au défaut de capacité, leur nombre pouvoit les faire réussir.

Quand Henri IV voulut étouffer les haines de religion, les catholiques[349] se plaignoient que l'exercice de leur culte ne fût pas établi dans plusieurs villes, et même dans plusieurs provinces, comme il devoit l'être en vertu des édits donnés dans les temps de troubles. Les protestans, de leur côté, ne se contentoient pas qu'on remît simplement en vigueur les différens priviléges qu'on leur avoit accordés jusques-là, et désiroient une liberté plus étendue. Ils exigeoient beaucoup de la reconnoissance du roi qui leur devoit sa couronne; et les autres, fiers de la supériorité de leurs forces et d'avoir forcé Henri à rentrer dans le sein de l'église, avoient un zèle amer, et ne toléroient un édit favorable aux réformés que dans l'espérance que des conjonctures plus heureuses permettroient de le violer.

Pour établir une paix solide entre les deux religions, il auroit fallu établir entre elles une égalité entière; et puisque la doctrine des réformés n'étoit pas moins propre que celle des catholiques à faire des citoyens utiles et vertueux, les uns et les autres avoient droit de jouir des mêmes avantages. Ce n'est que par cette conduite que les Allemands sont parvenus à détruire le fanatisme et à affermir la tranquillité publique dans leur patrie. Si le gouvernement de France n'étoit pas aussi favorable à cette opération que le gouvernement de l'Empire, Henri IV ne devoit négliger aucun moyen pour faire respecter sa loi, c'est-à-dire, pour lui donner des protecteurs et des garans puissans, qui inspirassent une sécurité entière aux protestans, et ne laissassent aucune espérance de succès au fanatisme des catholiques. Les traités de Munster et d'Osnabrug calmèrent les esprits en Allemagne, parce que les religions ennemies furent également persuadées que leurs chefs avoient fait dans de longues négociations, tout ce qui dépendoit d'eux pour obtenir les conditions les plus avantageuses; et qu'ainsi, elles n'auroient rien de plus utile à attendre d'une nouvelle guerre et d'une nouvelle paix. D'ailleurs, chaque religion étoit sûre de jouir des avantages qu'elle avoit obtenus; parce que tous les tribunaux de l'Empire, composés de juges choisis dans les deux religions, suffisoient pour réprimer les petits abus; et que dans le cas d'une infraction aux traités qui pourroit avoir des suites dangereuses et étendues, chaque parti avoit des protecteurs sur la vigilance et les intérêts desquels il pouvoit se reposer, et assez puissans pour défendre sa liberté et ses droits.

Il en auroit été à peu près de même en France, si les états-généraux, au-lieu d'être détruits par les prédécesseurs de Henri IV, avoient été assez solidement établis pour devenir un ressort ordinaire et nécessaire du gouvernement. Plus ils auroient approché de la perfection dont ils sont susceptibles, plus il est vraisemblable que les Français ne se seroient point déchirés par les guerres civiles qui répandirent tant de sang. Qu'on ne m'objecte pas que le parlement d'Angleterre et les diètes de l'Empire ne préservèrent ni les Anglais ni les Allemands des mêmes calamités; ces assemblées[350] nationales n'étoient plus ce qu'elles devoient être, quand elles virent naître les divisions domestiques. Si Henri IV avoit voulu établir une paix solide, il devoit convoquer les états-généraux et profiter de la lassitude où l'on étoit de la guerre, pour rapprocher les catholiques et les réformés, et les faire conférer ensemble sur leurs divers intérêts. Il est naturel que les peuples aient plus de confiance à des assemblées qui ont nécessairement des maximes nationales, et dont toutes les opérations et les résolutions sont politiques, qu'au conseil du prince qui ne consulte ordinairement que des convenances passagères et mobiles, dont les résolutions ne sont que trop souvent l'ouvrage de l'intrigue, et qui se fait par principe des intérêts contraires à ceux du public. A l'exemple de Charlemagne, Henri devoit être l'ame de ces états. Il étoit assez puissant pour inspirer aux chefs des deux partis l'esprit de paix et de conciliation. Le calme se seroit répandu dans les provinces, parce qu'elles auroient été consultées. On se seroit accoutumé à jouir paisiblement des avantages qu'on auroit obtenus, parce qu'on auroit été sûr de les conserver sous la garantie et la protection d'un corps puissant, au lieu de n'avoir qu'une promesse vaine sur laquelle il étoit imprudent de compter.

Henri auroit ôté aux grands un moyen de se faire craindre du gouvernement; ils n'auroient pu continuer à entretenir les haines de religion, en répandant parmi le peuple les soupçons et la défiance. Ce prince, en un mot, digne de l'amour qu'on avoit pour lui, se seroit délivré de l'inquiétude que le fanatisme des catholiques lui donna pendant toute sa vie et dont il fut enfin la victime. Il auroit réparé les torts de ses prédécesseurs depuis Charles VIII, et auroit donné un appui à ses successeurs, qui, ayant au contraire la témérité de se charger comme lui de tout ordonner, de tout régler, de tout gouverner par eux-mêmes, devoient encore éprouver et faire éprouver à leurs sujets bien des malheurs.

Dès que Henri IV vouloit pacifier le royaume, non pas comme arbitre et médiateur, mais comme législateur, il ne pouvoit qu'offenser les réformés sans satisfaire les catholiques. Les deux religions devoient également murmurer contre lui, et se plaindre qu'il n'eût pas tenu la balance égale entre elles; chacune devoit se flatter que, si elle eût elle-même discuté ses intérêts, elle auroit obtenu de plus grands avantages, ou n'auroit pas fait des pertes si considérables. Les catholiques étoient les plus nombreux et les plus puissans; il fallut, pour ne les pas soulever, contraindre les réformés à renoncer à plusieurs avantages dont ils étoient en possession, et qu'ils devoient aux succès de leurs armes. L'édit de Nantes paroît l'ouvrage de la mauvaise foi ou d'une politique timide qui tend des piéges; il est nécessaire d'en examiner quelques articles, pour faire mieux juger de la situation incertaine où se trouvoit le royaume.

On obligea les réformés à restituer les églises dont ils s'étoient emparés, et les biens qui en dépendoient. On leur défendit de tenir leurs prêches dans des habitations ecclésiastiques. On autorisa les catholiques à acheter les bâtimens construits par les réformés sur les fonds qui appartenoient à l'église, ou à demander en justice qu'ils achetassent les fonds attachés à ces bâtimens. Henri IV n'osoit trancher aucune difficulté; ainsi l'édit de pacification, qui n'auroit dû travailler qu'à abolir le souvenir des usurpations passées et des prétentions réciproques des deux religions, préparoit de nouvelles discussions entre elles, et par-là fomentoit leur haine.

Les seigneurs hauts-justiciers qui avoient embrassé la réforme eurent dans leurs châteaux l'exercice public de leur religion; mais ceux dont les terres étoient moins qualifiées, n'obtinrent cette liberté que pour eux ou trente personnes. Si leurs fiefs étoient dans la mouvance d'un seigneur catholique, ils ne pouvoient même jouir de cette liberté de conscience, sans en avoir obtenu sa permission. Cet exercice de la religion réformée étoit d'autant moins capable de satisfaire ceux qui la professoient, qu'un seigneur haut justicier n'avoit un prêche dans son château qu'autant qu'il l'habitoit. S'il s'absentoit, le pays étoit ridiculement privé de son culte; il étoit même exposé à le perdre sans retour, si cette terre, par vente, succession ou autrement, passoit à un seigneur catholique. Comment pouvoit-on exiger que les réformés fussent tranquilles sur leur état, et ne donnassent aucune inquiétude au gouvernement, tandis qu'ils ne jouissoient que d'une manière précaire et passagère de la liberté de conscience? Si on craignoit les réformés, on ne pouvoit leur accorder un exercice trop public de leur religion; ces petits prêches, toujours à la veille d'être fermés ou interdits, n'étoient propres qu'à être des foyers d'intrigue, de cabale et de fanatisme.

Il fut défendu aux réformés de faire aucun exercice de leur religion à la cour, à la suite de la cour, à Paris, ni à cinq lieues de cette capitale. Si ce n'étoit pas leur dire que leur religion étoit odieuse, c'étoit du moins les avertir qu'elle ne devoit s'attendre à aucune faveur. Pourquoi la loi qui devoit être impartiale pour être raisonnable, montre-t-elle cette partialité? C'étoit attiser le feu qu'on vouloit éteindre; ce n'étoit pas une loi, mais un traité qu'il falloit mettre entre les deux religions. Croira-t-on que les Allemands se fussent soumis à l'ordre établi par la paix de Westphalie, s'il eût été l'ouvrage d'un législateur, quoique les articles en soient aussi sages que ceux de l'édit de Nantes le sont peu?

Il dut paroître d'autant plus insupportable aux réformés de payer la dixme aux ministres de la religion romaine, qu'il étoit très-injuste à ceux-ci de l'exiger. Il falloit donc qu'ils payassent leurs ministres, et c'étoit les soumettre à une nouvelle contribution: il ne convenoit pas même que le gouvernement se chargeât de leur payer leur salaire; parce qu'il n'étoit pas de l'intérêt des réformés que leurs ministres fussent à la charge de l'état, et qu'ils pouvoient regarder ces salaires comme une source de corruption. Pourquoi les obliger d'observer les fêtes prescrites aux catholiques, de s'abstenir ce jour-là de tout travail ou de ne travailler qu'en secret, et enfin de se soumettre à l'égard du mariage aux lois de l'église romaine sur les degrés de consanguinité ou de parenté? Tous ces réglemens devoient éloigner les uns des autres des citoyens qu'il falloit rapprocher. Je sais que dans la pratique on adoucissoit la rigueur de cette loi; on fermoit les yeux; mais cette condescendance pouvoit-elle rassurer les réformés, quand ils voyoient les catholiques armés de la loi contre eux? Qu'on me permette de le dire, il est ridicule, il est dangereux de faire une loi qu'il est sage de ne pas faire observer exactement; et quand un gouvernement en est réduit à cette extrémité, ne doit-il pas juger qu'il est à la veille d'éprouver quelque malheur, et qu'il a pris par conséquent un mauvais parti?

Je serois trop long, si je voulois examiner ici chaque article de l'Édit de Nantes, et en faire voir les inconvéniens; mais je ne puis me dispenser d'y faire remarquer une contradiction monstrueuse. Tandis que le gouvernement avoit une si grande peur des états-généraux, et ne vouloit pas leur abandonner le soin de concilier les deux religions, pourquoi permettoit-il aux réformés de s'assembler tous les trois ans et d'avoir des places de sûreté. Si, par ce privilége, on vouloit préparer la France à devenir protestante, il ne falloit donc pas par les autres articles préparer la ruine du calvinisme. Puisqu'on ne cherchoit en effet par l'édit de Nantes qu'à tendre des piéges secrets aux réformés, et qu'à se faire des prétextes pour les perdre, pourquoi leur permettoit-on de s'assembler et de s'éclairer en conférant ensemble sur leurs intérêts? C'étoit diviser le royaume, et empêcher que les catholiques et les réformés ne s'accoutumassent peu à peu à leur situation: on ne le conçoit point; par quel motif, par quelle raison, le gouvernement craignoit-il moins des places de sûreté dans les mains des protestans que la convocation régulière des états-généraux, puisque ces places de sûreté annonçoient la guerre civile, et que les états-généraux auroient conservé la paix? M'est-il permis de le dire? la guerre civile paroissoit moins fâcheuse au gouvernement que la moindre diminution, ou le moindre partage de l'autorité publique.

Il est aisé de s'apercevoir que Henri IV n'avoit entretenu la tranquillité publique que par les détails journaliers d'une prudence attentive à ne rien négliger: il appliquoit toujours quelque palliatif aux maux qui se montroient; mais il ne falloit pas s'attendre que ses successeurs eussent la même sagesse. Plus le temps affoibliroit le souvenir des calamités de la guerre civile, plus le zèle des catholiques devoit devenir fougueux et l'inquiétude des réformés impatiente. C'est dans l'espérance d'amener des temps plus favorables à la religion romaine, que le fanatisme arma plusieurs assassins et que Ravaillac commit son attentat. On ne peut se déguiser que ce ne soit le zèle aveugle et impie des catholiques qui a fait périr un prince qui avoit des ménagemens pour les réformés, qui donnoit sa confiance à quelques-uns d'eux, et qui empêchoit qu'ils ne fussent accablés sous la haine de leurs ennemis.

CHAPITRE VI.

Règne de Louis XIII.—De la conduite des grands et du parlement.—Abaissement où le cardinal de Richelieu les réduit.—De leur autorité sous le règne de Louis XIV.

LOUIS XIII étoit encore dans la première enfance, quand il parvint au trône. La régence fut déférée à sa mère, princesse incapable de gouverner: elle ne vouloit pas qu'on lui arrachât par force une autorité dont elle étoit jalouse; mais par foiblesse, elle étoit toujours disposée à la remettre en d'autres mains. S'il y avoit encore eu en France des hommes tels que les Guise, le prince de Condé et l'amiral de Coligny, il n'est pas douteux qu'ils ne se fussent rendus également puissans, et n'eussent formé deux partis qui auroient anéanti l'autorité du roi et de la régente: mais qu'on étoit loin de craindre de pareils dangers! C'étoient Concini et sa femme qui devoient gouverner sous le nom de la reine; et quelle idée ne doit-on pas prendre de ces temps, quand on voit qu'une intrigante étrangère et un homme sans considération faisoient plier tous les grands sous leur joug? Tel étoit l'avilissement des ames, que sous le gouvernement le plus méprisable, tout se réduisoit à faire des intrigues et des cabales à la cour pour en obtenir les faveurs. Qu'on juge de l'autorité mal affermie de Marie de Médicis et de ses créatures, puisque Luynes, qui n'avoit qu'une charge médiocre dans la vénerie, et pour tout talent que celui de dresser des oiseaux au vol, s'empara de toute l'autorité du roi, parce qu'il avoit l'art de l'amuser, et décida de la fortune de tous les grands du royaume. Mais un trait que je ne dois pas oublier, et qui peint bien cette cour, c'est que pour se délivrer de la tyrannie timide et mal habile de Concini, on crut qu'il falloit un assassinat, comme pour se défaire du duc de Guise qui s'étoit mis au-dessus des lois, et qui étoit vraiment le roi des Français catholiques.

L'administration de Luynes ne fut pas différente de celle de Marie de Médicis. Les courtisans continuèrent leurs intrigues, et un ministre qui n'avoit pas le courage de les dédaigner ou de les punir sévèrement, en fut bientôt occupé: au lieu de se rappeler que les guerres étrangères avoient beaucoup contribué à étendre le pouvoir du roi et de ses ministres, et qu'elles serviroient encore à consumer ce reste d'humeur qui fermentoit dans l'état, Médicis et Luynes, épuisés par l'attention qu'ils donnoient aux cabales de la cour, crurent qu'ils ne pourroient suffire aux soins du gouvernement, s'ils ne conservoient la paix au dehors; ils négligèrent les alliés naturels du royaume, et recherchèrent l'amitié de ses ennemis. Plus le gouvernement se faisoit mépriser par sa timidité, plus les courtisans devinrent hardis et entreprenans; tout fut perdu quand on s'aperçut que pour obtenir des faveurs il falloit se faire craindre. Après avoir épuisé inutilement l'art de l'intrigue à la cour, l'usage des mécontens fut de se retirer dans la province pour faire semblant d'y former quelque parti; il falloit attendre qu'ils se lassassent de leur exil volontaire, et le conseil ne fut occupé qu'à marchander le retour de ces fugitifs. Quoique le prince de Condé haït les réformés qui n'avoient aucune confiance en lui, Médicis fut alarmée de leur liaison, qui ne pouvoit exciter que quelques émeutes passagères. Quelle auroit donc été son inquiétude, si ce prince, prétendant jouir encore des prérogatives attachées à son rang, se fût regardé comme le conseiller de la couronne, et le ministre nécessaire de l'autorité royale?

Au milieu de ces tracasseries misérables, on est justement étonné d'entendre encore prononcer le nom presque oublié des états-généraux, et de les voir demander avec une opiniâtreté qui auroit dû rendre une sorte de ressort aux esprits. On auroit dit que les mécontens méditoient de grands desseins; mais à peine ces états furent-ils assemblés, que leur mauvaise conduite rassura le gouvernement.

L'ouverture s'en fit à Paris le 21 octobre 1614, et pendant plus de quatre mois qu'ils durèrent, aucun député ne comprit quel étoit son devoir. On auroit eu inutilement quelque amour du bien public et de la liberté; les trois ordres, accoutumés à se regarder comme ennemis, étoient trop appliqués à se nuire pour former de concert quelque résolution avantageuse. Le tiers-état s'amusoit à se plaindre de l'administration des finances, et à menacer les personnes qui en étoient chargées; sans songer que ses plaintes et ses menaces ne produiroient aucun effet, s'il n'étoit secondé des deux autres ordres; et il ne faisoit aucune démarche pour les gagner. Le clergé, fier de ses immunités et de ses dons gratuits, n'étoit pas assez éclairé pour voir que sa fortune étoit attachée à celle de l'état, et qu'il sentiroit tôt ou tard le contre-coup de la déprédation des finances. La noblesse aimoit les abus que Sully avoit suspendus et non pas corrigés; et dans l'espérance de mettre le gouvernement à contribution, vouloit qu'il s'enrichît des dépouilles du peuple. Le royaume auroit paru aux ecclésiastiques dans la situation la plus florissante, si on eût ruiné la religion réformée dont ils craignoient les objections et les satires. La noblesse demandoit la suppression de la vénalité et de l'hérédité des offices de judicature, et les députés du tiers-état, presque tous officiers de justice ou de finances, affligés de voir attaquer un établissement qui fixoit en quelque sorte le sort de leurs familles, firent une diversion pour se venger, et demandèrent le retranchement des pensions que la cour prodiguoit, et qui montoient à des sommes immenses.

Rien n'étoit plus aisé que d'éluder, par des réponses ou des promesses vagues et équivoques, les demandes mal concertées des états; mais, n'ayant ni pu ni voulu commencer leurs opérations pour se rendre nécessaires, la cour trouva encore plus commode de les séparer avant que de répondre à leurs cahiers, et nomma seulement des commissaires pour traiter avec les députés que les trois ordres chargèrent de suivre les affaires après leur séparation. Les commissaires du roi auroient été employés à la commission la plus difficile, si on eut attendu d'eux le soin de concilier les esprits; mais on leur ordonna, au contraire, de ne rien terminer et de multiplier les difficultés qui divisoient les trois ordres. Ces conférences inutiles cessèrent enfin, et sans qu'on s'en aperçût. On prétexta les longueurs qu'entraînoit la discussion d'une foule d'articles aussi importans pour l'administration générale du royaume, que contraires aux prétentions que le clergé, la noblesse et le peuple formoient séparément. Les délégués des états se séparèrent par lassitude de toujours demander et de ne jamais obtenir; et chaque ordre se consola d'avoir échoué dans ses demandes, en voyant que les autres n'avoient pas été plus heureux dans les leurs.

Après avoir essayé, sans succès, d'alarmer le gouvernement par la tenue des états, les intrigans, qui ne pouvoient jouir d'aucune considération, s'ils ne lui donnoient de l'inquiétude, songèrent à faire soulever les réformés. Les instances que le clergé et la noblesse avoient faites dans les derniers états, pour obtenir la publication du concile de Trente, et le rétablissement de la religion catholique dans le Béarn, leur furent présentées comme une preuve certaine des entreprises qu'on méditoit secrètement contre eux. La noblesse, disoit-on, se laisse conduire aveuglément par le clergé; et si les évêques ne songeoient pas à établir l'inquisition et rallumer les bûchers, pourquoi se défieroient-ils des tribunaux laïcs, malgré la rigueur avec laquelle ils avoient autrefois traité les réformés? Pourquoi le clergé demanderoit-il qu'on interdît aux cours supérieures la connoissance de ce qui concerne la foi, l'autorité du pape, et la doctrine de l'église au sujet des sacremens? Si les réformés, ajoutoit-on, ne prévoient pas de loin le malheur qui les menace, ils en seront nécessairement accablés. S'ils se contentent de se tenir sur la défensive, le gouvernement, enhardi par cette conduite, ne manquera pas de les mépriser et de violer l'édit de Nantes. Quand il aura obtenu un premier avantage, il ne sera plus temps de s'opposer à ses progrès. Il faut le forcer à respecter les priviléges des réformés, en lui montrant qu'ils sont attentifs à leurs affaires, vigilans, précautionnés, unis et assez forts pour se défendre; soit que les personnes les plus accréditées dans le parti calviniste ne goûtassent pas une politique contraire à l'esprit d'obéissance et de soumission auquel on s'accoutumoit; soit qu'on n'eût pour mettre à la tête des affaires aucun homme capable de faire la guerre avec succès, les réformés parurent inquiets, incertains, irrésolus et peu unis, et on ne recourut cependant pas à la force pour protéger des priviléges qui n'étoient pas encore attaqués.

Tandis que le royaume étoit dans cette anarchie, le gouvernement sans force, les réformés sans courage et la nation anéantie, le parlement, qui, sous le règne précédent s'étoit en quelque sorte incorporé avec le roi pour ne former qu'une seule puissance, ne trouva plus le même avantage dans cette union. Il jugea qu'il étoit plus important pour lui de profiter de la foiblesse du gouvernement pour se rendre puissant, que de lui rester attaché; et ses espérances lui rendirent son ancienne politique. Il donna, le 8 mars 1615, un arrêt qui ordonnoit que les princes, les pairs et les grands officiers de la couronne, qui ont séance et voix délibérative au parlement, et qui se trouvoient à Paris, seroient invités à venir délibérer avec le chancelier sur les propositions qui seroient faites pour le service du roi, le soulagement de ses sujets et le bien de son état. La cour fit défense au parlement de se mêler des affaires du gouvernement; et dans ses remontrances, cette compagnie découvrit ses vues et ses prétentions d'une manière beaucoup moins obscure qu'elle n'avoit fait jusqu'alors. Elle avança qu'elle tient la place[351] des princes et des barons, qui de toute ancienneté avoient été auprès de la personne du roi pour l'assister de leur conseil; et comment en douter, disoit-elle, puisque la séance et la voix délibérative que les princes et les pairs ont toujours eues au parlement, en est une preuve à laquelle on ne peut se refuser. Si on en croit ces remontrances, nos rois n'ont jamais manqué d'envoyer au parlement les ordonnances, les lois, les édits et les traités de paix, ni d'y porter les affaires les plus importantes, pour que cette compagnie les examinât avec liberté, et y fît les changemens et modifications qu'elle croiroit nécessaires au bien public. Ce que nos rois, ajoutoit le parlement, accordent même aux états-généraux de leur royaume, doit être enregistré par cette cour supérieure, où le trône royal est placé, et où réside leur lit de justice souveraine.

L'autorité royale auroit reçu un échec considérable, si les grands se fussent rendus à l'invitation du parlement, et en s'unissant à lui, eussent été capables de suivre d'une manière méthodique, et de soutenir une démarche dont le succès auroit nécessairement établi de nouveaux intérêts et de nouveaux principes dans le gouvernement, s'ils avoient été occupés du soin de se faire une autorité propre dans l'état, tandis que le parlement lui-même n'auroit voulu devenir puissant que pour rendre désormais l'administration plus régulière et moins dépendante de l'incapacité et des passions du prince, ou des personnes qui régnoient sous son nom, quelle force auroit pu leur résister? On auroit vu les grands et les magistrats, par leur union, s'emparer du pouvoir que les états-généraux avoient voulu prendre sous le règne du roi Jean, et former un corps d'autant plus redoutable, que toujours subsistant, il auroit toujours été à portée de se défendre et d'augmenter son autorité. Mais pourquoi m'arrêterois-je à faire voir les suites d'une union que les préjugés, les passions, d'anciennes habitudes et le peu de talens des grands et des magistrats, et leurs mauvaises intentions rendoient impraticables? Les uns, comme on l'a vu, divisés entre eux, se bornèrent à intriguer et à s'agiter sans savoir ni ce qu'ils vouloient, ni ce qu'ils devoient vouloir, et ne firent pas ce qu'ils pouvoient. Les autres, plus ambitieux que magistrats, firent plus qu'ils ne pouvoient; et n'étant pas secondés, furent obligés d'abandonner leur arrêt et d'attendre des circonstances plus favorables à leurs projets.

Le royaume continua à être agité par des intrigues et des cabales dont le foyer étoit à la cour. Les réformés, excités depuis long-temps à la révolte, prirent enfin les armes de différens côtés et à différentes reprises. On faisoit la paix sans rien arrêter de certain, parce qu'on avoit commencé la guerre sans avoir d'objet fixe. Mais si cette anarchie avoit duré plus long-temps, peut-être qu'à force de s'essayer à la révolte et à l'indépendance, des hommes, qui n'étoient qu'inquiets, seroient devenus véritablement ambitieux. A force de tâter un gouvernement foible et trop semblable à celui des fils de Henri II, les espérances se seroient agrandies. S'il n'avoit pas reparu de ces hommes de génie qui firent chanceler la couronne sur la tête de Henri III, il pouvoit aisément y en avoir d'assez hardis pour songer à rétablir les fiefs. Si un grand tâtoit cette entreprise, il devoit avoir mille imitateurs, et leur nombre auroit en quelque sorte assuré le succès de leur ambition.

Mais dans le moment que la foiblesse du gouvernement rendoit tout possible, il parut dans le conseil du roi un homme qui s'en étoit ouvert l'entrée par la ruse, la fraude et l'artifice, mais fait pour dominer par d'autres voies quand son crédit seroit affermi. Richelieu, né avec la passion la plus immodérée de gouverner, n'avoit aucune des vertus ni même des lumières qu'on doit désirer dans ceux qui sont à la tête des affaires d'un grand royaume; il avoit cette hauteur et cette inflexibilité de caractère qui subjuguent les ames communes, et qui étonnent et lassent ceux qui n'ont qu'une prudence et un courage ordinaires. Si la famille de Richelieu avoit joui par elle-même d'une plus grande considération, ou s'il n'eut pas été engagé dans un état qui donnoit des bornes, ou plutôt une certaine direction à sa fortune, il est vraisemblable qu'il ne se seroit pas contenté d'être le ministre despotique d'un roi absolu, et qu'il auroit essayé ses forces en se cantonnant dans une province. Le cardinal de Richelieu ne pouvant aspirer à être ni un duc de Guise, ni un maréchal de Biron, se contenta de gouverner la France sous le nom du roi; mais il dédaigna la sorte de puissance que Marie de Médicis et le connétable de Luynes avoient eue. Au lieu de régner par adresse, de ménager et de flatter la foiblesse de Louis XIII, de mendier et d'acheter la faveur des grands, ou de les opposer les uns aux autres pour avoir toujours un appui, il forma le projet de tout asservir à son maître, et de le rendre lui-même le simple instrument de son autorité.

Pour rendre les grands dociles, il falloit les mettre dans l'impuissance de se révolter; mais ce n'auroit jamais été fait que de les accabler ou de les gagner les uns après les autres: à peine auroit-il ruiné une cabale, ou acheté l'amitié de ses chefs, qu'il s'en seroit formé une seconde. L'esprit convenable à la monarchie n'étoit détraqué, si je puis parler ainsi, chez les Français, que par un reste de fanatisme que la religion avoit fait naître; et les grands, sans autorité qui leur fût propre, ne paroissoient inquiets et séditieux que parce qu'ils comptoient sur les forces et les secours d'un parti qu'on avoit mis dans la nécessité d'être soupçonneux et de se défier du gouvernement. Richelieu résolut donc de réduire les calvinistes à la simple liberté de professer en paix leur religion, et de leur ôter les priviléges et le pouvoir qui les mettoient en état de se faire craindre. Nous serons assez fous, disoit le maréchal de Bassompierre aux courtisans, pour prendre la Rochelle; ils le furent en effet, et le coup mortel qui frappa les réformés, accabla tous les grands: ils ne trouvèrent plus de place forte qui leur servît d'asyle contre l'autorité royale. Les calvinistes, n'ayant plus de point de ralliement où ils pussent réunir leurs forces, cessèrent de former un parti, et se revirent dans la même situation où ils avoient été avant que le prince de Condé et l'amiral de Coligny les eussent réunis sous leur autorité. Après avoir détruit cette association, il étoit bien plus difficile d'en rassembler les débris pour la rétablir, qu'il ne l'avoit été autrefois de la former.

Tandis que Richelieu renversoit ainsi le seul obstacle qui, depuis le règne de Charles VIII, s'étoit opposé à l'autorité royale, il employoit les mêmes moyens dont les rois s'étoient servis pour distraire la nation du soin de ses affaires domestiques, et la façonner à la docilité monarchique: il avilissoit les esprits, en les occupant de ce que les arts, les sciences, les lettres et le commerce ont de plus inutile et de plus attrayant. Son luxe contagieux fit connoître de nouveaux besoins qui ruinoient les grands: forcés de mendier des faveurs pour étaler un vain faste, ils se préparoient à la servitude. La contagion fut portée dans tous les ordres de l'état; des hommes obscurs firent aux dépens du peuple des fortunes scandaleuses, on les envia, et l'amour de l'argent ne laissa subsister aucune élévation dans les ames.

Cependant Richelieu, en avilissant la nation au-dedans, la faisoit respecter au dehors. Ses alliés trouvoient des secours et une protection que Médicis et Luynes leur avoient refusés; on se proposoit d'humilier la maison d'Autriche, que des entreprises trop considérables et des guerres continuelles avoient déjà affoiblie; et le même vertige de gloire et de conquête que les premières guerres d'Italie avoient fait naître, devint encore la politique des Français sous le règne de Louis XIII. Plus les entreprises du ministre étoient grandes et difficiles, plus il avoit de prétextes pour ne se soumettre à aucune règle, et gouverner avec un sceptre de fer; les besoins de l'état et la nécessité lui servoient d'excuse auprès des Français qu'il opprimoit.

On ne fut point innocent, quand on fut soupçonné de pouvoir désobéir à ce ministre impérieux. Répandant d'une main les bienfaits, et de l'autre les disgraces, il parut plus supportable d'être son esclave que son ennemi. En s'emparant de la justice par l'établissement des appels, les rois s'étoient rendus législateurs; en faisant un usage arbitraire de l'administration de cette justice, Richelieu jugea qu'il se rendroit despotique. Il intervertit l'ordre de tous les tribunaux; à l'exemple de Louis XI, il eut des magistrats toujours prêts à servir ses passions, et la France n'oubliera jamais les noms odieux de ces juges iniques qui prononçoient les arrêts qu'on leur avoit dictés; puissions-nous ne jamais revoir de Loubardemont! Ce que Machiavel conseille au tyran qu'il instruit, Richelieu l'exécuta. Tous les grands qui ne voulurent pas plier sous son autorité ou périr sur un échafaud, s'exilèrent du royaume; et le malheureux état où la mère même du roi fut réduite dans le pays étranger, étonnoit et confondoit ceux qui auroient voulu suivre son exemple. Il ne reste dans les provinces aucune ressource aux mécontens pour former des partis. La cour, pleine d'espions et de délateurs par lesquels Richelieu voit tout, entend tout, est présent par-tout, semble tombée dans la stupidité: on sent le danger de former des cabales contre un ministre que son maître lui-même n'ose distinguer; et, tant la dégradation des esprits est grande et le poids de la servitude accablant, ce n'est plus que par un[352] assassinat qu'on songe à sortir de l'oppression.

Richelieu étoit trop instruit des prétentions du parlement, pour qu'il ne le regardât pas comme un rival de son autorité; et dès lors il devoit le soumettre au joug qu'il avoit imposé au reste de la nation. Le duc d'Orléans étant sorti du royaume par mécontentement, et dans le dessein de cabaler chez les étrangers, le roi donna une déclaration contre ceux qui avoient suivi ce prince, et les déclara criminels de lèze-majesté; elle fut envoyée à tous les parlemens, qui l'enregistrèrent, à l'exception de celui de Paris où les voix se trouvèrent partagées. Le roi manda cette compagnie au Louvre, et des magistrats qui, peu de temps auparavant, avoient voulu se rendre les maîtres de l'état, éprouvèrent les hauteurs insultantes d'un homme qui méprisoit trop les lois pour en ménager les ministres: ils se tinrent à genoux pendant l'audience qui leur fut donnée; humiliation frappante pour des citoyens qui dédaignoient le tiers-état, et vouloient s'élever au-dessus du clergé, et de la noblesse! ils virent déchirer leur arrêt de partage, et transcrire sur leur registres celui du conseil qui condamnoit leur témérité.

On vit souvent sous ce règne des magistrats suspendus de leurs fonctions, destitués par force de leurs offices, exilés ou renfermés dans des prisons; violences qui auroient dû désabuser pour toujours le parlement de l'ancienne erreur où il étoit tombé, de croire qu'il pouvoit être quelque chose sans la nation, ou qu'il seroit puissant après qu'il auroit contribué à abaisser tous les autres ordres de l'état. Le public crut que la magistrature étoit la victime de son devoir: il la plaignit, et lui donna sa confiance. Dupe de sa compassion, il espéra qu'elle seroit une barrière contre les abus du pouvoir arbitraire; tandis qu'il devoit juger par la manière dont les magistrats étoient opprimés, qu'ils n'avoient les forces nécessaires ni pour faire le bien, ni pour s'opposer au mal.

Je ne puis me dispenser de rapporter ici une ordonnance propre à peindre le caractère de la politique de Richelieu. Après avoir réduit les grands à ne pouvoir se fier les uns aux autres, dans la crainte de trouver des traîtres ou des délateurs, il proscrit toute espèce[353] d'assemblée, ne permet à la noblesse d'avoir qu'un petit nombre d'armes dans ses châteaux, et veut qu'elle ne puisse espérer aucun secours du dehors. On ne se contente pas de défendre à tous les Français de faire des associations; on regarde comme suspecte toute communication avec les ambassadeurs des princes étrangers; on défend de les voir et de recevoir aucune lettre de leur part, et il n'est point permis de sortir du royaume sans observer des formalités qui apprennent à tous ses habitans qu'ils sont prisonniers dans leur patrie. Sous prétexte de proscrire les libelles, on impose un silence général sur le gouvernement; et le ministre ne croit point être libre, si le citoyen peut penser et communiquer sa pensée. Enfin, en apprenant aux Français ce qu'on attend de leur obéissance, on les contraint à devenir les instrumens de l'injustice. Dès qu'on aura reçu un ordre du roi, dit cette ordonnance effrayante, on y obéira sans délai, ou l'on se hâtera d'exposer les raisons sur lesquelles on se croit fondé pour ne le pas exécuter. Mais après que le prince aura réitéré ses ordres, on s'y soumettra sans réplique, sous peine d'être destitué des charges dont on est revêtu, sans préjudice des autres peines que peut mériter une pareille désobéissance.

Le règne de Richelieu, si je puis parler ainsi, devoit former une époque remarquable dans les mœurs, le génie et le gouvernement des Français. Cet homme avoit imprimé une telle terreur, qu'après sa mort on fut docile sous la main incertaine de Louis XIII, comme s'il eût été capable de gouverner par les mêmes principes de son ministre. Retrouvant enfin un roi enfant, une régente orgueilleuse, ignorante, opiniâtre, et un ministre étranger sans appui, et qui, sous les dehors trompeurs de la timidité et de la circonspection du connétable de Luynes, cachoit en effet une constance inébranlable, des vues profondes, et la politique la plus raffinée et la plus tortueuse, les Français crurent avoir recouvré leur liberté: ils secouèrent l'espèce d'étonnement dans lequel ils étoient; mais en voulant prendre un mauvais caractère, ils ne montrèrent encore que celui que Richelieu leur avoit donné.

Dans les espérances, les projets et la révolte même des courtisans et du parlement, on découvre les traces de l'esprit de servitude et de corruption qu'ils avoient contracté. Au lieu d'avoir encore des vues et des intérêts opposés, l'expérience de leur foiblesse, et les affronts qu'ils avoient essuyés sous le dernier règne, leur avoient persuadé de se réunir pour se dédommager sous l'administration du cardinal Mazarin de ce qu'ils avoient perdu par la dureté du cardinal de Richelieu. Cette alliance avoit déjà été projetée au commencement du règne de Louis XIII, et il en résulta dans la minorité de son fils la guerre peut-être la plus ridicule dont il soit parlé dans l'histoire.

Cette union de deux corps qui, dans le fond, se méprisoient ou se craignoient, et ne pouvoient agir de concert, dont l'un n'entendoit que les formes lentes de la procédure, et l'autre les voies de fait et le droit de la force, n'étoit pas capable de perdre un ministre aussi habile que Mazarin à manier les ressorts de l'intrigue: les séditieux ne se proposèrent aucun objet; on diroit qu'ils se révoltoient pour avoir le plaisir de remuer, de tracasser et d'avoir quelque chose à faire. On fait la guerre en suivant les formes de la procédure criminelle; on informe contre les armées; on décrète les généraux, et les seigneurs, qui n'entendent rien à ces procédés bourgeois, conduisent la guerre comme on conduit un procès. Quelques gens de bien tiennent des discours graves et sensés au milieu de ce délire, mais on ne les entend pas; ils parloient une langue étrangère à des brouillons occupés de leurs intérêts particuliers; et qui, étant accoutumés à regarder la cour comme le principe de leur fortune, y entretenoient des correspondances secrètes, et étoient prêts à se vendre eux et leur parti, pour une pension ou pour une dignité. Tous crient: «point de Mazarin». C'est le prétexte et le mot de la guerre; mais qu'importoit de bannir ce ministre, puisqu'il devoit avoir un successeur? Pour comble d'absurdité, et c'est une suite du mélange bizarre des habitudes contractées sous Richelieu, et de la licence qui accompagne la révolte, on vantoit sérieusement son obéissance et sa fidélité pour le roi, en faisant la guerre au ministre qui manioit sa puissance. Si je ne me trompe, on ne voit parmi les ennemis du cardinal Mazarin, que des hommes qui auroient voulu lui vendre chèrement leurs services, ou qui, à sa place, n'auroient pas été moins absolus que lui, et ce fut la principale cause de ses succès.

Les grands qui depuis le règne de Charles VI avoient causé tant de troubles inutiles à l'état, et dont les projets ambitieux avoient diminué de règne en règne, à mesure que leur puissance avoit été affoiblie, ne conservèrent aucune espérance de se faire craindre sous un prince altier ou plutôt glorieux, jaloux à l'excès de son autorité, dont la magnificence au-dedans et les succès au-dehors éblouirent et subjuguèrent sa nation. Cet esprit de cabale et de parti, que les grands avoient repris sous le ministère de Mazarin, disparut entièrement. Ils n'avoient rien à espérer de la part des réformés, depuis que Richelieu avoit détruit leurs priviléges; et la guerre de la Fronde les avoit dégoûtés de toute association avec le parlement. Toutes les causes qui avoient contribué successivement à étendre l'autorité des prédécesseurs de Louis XIV, concoururent à la fois à faire respecter la sienne. La mode avoit été d'être brouillon, la mode devint d'être courtisan. Plus on avoit de fautes à réparer aux yeux du gouvernement, plus on s'empressa de s'abaisser pour les faire oublier.

Le parlement, plus éloigné de la cour et moins susceptible de ses faveurs, ne pouvoit renoncer si aisément à ses anciennes espérances de grandeur, que son droit de remontrances et d'enregistrement entretenoit. Mais Louis XIV, fier de ses succès, et que le moindre obstacle à ses volontés indignoit, se souvenoit de la Fronde, et ne put souffrir que sous prétexte de lui montrer la vérité ou de parler en faveur des lois, on prétendît partager ou du moins limiter son autorité. Il porta un coup bien dangereux à la magistrature, en exigeant que les cours supérieures[354], qui se trouvoient dans le lieu de sa résidence, seroient obligées de lui porter leurs remontrances au plus tard huit jours après qu'elles auroient délibéré sur les édits, déclarations, lettres-patentes qui leur seroient adressées, et qu'après ce terme la loi seroit tenue pour publiée et enregistrée. Les cours souveraines des provinces furent soumises à la même loi, et on leur accorda seulement un terme de six semaines pour faire parvenir leurs représentations aux pieds du trône. Louis XIV ne s'en tint pas là, et quelques années après, profitant de la terreur que ses armes répandoient au-dehors pour gouverner plus impérieusement au-dedans, il ordonna que ses lois fussent enregistrées purement et simplement sans modification, sans restriction, sans clause qui en pussent surseoir ou empêcher la pleine et entière exécution.

Tel fut le sort de la puissance que les grands et le parlement avoient affectée: il étoit inévitable, puisqu'ils n'avoient jamais proportionné leurs entreprises à leurs forces, et que, voulant tous s'agrandir les uns aux dépens des autres, ils avoient tous contribué à se perdre mutuellement. Pendant un règne très-long, Louis XIV a vu s'élever une nouvelle génération qui a laissé ses mœurs à ses descendans. Les grands, le clergé, le peuple, tous n'ont eu que les mêmes idées. A l'avénement de Louis XV au trône, le parlement a recouvré le droit de délibérer sur les lois avant que de les enregistrer, mais c'est à condition de toujours obéir: un droit qu'on a perdu et qu'on peut reperdre, est un droit dont on ne jouit que précairement. La régence mit le dernier sceau à notre avilissement. On ne crut plus à la probité. L'argent et les voluptés les plus sales parurent le souverain bien.

CHAPITRE VII.

Conclusion de cet ouvrage.

PEUT-ON étudier notre histoire et ne pas voir que nos pères furent à peine établis dans les Gaules, qu'ils négligèrent toutes les précautions nécessaires pour empêcher qu'une partie de la société n'augmentât ses richesses et sa puissance aux dépens des autres? Tourmentés par leur avarice et leur ambition, jamais les différens ordres de l'état ne se sont demandé quel étoit l'objet, quelle étoit la fin de la société; et si on en excepte le règne trop court de Charlemagne, jamais les Français n'ont recherché par quelles lois la nature ordonne aux hommes de faire leur bonheur. Jamais même, en voulant opprimer les autres, un ordre n'a pu se prescrire une condition constante. De là les efforts toujours impuissans, une politique toujours incertaine, nul intérêt constant, nul caractère, nulles mœurs fixes; de là des révolutions continuelles dont notre histoire cependant ne parle jamais: et toujours gouvernés au hasard par les événemens et les passions, nous nous sommes accoutumés à n'avoir aucun respect pour les lois.

Qui pourroit prédire le sort qui attend notre nation? Notre siècle se glorifie de ses lumières; la philosophie, dit-on, fait tous les jours des progrès considérables, et nous regardons avec dédain l'ignorance de nos pères; mais cette philosophie et ces lumières dont nous sommes si fiers, nous éclairent-elles sur nos devoirs d'hommes et de citoyens? Quand quelques philosophes bien différens des sophistes qui nous trompent, et qui croient que toute la sagesse consiste à n'avoir aucune religion, nous montreroient les vérités morales, quel en seroit l'effet? Les lumières viennent trop tard, quand les mœurs sont corrompues. L'amour de la vérité aura-t-il plus de force que nos passions? Nous pouvons ouvrir les yeux et voir les écueils contre lesquels nous avons échoué; nous pouvons voir flotter autour de ces écueils les débris de notre naufrage; mais quelle ressource nous reste-t-il pour le réparer?

Sans doute qu'en s'instruisant de leurs devoirs dans l'histoire, nos rois peuvent se convaincre sans peine qu'ils n'ont rien gagné à séparer leurs intérêts de ceux de la nation, et à se regarder plutôt comme les maîtres d'un fief que comme les magistrats d'une grande société. Il est aisé d'apercevoir qu'en détruisant les états-généraux pour y substituer une administration arbitraire, Charles-le-Sage a été l'auteur de tous les maux qui ont depuis affligé la monarchie: il est aisé de démontrer que le rétablissement de ces états, non pas tels qu'ils ont été, mais tels qu'ils auroient dû être, est seul capable de nous donner les vertus qui nous sont étrangères, et sans lesquelles un royaume attend dans une éternelle langueur le moment de sa destruction. Mais viendra-t-il parmi nous un nouveau Charlemagne? On doit le désirer, mais on ne peut l'espérer.

Un prince philosophe pourroit triompher de ses passions et juger combien il lui importe de gêner celles de ses successeurs; il feroit sans doute le bien qu'il apercevroit; mais quand la philosophie sera-t-elle assise sur le trône? On l'écarte avec dédain du berceau des enfans des rois; on ne permet pas que la vérité instruise leur première jeunesse. Le préjugé, l'erreur et le mensonge les entourent, et on ne leur apprend qu'à être les maîtres de leurs sujets et les esclaves de leurs ministres. Quand un monarque, frappé par le hasard d'un trait de lumière, connoîtroit son devoir, seroit-il libre de le faire? On l'a élevé de façon qu'il ne peut rien, tandis que son nom peut tout. Comment pourroit-il vaincre tous les obstacles que lui opposeroient des hommes intéressés à conserver le gouvernement tel qu'il est à présent? Qu'on voie cette foule innombrable d'hommes qui profitent des vices du gouvernement pour s'enrichir des dépouilles de la nation et se charger des honneurs qu'ils avilissent; et, si on l'ose, qu'on espère un nouveau Charlemagne. N'avons-nous pas vu de nos jours les gens de finance s'alarmer au nom seul d'état-provinciaux, se liguer contre le bien public, et empêcher que le ministre n'ait mis toutes les provinces en pays d'état[355]?

Le passé doit nous instruire de l'avenir; et puisqu'on a vu trois ou quatre princes dans toute l'histoire, qui ont donné volontairement des bornes à leur autorité pour la rendre plus ferme et plus durable, il n'est pas impossible que cet événement se renouvelle parmi nous, mais il seroit insensé de l'attendre avec nonchalance. Il peut et il doit nécessairement arriver dans la suite des temps que le royaume se trouve dans une telle confusion, que le gouvernement soit forcé de recourir à la pratique oubliée des états-généraux, comme on y recourut sous les fils de Henri II. Mais si la nation elle-même n'est pas en état, par son amour pour la liberté et par ses lumières politiques, de profiter de cet événement, ces nouveaux états ne produiront pas un effet plus salutaire que les états d'Orléans et de Blois; ils ne remédieront point aux maux présens, et ne feront rien espérer d'avantageux pour l'avenir.

Les grandes nations ne se conduisent jamais par réflexion. Elles sont mues, poussées, retenues ou agitées par une sorte d'intérêt qui n'est que le résultat des habitudes qu'elles ont contractées. Ce caractère national est d'un poids qui entraîne tout; et quand une fois le temps l'a formé, il est d'autant plus difficile, qu'il souffre quelque altération essentielle, qu'il est très-rare qu'il survienne des événemens assez importans pour ébranler à la fois toute la masse des citoyens, et lui donner avec un nouvel intérêt général, une nouvelle façon de voir et de penser. On a vu de petites républiques prendre en un jour un nouveau caractère et un nouveau gouvernement; mais au milieu même des agitations violentes qui sembloient annoncer de grands changemens dans les grandes nations, les peuples ont toujours conservé le fond de leur premier caractère, et en se calmant, ils en sont toujours revenus à leur première manière de se gouverner. En voulant corriger les abus dont ils se plaignent, ils restent opiniâtrément attachés aux principes qui les ont fait naître et qui les entretiendront. De cette réflexion, quel augure faut-il donc tirer du sort qui attend notre nation?

Examinez le caractère de la nation Française, et jugez de la résistance qu'il peut apporter au gouvernement. Les vices que la mollesse, le luxe, l'avarice, et une ambition servile ont fait contracter aux Français depuis le règne de Louis XIII, ont tellement affaissé leur ame, qu'ayant encore assez de raison pour craindre le despotisme, ils n'ont plus assez de courage pour aimer la liberté. Nous avons vu, il n'y a pas long-temps, une sorte de fermentation dans les esprits; nous avons vu qu'en se plaignant, on étoit alarmé de ses plaintes; on regardoit les murmures comme un désordre plus dangereux que le mal qui les occasionnoit, et on craignoit qu'ils n'indisposassent contre le gouvernement et n'en dérangeassent les ressorts. Plus cette crainte est vaine et puérile, plus il est sûr que nous avons un caractère conforme à notre gouvernement, et que nous ne portons en nous-mêmes aucun principe de révolution[356].

Tant qu'il y a dans un état différens ordres qui se craignent, qui se respectent, qui se balancent, on peut calculer leurs forces et prévoir l'effet de leur rivalité; mais quand tout équilibre est rompu, et qu'une puissance supérieure a détruit toutes les autres, où la politique, la plus pénétrante, pourroit-elle découvrir le germe d'une nouvelle constitution? Dès qu'une puissance est parvenue dans l'état à n'éprouver aucune contradiction, elle doit nécessairement accroître ses forces, parce qu'on lui pardonne tout ce qui n'excite pas le désespoir, et que pour réussir dans ses projets, elle n'a jamais besoin de recourir à ces violences atroces qui irritent et soulèvent à la fois tous les esprits.

Si un philosophe de nos jours avoit fait ces réflexions, auroit-il dit qu'il se défie de tout ce que les écrivains politiques ont dit sur les causes de la prospérité ou du malheur des sociétés? Il auroit craint de se compromettre en leur demandant que, pour justifier leurs remarques sur le passé, ils tirassent l'horoscope des états qui existent actuellement en Europe. Sans doute, on peut prédire des malheurs aux états mal constitués, et si on ne peut dire sous quelle sorte de calamité ils succomberont, c'est qu'ils portent en eux-mêmes plusieurs principes de décadence que des événemens ou des hasards étrangers peuvent développer plus tôt ou plus tard. En examinant la situation de la France à la fin des règnes de Henri II et de Henri IV, on devoit prédire des désordres; mais pour prévoir quels seroient ces désordres, il auroit fallu connoître une chose étrangère au gouvernement, c'est-à-dire, le caractère, le génie et les talens des personnes qui abusèrent des vices de l'état pour le troubler. A la place des Guise, des Condé et des Coligny, supposez sous les fils de Henri VIII, les hommes qui agitèrent la minorité de Louis XIII, vous verrez des désordres, mais d'une autre nature que ceux qui faillirent à faire perdre la couronne à la maison de Hugues-Capet. Faites renaître sous Louis XIII des ambitieux d'un génie vaste et profond, et vous verrez renouveler les projets et les malheurs de la ligue.

Parcourons les différens ordres de l'état: tout n'indique-t-il pas que le clergé forme un corps dont le caractère particulier est plus propre à fixer qu'à changer les principes actuels du gouvernement? Il y a long-temps qu'il a séparé ses intérêts de ceux de la nation, et quand il défend ses immunités, il a recours à des raisonnemens théologiques qui ne sont point applicables à l'état des autres citoyens. L'église est riche, mais c'est le roi qui dispose de la plus grande partie de ces richesses, et qui les distribue à son gré à des hommes nés ordinairement sans fortune, et d'autant plus avides que l'avarice a décidé de leur vocation. De-là cet esprit servile qui n'est que trop commun dans les ecclésiastiques. Appelés dans les états particuliers de quelques provinces, pour en défendre les droits, ils les trahissent pour mériter les faveurs de la cour. A l'esprit de la religion qui élève l'ame et qui fait aimer l'ordre et la justice, le clergé a substitué je ne sais quel esprit de monachisme qui n'inspire qu'une bassesse stupide dans les sentimens. Il aime le pouvoir arbitraire, parce qu'il est plus aisé de circonvenir un prince et de le gouverner, que de tromper une nation libre que sa liberté éclaire et fait penser. Ce penchant pour le pouvoir arbitraire est tel que pouvant, que devant même ne pas reconnoître dans l'ordre de la religion un gouvernement monarchique, il se précipite cependant avec ardeur, sous le joug de la cour de Rome, qui lui présente des honneurs inutiles, et ne peut lui accorder aujourd'hui qu'une protection infructueuse. Pour jouir en quelque sorte d'un pouvoir arbitraire, dans son diocèse, chaque évêque néglige autant les conciles généraux, que le pape les craint: cependant ces assemblées œcuméniques sont dans l'ordre de l'église ce que les états-généraux sont dans l'ordre politique. Plus le clergé de France a eu de peine à conserver quelques-unes de ses immunités, tandis que le reste de la nation perdoit les siennes, plus il a flatté le gouvernement pour mériter quelque faveur. L'habitude de cette politique est contractée, elle subsistera vraisemblablement, et plus les ecclésiastiques craindront de perdre leur fortune, plus ils se confirmeront dans leurs principes.

A l'ancienne politique qu'avoient les grands de s'emparer de la puissance du prince et de l'exercer sous son nom, ils ont substitué depuis long-temps une autre manière de faire fortune; c'est de devenir courtisans, et ils ont communiqué leur esprit à cette noblesse nombreuse qui n'approche point du prince, qui vit dans les provinces, ou qui occupe les emplois subalternes dans les troupes, et qui croit qu'il est de sa dignité d'emprunter le langage et les sentimens des grands. L'obéissance aveugle à laquelle on accoutume les gens de guerre contre les ennemis de l'état, les prépare à exécuter pendant la paix tout ce qu'on leur ordonne contre les citoyens. Ces instrumens, les plus dangereux du pouvoir arbitraire, se glorifient des commissions extraordinaires dont on les charge, croient participer à l'autorité dont ils ne sont que les instrumens, et s'élever au-dessus de ceux qu'ils ont consternés.

Les grands sont persuadés qu'il leur importe d'avoir un maître absolu. Pour quelques mortifications qu'ils essuient à la cour, leur vanité acquiert des complaisans, des flatteurs et des protégés; ils se font craindre, et commettent impunément des injustices. Pour piller le prince, leur avarice demande qu'il soit le maître de la fortune de tous les citoyens; et ils ne voient point que les bienfaits de la cour ont plus appauvri de grandes maisons qu'ils n'en ont enrichi. Enfin, ils ne doutent point que leur dignité ne tienne au pouvoir absolu, et ils craignent qu'un gouvernement libre ne les rapprochât d'une classe qui leur est inférieure, et ne les confondît avec elle.

Erreur grossière! Dans tout gouvernement libre où il y a, comme en Suède et en Angleterre, un prince héréditaire dont la maison a des prérogatives particulières sur toutes les autres familles, la noblesse aura toujours de grands avantages, et son sort sera assuré. Les seigneurs Anglais et Suédois, aussi jaloux que les nôtres des droits et des priviléges de leur naissance et de leur dignité, ne jouissent-ils pas d'une fortune plus avantageuse que les seigneurs Français? et cette fortune, établie sur la constitution de l'état, et non sur la volonté inconstante du prince, n'est-elle pas plus solide? Pour se désabuser de son erreur, notre grande noblesse n'auroit qu'à comparer son état actuel à celui de ses ancêtres; elle verroit qu'à mesure que la monarchie est devenue plus absolue, ses grandeurs se sont diminuées, et pour ainsi dire, anéanties; elle verroit que plus on approche du despotisme, plus tous les rangs se confondent aux yeux du prince. Il est de la nature du despotisme de tout avilir; il voit les objets de trop loin et de trop haut pour apercevoir entre eux quelque différence: qu'on me cite en effet un état despotique où la noblesse du sang n'ait pas enfin été détruite, et n'ait pas du moins perdu tous ses avantages.

A mesure que les grands, depuis le règne de Charles VI, ont rendu le prince plus puissant, il s'est servi constamment de cette puissance pour diminuer leur fortune, leur crédit et leur considération. Après avoir travaillé à augmenter la prérogative royale, les grands ont été éloignés de l'administration des affaires. On leur a laissé de vains titres qui les divisent entre eux; on a supprimé les charges qui donnoient une grande autorité, et les places par leur nature, les plus importantes, n'ont aujourd'hui de pouvoir réel qu'autant que celui qui les occupe a de crédit. Depuis Henri IV, nos rois n'ont associé à leur pouvoir que des hommes qu'ils ne pouvoient jamais craindre, et qui retomboient dans le néant, si le prince cessoit d'en faire les organes de sa volonté, et de leur prêter son nom. Pour recouvrer du pouvoir, les grands ont été obligés d'ambitionner des places que leur vanité dédaignoit autrefois; et ils ne les ont obtenues, que parce qu'ils ne sont pas plus redoutables que les personnes auxquelles ils ont succédé.

Quoi qu'il en soit, la fortune actuelle des grands, leur manière de penser et l'influence qu'elle a sur toute la nation, sont autant d'obstacles à une[357] révolution; et il faudroit un concours de circonstances d'autant plus extraordinaires pour changer l'esprit national, que le tiers-état n'est rien en France, parce que personne n'y veut être compris. Tout bourgeois ne songe parmi nous qu'à se tirer de sa situation et à acheter des offices qui donnent la noblesse; et, dès qu'il en est revêtu, il ne se regarde plus comme faisant partie de la commune. Le peuple n'est en effet que cette populace sans crédit, sans considération, sans fortune, qui ne peut rien par elle-même.

Le parlement est le seul corps qui pourroit mettre quelques entraves au pouvoir arbitraire. Obligé par son propre intérêt de faire encore entendre quelquefois le nom des lois, la nation lui doit l'avantage d'avoir conservé ce mot, et voilà tout; car cette compagnie n'a pas la puissance nécessaire pour empêcher que les lois qu'elle réclame par intervalles, ne soient tous les jours violées. Que devons-nous attendre de son zèle pour le bien public? Il est important de le savoir; c'est à l'erreur d'avoir cru le parlement capable d'empêcher l'oppression et de défendre nos droits, que nous devons en partie l'indifférence avec laquelle nous avons vu la ruine de nos états-généraux, et la décadence de nos priviléges.

Jamais les remontrances n'ont été plus fréquentes que de nos jours; quel mal ont-elles empêché? Dans cent occasions différentes, Monluc, dont j'ai déjà parlé, auroit pu renouveler les reproches qu'il faisoit autrefois au parlement. En reprenant quelque crédit, la magistrature n'a point songé aux intérêts de la nation; elle n'a été occupée que de ses propres prérogatives. Pour juger du bien que le droit d'enregistrement peut produire à l'avenir, il faut examiner celui qu'il a fait par le passé. Depuis cinquante-deux ans que le parlement a recouvré la permission de délibérer avant que d'enregistrer, les lois ont-elles été moins flottantes, moins incertaines, moins dures, moins arbitraires qu'elles ne l'ont été pendant le temps que Louis XIV avoit réduit l'enregistrement à une vaine formalité? Si le parlement a pu faire le bien, pourquoi ne l'a-t-il pas fait? S'il lui étoit impossible de le faire, pourquoi n'avertissoit-il pas la nation de chercher un autre protecteur? Si son droit de modifier et de rejeter les lois qui lui paroissent injustes n'est qu'une chimère, pourquoi y est-il ridiculement attaché? Si ce droit est quelque chose de réel, pourquoi la nation n'en tire-t-elle aucun avantage?

Une expérience de plusieurs siècles n'a point été capable d'éclairer le parlement sur sa situation et ses intérêts. A peine a-t-il réussi à donner quelque alarme ou quelque inquiétude à des ministres timides et assez maladroits pour être embarrassés de leur pouvoir, qu'il a cru que le moment étoit arrivé de faire valoir ses anciennes prétentions, et de devenir cet ancien champ de Mars et de Mai qui ne formoit qu'une seule puissance avec le roi. Pour se rendre plus considérable, il a enfin adopté l'idée qu'il avoit jusques-là rejetée, de l'unité du parlement. Mais cette démarche étoit fausse, parce que tous ces parlemens répandus dans le royaume ne pouvoient pas se conduire par un seul et même esprit. Quand toutes leurs démarches auroient été parfaitement égales et uniformes, leurs forces n'auroient point encore pu contre-balancer celles du roi. Le parlement de Paris ne devoit s'associer les parlemens de province que pour se rendre plus sûr de l'approbation du public; ce n'étoit qu'en l'intéressant à sa cause qu'il pouvoit se rendre puissant: c'est l'opinion publique qui seule est capable d'imposer à un gouvernement.

Quelque espérance que le parlement de Paris eût conçue de son alliance avec les parlemens de province, il n'a pu y sacrifier les préjugés anciens de sa vanité. Craignant de perdre de sa grandeur par le système de l'unité, et que des magistrats de province ne sortissent des bornes de la subordination, il n'a pas manqué de saisir la première occasion de les humilier, et de les avertir qu'il étoit essentiellement et privativement la cour des pairs. Cette prétention puérile n'a pas seulement rompu la ligue nouvelle et fragile des magistrats, tout le public en a été révolté. On a vu que la première classe du parlement ne songeoit qu'à ses intérêts, et y songeoit d'une manière trop grossière et trop peu habile pour qu'elle pût faire le bien public. On a commencé à n'être plus la dupe de ses intentions; et toute l'illusion a enfin cessé, quand on a vu qu'elle abandonnoit le soin de sa propre existence, en laissant accabler les parlemens de Pau et de Rennes. Cette conduite du parlement de Paris a dévoilé à tous les yeux sa foiblesse et sa corruption; et quelle confiance pourroit-on désormais donner à une compagnie, ou foible ou corrompue, qui a permis qu'on s'essayât sur d'autres à la détruire[358] elle-même? On a appris que les cours souveraines n'ont qu'une existence précaire; et bien loin que le foible crédit qui reste au parlement, puisse être le principe d'une réforme heureuse dans le gouvernement, il est vraisemblable qu'il ne servira qu'à écraser la nation et empêcher le rétablissement des états-généraux. Le ministre lui permettra des remontrances, des représentations, des chambres assemblées et de «jouer à la madame», qu'on me permette cette expression ridicule, pour empêcher que le public ne s'aperçoive qu'il a besoin de quelque protecteur plus puissant et plus intelligent.

A moins d'un de ces événemens dont on rencontre quelques exemples dans l'histoire, et qui remuent avec assez de force une nation pour lui faire perdre ses préjugés et lui donner un caractère nouveau, la France, qui devroit renfermer un des peuples les plus heureux de la terre, tombera dans un état de dépérissement, de misère et de langueur, où tombe enfin toute société qui empêche les citoyens de s'intéresser à la chose publique. La liberté est nécessaire aux hommes, parce qu'ils sont des êtres intelligens; dès qu'ils en sont privés, ils ne conservent ni courage ni industrie; et la société, composée d'automates, doit périr, si elle est attaquée par des ennemis qui soient des hommes.

Ne cherchons point ici ce que la France doit redouter de la part de ses voisins; n'examinons point si ses ennemis ont un gouvernement plus sage qu'elle. Cette discussion m'entraîneroit trop loin. Bornons-nous à la recherche des dangers domestiques dont elle est menacée, et en jetant les yeux sur un peuple voisin, il me semble que nous pouvons juger du sort qui nous attend. Les Espagnols avoient autrefois tout ce qu'il faut pour rendre une nation florissante: avant qu'ils fussent accablés sous une puissance arbitraire, ils ont fait de grandes choses; et s'ils avoient eu l'art d'affermir les principes de leur liberté, ils seroient aujourd'hui heureux. Mais le pouvoir du roi étant parvenu à s'accroître au point de ne trouver aucun obstacle, l'état a été sacrifié, comme il devoit l'être, aux passions du monarque et de ses ministres. Les Espagnols avilis et dégradés ont perdu leur génie, leurs talens, leur courage et leur activité, et ont cherché le bonheur qui les fuyoit, dans leur paresse et leur indolence. Les provinces sont devenues des déserts; les hommes ont cessé d'être citoyens; et malgré les vastes possessions du roi d'Espagne, il a aujourd'hui moins de force que n'en avoient autrefois ces petits rois d'Aragon, de Grenade, de Castille, de Léon, de Murcie, &c., quand le gouvernement étoit encore propre à donner du ressort à l'ame des sujets. Au commencement de ce siècle, l'Espagne, qui avoit été la terreur de l'Europe, n'a pas été en état de défendre par ses propres forces le roi qu'elle s'étoit donné; elle a perdu les provinces qu'elle possédoit en Italie et dans les Pays-Bas, et si sa position topographique l'exposoit aux incursions de ses ennemis, ne seroit-elle pas démembrée?

La France n'offre déjà plus que le spectacle effrayant d'une multitude de mercenaires dont elle ne peut payer les services à leur gré, et qui la serviront mal. Qu'on ne soit pas surpris que des hommes qui ne peuvent être citoyens, préfèrent leurs intérêts à ceux de la patrie. On voit déjà parmi nous l'empreinte fatale du despotisme, non pas de ce despotisme terrible qui s'abreuve de sang et répand la consternation par-tout: nos mœurs amollies ne le permettent pas; mais de ce despotisme qui établit par-tout la misère et l'indigence, qui porte par-tout le découragement, la corruption, la bassesse et l'esprit de servitude, symptômes certains d'une décadence, et avant-coureurs d'une ruine inévitable, quand il se présentera un ennemi redoutable sur ses frontières.

Fin du livre huitième.

REMARQUES ET PREUVES
DES
Observations sur l'histoire de France.

SUITE DU LIVRE VIme.

CHAPITRE IV.

[235] ON en trouve la preuve dans l'ordonnance par laquelle Philippe-Auguste régla l'administration de ses terres ou de ses domaines pendant la croisade, ou s'il mouroit dans cette expédition. Il ne consulte point ses grands vassaux ou ses barons, parce que chaque seigneur avoit le droit d'administrer à son gré ses affaires domestiques. *Consilio altissimi ordinare decrevimus.* D'ailleurs l'autorité royale étoit encore si foible, qu'on s'embarrassoit peu des arrangemens domestiques que le roi prenoit. *Pretereà volumus et præcipimus ut charissima mater nostra A. regina statuat cum charissimo avunculo nostro et fideli Guillelmo Remensi archiepiscopo singulis quatuor mensibus ponent unum diem Parisiis, in quo audiant clamores hominum regni nostri, et ibi eos finiant ad honorem Dei et utilitatem regni.* Et par le mot *regnum*, il ne faut pas entendre le royaume, mais les terres et les domaines du roi. On se sert de ces dernières expressions, quand les ordonnances sont écrites en français; d'ailleurs, on voit que, dans cette pièce, il n'est question que d'affaires particulières.

Præcipimus insuper, ut eo die sint antè ipsos de singulis villis nostris, et baillivi nostri qui assisias tenebunt, ut coràm eis recitent negocia terræ nostræ. Voilà peut-être ce qui aura donné à Philippe-le-Bel l'idée d'assembler des états. Philippe-Auguste veut que les bénéfices dont il étoit collateur, soient donnés à des hommes de bonnes mœurs et instruits, et qu'on consulte à ce sujet le frère Bernard, qui étoit un moine de Grandmont: *Viris honestis et litteratis, consilio fratris Bernardi conferant.* Cet acte n'est signé que par des domestiques du roi. *Signum comitis Theobaldi Dapiferi nostri, signum Guidonis Buticularii, signum Mathei Camerarii, data vacante cancellariâ.*

[236] «Le roi Charles VII fut le premier, par le moyen de plusieurs sages et bons chevaliers qu'il avoit, qui lui avoient aidé et servi en sa conquête de Normandie et de Guyenne, que les Anglois tenoient, lequel gaigna et commença ce point, que d'imposer tailles en son pays et à son plaisir, sans le consentement des états de son royaume..... et à ceci se consentirent les seigneurs de France, pour certaines pensions qui leur furent promises, pour les deniers qu'on léveroit en leurs terres..... Mais à ce qui est advenu depuis et adviendra, il chargea fort son ame et celles de ses successeurs, et mit une cruelle plaie sur son royaume, qui longuement saignera, et une terrible bande de gens d'armes de soulde, qu'il institua à la guise des seigneurs d'Italie.» (*Comines, Liv. 6. Ch. 7.*)

[237] Voyez les cahiers des états tenus à Tours, sous Charles VIII, Chap. 3. «Jamais le roi Charles VII, dit Comines, (*Liv. 5, Chap. 18.*) ne levera plus de

dix-huit cent mille francs par an: et le roi Louis, son fils, enlevoit à l'heure de son trespas quarante et sept cent mille francs, sans l'artillerie et autres choses semblables.» Comines redit la même chose, (*Liv. 6. Chap. 7.*) «Et il ajoute que Charles VII pour tous gens d'armes ne tenoit qu'environ dix-sept cent hommes d'armes, et que Louis XI avoit environ quatre ou cinq mille d'hommes d'armes, et plus de vingt-cinq mille gens de pied.»

Puisque j'ai cité Comines, je ne puis m'empêcher de rapporter un morceau admirable de cet écrivain. En s'élevant en général contre l'injustice des gouvernemens, il fait une peinture de la politique qu'il avoit vu pratiquer sous ses yeux: cette autorité confirmera ce que j'ai dit. «Là, tout est disposé et arrangé de sorte que le prince puisse lever des impôts à son gré, et c'est par là qu'il tient tous ses sujets sous le joug. On punit sous ombre de justice, et le prince a toujours à sa disposition des juges qui d'un rien font un crime, et qui trouvent des témoins et des dépositions tels qu'ils les veulent, et qui sous prétexte de faire un exemple punissent un innocent. Quand le prince est fort, tout défaut de complaisance à ses volontés devient une vraie désobéissance et le violement de l'hommage, et en conséquence, on confisque ses biens. On fait craindre aux uns de perdre leurs emplois. On chicane les gens d'église sur leurs bénéfices. On ruine la noblesse par les dépenses de la guerre entreprise sans consulter les états et de ceux qu'on auroit dû consulter, puisque c'est aux dépens de leur sang et de leur fortune que se fait la guerre. On ruine le peuple par des tailles, on tolère les violences et rapines des gens de guerre.» (*L. 5. Ch. 18.*)

[238] «Le roi (Louis XI) fit tenir les trois estats à Tours es mois de mars et d'avril mil quatre cent septante, ce que jamais n'avoit fait, ni ne fit depuis. Mais il n'y appela que gens nommez, et qu'il pensoit qui ne contrediroient point à son vouloir..... A cette assemblée y avoit plusieurs gens de justice, tant de parlement que d'ailleurs, et fut conclu selon l'intention du roi que ledit duc seroit ajourné à comparoir en personne en parlement à Paris.» (*Comines, L. 3. Ch. 1.*) C'est une erreur. Cet historien avoit, sans doute, oublié «qu'au mois d'avril audit an 1467, en caresme, le roi Loys de France manda assembler en la ville de Tours les trois estats de son royaume; c'est à savoir les gens d'église, évêques et prélats, les nobles seigneurs, chevaliers et escuyers, et chacune ville et cité, trois ou quatre personnes des plus notables d'icelles, etc.» (*Voyez les preuves des mémoires de Comines, par Godefroy, édition de l'abbé Lenglet du Fresnoy, T. 3. pag. 5.*)

[239] «Nous lui avons ordonné, commandé et enjoint ainsi que pere peut faire à son fils, qu'il se gouverne, entretienne et maintienne en bon régime et entretenement dudit royaume, par le conseil, avis et gouvernement de nos parens et seigneurs de notre sang et lignage, et des autres grands seigneurs, barons, chevaliers, capitaines et autres gens sages et notables, de bon conseil et conduite, et principalement de ceux qu'il sçaura et connoistra avoir été

bons et loyaux à feu nostre chier sieur et pere, que Dieu absolve, à nous et à la couronne de France, et qui nous auront été bons et loyaux serviteurs, officiers et subjets.» (*Ordon. du 21 septembre 1482.*)

[240] Le commerce ne dérogeoit point autrefois. On voit que les plus grands seigneurs, en traitant du droit de commune avec leurs sujets, se réservèrent un temps fixe, non-seulement pour vendre en détail les denrées de leur cru, mais encore celles qu'ils avoient achetées pour les vendre. Il est souvent parlé dans les ordonnances des gentilshommes et des clercs qui font le commerce, ou qui tiennent des terres à ferme. En 1355 il fut défendu aux magistrats du parlement et aux officiers du roi de commercer; et je me rappelle d'avoir vu une ordonnance de Charles V, du 13 novembre 1372, qui fait la même défense aux officiers des aides. Sous le règne de Charles VI, il dut commencer à paroître indigne de tout gentilhomme de trafiquer ou de tenir des biens à ferme, puisque ceux qui se trouvoient dans ce cas furent alors assujettis à payer la taille, et confondus, à cet égard avec les roturiers. Voyez l'article 14 de l'ordonnance du 28 mars 1395, que j'ai rapporté dans la remarque 232 du second chapitre de ce livre. L'exemption de la taille n'ayant été accordée par Charles VI qu'aux gentilshommes qui servoient ou que leur âge et leurs blessures avoient forcé de quitter le service, c'est sous ce règne qu'a dû se former le préjugé commun parmi nous, qu'un gentilhomme n'a point d'autre profession que celle des armes.

Jusqu'au règne de Philippe-le-Long, les baillis, sénéchaux et prévôts, tous gentilshommes, étoient à la fois officiers de guerre, de justice et de finance. Les prévôts percevoient dans l'étendue de leur prévôté les revenus du roi; ils rendoient compte de leur recette au bailli ou au sénéchal dont ils relevoient; et celui-ci, faisant dans son ressort les fonctions d'un receveur général, répondoit des deniers au conseil ou à la chambre des comptes. Il n'étoit donc pas surprenant que les François avant Philippe-le-Long n'eussent pas les mêmes idées qu'ils ont aujourd'hui sur l'état de financier. Soit que ce prince ne vît qu'avec inquiétude dans la main des mêmes personnes toutes les différentes autorités qui avoient rendu autrefois les ducs et les comtes si puissans dans leurs gouvernemens, soit qu'il n'obéît qu'à cet instinct qui porte les despotes à séparer et diviser toutes les parties de l'administration, il établit le premier dans chaque bailliage des receveurs généraux, qui furent seulement officiers de finance.

(*Ordon. du Louvre, T. 1. p. 583.*) Voyez les lettres-patentes du 11 octobre 1393, par lesquelles Charles VI ordonne que les nobles et ses officiers ne seront point admis à mettre des enchères sur les formes des impositions, à moins qu'il ne se présente point d'autres enchérisseurs. Le motif de cette défense, c'est que les financiers gentilshommes se conduisoient moins bien que les autres; qu'ils abusoient plus aisément de leur crédit, et qu'il étoit plus difficile de les punir. Sans doute que si la noblesse d'aujourd'hui, si peu avide d'argent, redevient jamais financière, elle ne s'exposera plus à la même exclusion.

[241] «Lesdits estats ne veulent ou entendent aucune chose diminuer du roule ou ordonnance du roi et de ses seigneurs conseillers, envoyez par escrit de par le roy et ses dits seigneurs auxdits estats, et s'en rapportent au bon plaisir du roy et les dits seigneurs et princes du sang et du conseil pour en disposer en leurs consciences comme ils verront estre à faire». (*Cahiers des états, chapitre 6.*)

[242] «Disoient aucuns de petite condition, et de petite vertu, et ont dit par plusieurs fois depuis, que c'est crime de lèze-majesté que d'assembler les estats, et que c'est pour diminuer l'autorité du roi; et ce sont ceux qui commettent ce crime envers dieu et le roy et la chose publique; mais servoient ces paroles et servent à ceux qui sont en autorité et crédit, sans en rien l'avoir mérité, et qui ne sont propices d'y estre; et n'ont accoutumé que de flageoler et fleureter en l'oreille et parler des choses de peu de valeur, et craignent les grandes assemblées de peur qu'ils ne soient connus ou que leurs œuvres ne soient blamées». (*Comines, L. 5. Ch. 18.*)

[243] «S'il (Louis XI) n'eust eu la nourriture autre que les seigneurs que j'ai vus nourrir en ce royaume, je ne crois pas se fust ressours car ils ne les nourrissent seulement qu'à faire les fols en habillemens et en paroles, de nulles lettres ils n'ont connoissance. Un seul sage homme on n'entremet à l'entour. Ils ont des gouverneurs à qui on parle de leurs affaires, et à eux rien: et ceux-là disposent de leurs dits affaires: et tels seigneurs y a qui n'ont pas treize livres de rente en argent, qui se glorifient de dire: parlez à mes gens; cuidans par cette parole contrefaire les très grands seigneurs... Aussi ai-je bien veu souvent leurs serviteurs faire leur profit d'eux, en leur donnant bien à connoître qu'ils estoient bestes, et si d'adventure quelqu'un s'en revient, et veut connoître ce qui lui appartient, c'est si tard, qu'il ne sert plus de guères». (*Comines, L. 1. Chap. 10*)

«Encore ne me puis-je tenir de blamer les seigneurs ignorans. Environ tous les seigneurs se trouvent volontiers quelques clercs et gens de robbes longues, comme raison est, et y sont bien seans quand ils sont bons; et bien dangereux quand ils sont mauvais. A tous propos ont une loi au bec, ou une histoire, et la meilleure qui se puisse trouver, se tourneroit bien à mauvais sens: mais les sages et qui auroient lu, n'en seroient jamais abusés: ny ne seroient les gens si hardis de leur faire entendre mensonge. Et croyez que Dieu n'a point establi l'office de roy ny d'autre prince pour estre exercé par les bestes; ny par ceux qui par vaine gloire disent: je ne suis pas clerc, je laisse faire à mon conseil, je me fie à eux. Et puis sans assigner autre raison, s'en vont en leurs esbats.» (*Ibid. L. 2. Ch. 6.*)

CHAPITRE V.

[244] VOYEZ livre 4, chap. 5, remarque 176.

[245] Les offices du parlement n'étoient point donnés à vie, le roi en disposoit à son gré, comme de tous les autres offices: et ce droit paroîtra incontestable, si on se rappelle que les états de 1356 demandèrent au Dauphin et obtinrent la déposition de vingt-deux officiers, parmi lesquels on en compte plusieurs qui étoient présidens ou conseillers au parlement. Tant que ce tribunal ne tint ses séances que deux fois l'an, à Pâques et à la Toussaint, on fit régulièrement tous les ans le rôle des officiers qui devoient administrer la justice; mais la multitude des affaires les tenant enfin toujours assemblés, on négligea de nommer tous les ans de nouveaux magistrats; on laissa subsister les anciens, et ils ne prenoient de nouvelles commissions qu'à l'avénement d'un nouveau roi au trône.

Louis XI déposséda plusieurs officiers, et ne tarda pas à s'en repentir. Il éprouva que les mécontens qu'il avoit faits lui suscitoient mille difficultés; et c'est pour empêcher que son fils ne fît la même faute, et ne courût le même danger, qu'il fit, le 21 septembre 1468, une ordonnance qui rendoit les offices inamovibles, «Nous lui avons aussi par exprès commandé, ordonné et enjoint, et quand il plaira à Dieu qu'il parvienne à ladite couronne de France, qu'il entretienne es charge et offices qu'il trouvera estre lesdits sieurs de nostre sang et lignage, les autres barons, sieurs, gouverneurs, chevaliers, escuyers, capitaines et chefs de guerre, et tous les autres ayans charge, garde et conduite de gens, villes, places et forteresses, et les officiers ayans offices tant de judicature que autres de quelque manière et condition que lesdits officiers de charges soient, sans aucunement les muer, changer, descharger ne desappointer, ne aucun d'eux, si non toutes fois qu'ils fust ou estoit trouvé qu'ils ou aucuns d'eux fussent et soient autres que bons et loyaux, qu'il en appere bien et duement, et que bonne et deue déclaration en soit faite par justice, ainsi qu'en tel cas appartient.

Nous avons ordonné et commandé à nostre amé et feal notaire et secrétaire, tant durant nostre regne, que celui de nostre dit fils: Monsieur Pierre Parent illec present en faire toutes letres et expéditions, provisions, patentes et choses déclaratoires de nosdits vouloirs, commandemens et ordonnance que besoin sera, tant durant nostre regne que celui de nostre fils, et au commencement de son dit regne par manière de confirmation aux dits officiers, en confirmation de eux en leurs dites charges et offices, et avons ainsi commandé à nostre dit fils leur faire par le dit Parent comme nostre secrétaire et le sien. Si donnons en mandement par ces mêmes présentes, &c.»

A chaque nouveau règne on avoit besoin de lettres de confirmation. «Le mardy 2 janvier 1514, toutes les chambres (du parlement) ont été assemblées pour adviser qu'il étoit à faire: parce que le roy Louys dizieme de ce nom, que

Dieu absoille, hier au soir tres-passa en son hostel des Tournelles. Et la matiere mise en délibération, a ésté ordonné que après diner à une heure, toute la cour s'assembleroit en parlement pour aller tous ensemble en la manière acoustumée devers le roy, pour lui requérir la confirmation des officiers de la dite cour...... Et a accordé liberalement et joyeusement la confirmation des officiers de ladite cour, en commandant les lettres à Messire Florimond Robertet, chevalier, secretaire des finances dudit seigneur.» Extrait des registres du parlement. Cette pièce est rapportée dans le cérémonial français de MM. Godefroy, p. 278.

[246] On en a vu la preuve, (*L. 4. Chap. 5. Remarque 176*).

[247] J'ai déjà traité cette matière dans les livres précédens, et je prie le lecteur d'y avoir recours.

[248] Voyez les ordonnances rendues à l'occasion des états-généraux de 1355 et 1356, et dont j'ai rendu compte dans les chapitres 2 et 3 du livre précédent.

[249] On a déjà vu que plusieurs officiers destitués par le Dauphin en 1356, étoient à la fois ministres d'état et magistrats au parlement. «Aucuns, dit du Tillet, estoient conseillers audit conseil et au dit parlement.... de ce et des dites assemblées vint que ceux du dit conseil privé eurent entrée et voix délibérative au dit parlement, qu'ils n'avoient auparavant, sinon en la présence du roi qui y meine, honore et auctorise qui y luy plaist... Le 5 fevrier 1388, Charles VI déclara que ceux du dit conseil privé auroient l'entrée d'iceluy parlement, pour ce y firent serment tel que les conseillers du dit parlement..... Mais cela fut changé, non sans raison, pour le regard de ceux qui n'avoient jamais exercé office de judicature. Recueil des rois de France, articles du conseil privé du roi.»

«Combien que ce soit chose très-offerante et nécessaire que les présidens de nostre cour de parlement soient souventes fois près de nous, et facent résidence comme continuelle en nostre bonne ville de Paris, pour vacquer et entendre au faict de la justice de nostre royaume, et pour venir en nos conseils quand mandés y sont: neantmoins comme entendu avons, plusieurs d'eux se appliquent à prendre par chacun an plusieurs et diverses commissions pour parties, pour aller hors de nostre bonne ville de Paris en loingtaines parties, dont plusieurs inconvéniens s'en sont ensuivis au temps passé, en préjudice de nous et de notre justice, et tellement que nostre dite cour est souvent démourée desnuée d'iceux présidens, au moins de la plus grande partie d'eux, et que nous ne les avons peu avoir pour assister à nos consaulz quand mandés les y avons, dont nos besognes et affaires et le bien de la justice de nostre dit royaume ont esté retardez: nous voulans à ce pourvoir avons ordonné et ordonnons que doresnavant, quand les commissaires de nostre dite court se distribueront, chacun de nos dits presidens n'aura en un parlement que une commission pour partie, et encore que ce soit au plus près de Paris que faire ce pourra et au plus loing de trente ou quarante lieues. Afin que se besoin est, nous les puissions avoir pour nos dites affaires, si ce n'estoit toutes fois que nous les eussions, et vousissions envoyer en ambassade, ou autrement pour nos besongnes.» (*Ordonn. du 17 May 1413.*)

[250] Ordon. du Louvre, T. 5. p. 430. On trouve une pièce importante en date du 19 octobre 1371. Elle est intitulée: «lettres qui portent que les nobles du Languedoc payeront l'ayde établie dans ce pays, addressées à Pirre Escatisse, maître des comptes, aux sénéchaux de Toulouse, Carcassonne, Beaucaire, aux élus et receveurs de Languedoc.» On voit par ces lettres que la noblesse du Languedoc appela au parlement de l'ordonnance par laquelle Charles l'assujettissoit à l'aide. *Ad nostram parlamenti curiam appellarunt ad executionem ulteriorem antedictarum nostrarum litterarum, procedere distulisti, in nostri non modicum prejudicium.* Je voudrois bien connoître les raisonnemens de cette noblesse de Languedoc qui regardoit le roi comme législateur, et qui cependant appeloit de ses ordonnances au parlement. Le sens commun indique qu'on ne doit point appeler du supérieur à l'inférieur. Nous avons adopté cette absurdité dans notre jurisprudence; sans doute parce que nous avons senti combien il est dangereux de remettre toute la puissance législative entre les mains d'un homme; et qu'il se portera aux plus grands excès, si, en lui disant qu'il est tout-puissant, on ne le gêne pas par des formes. Charles V ordonne de poursuivre les nobles qui refuseront de payer. *Compellatis viriliter et rigide, et prout pro nostris propriis debitis est fieri consuetum.* Il défend d'avoir égard à l'appel: *non obstantibus prædictis appellationibus emissis et emittendis. Quas inanes et frivolas esse decrevimus per presentes.*

En 1383, la comtesse de Valentinois, le sire de Tournon et plusieurs autres barons, prétendans que les habitans de leurs terres ne devoient point payer l'aide que le roi avoit établie, appelèrent au parlement. (*Ord. du Louvre. T. 7, pag. 28.*) Voyez les lettres-patentes du 24 octobre 1383. Charles VI défend à son parlement de connoître des appellations faites au sujet de ses aides, dont on se prétendoit exempt en vertu de quelque titre.

[251] Le 7 février 1413, l'université remontra au parlement que les finances du roi étoient mal gouvernées; lui dit qu'elle avoit envoyé des députés pour faire des remontrances au roi, et supplia la cour d'en faire autant de son côté, à quoi la cour de parlement sagement lui fit réponse que c'étoit à elle de faire justice à ceux qui la lui demandoient, et non de la requérir, et qu'elle feroit chose indigne de soy, si elle se rendoit partie requerante, vu qu'elle étoit juge. (*Pasquier, p. 279.*) Si on demande en vertu de quel droit l'université de Paris faisoit des remontrances à Charles VI sur le désordre des finances, je répondrai que c'est en vertu du droit qu'a chaque citoyen d'être affligé des maux de sa patrie; et qui lui fait un devoir d'y remédier autant qu'il est possible. Je prie de remarquer la réponse du parlement; il a la modestie de

ne pas croire qu'il partage avec le roi l'administration de l'état; mais il a la vanité de se regarder comme un corps intermédiaire entre le roi et la nation; et tout corps intermédiaire entre le souverain et les sujets doit à la fin être le maître du souverain et des sujets, si on ne réprime pas son autorité.

[252] «Du samedy dernier décembre 1409, ce jour n'a point été plaidé pour ce que on ne pouvoit entrer au palais, obstant un grant conseil que faisoit le roi en la salle de S. Loys de messieurs de son sang et des nobles du Royaume sur le fait de la guerre d'entre le roy d'une part, et le roy d'Angleterre d'autre part..... Aussi a esté dit, que pour ce qu'il y avoit eu grands défaulz ou fait de la justice de ce royaume, et aussi au gouvernement et recepte du domaine et des aydes; le roy avoit ordonné plusieurs vaillans hommes raisonnables, généraux réformateurs desquels les aucuns estoient du sang du roy, c'est assavoir les comtes de la Marche, de Vendosme et de St. Pol, lesquels réformateurs présenteroient ceux qui avoit failli, et puniroient ceux qui l'avoient desservi: aussi fut dit que pour ce que le roy pour plusieurs empeschemens que lui survenoient souvent, avoit ja pieça ordonné que la royne par le conseil de messieurs du sang royal entendroit es grosses besognes et cas que en ce royaume adviendroient, auxquelles le roy ne pourroit entendre, icelle royne aussi estoit empeschée pour plusieurs cas qui lui surviennent en empeschent; pourquoi ne pouvoit entendre. Si avoit ordonné le roy à la requeste de la royne, que Monsieur le Dauphin entendroit d'icy en avant aux dictes besongnes par le conseil de Messieurs du sang royal.» Extrait des registres du parlement. Cette pièce se trouve dans le recueil des pièces concernant la pairie, par Lancelot, p. 671. Si cette pièce prouve de quelle considération jouissoit le parlement, elle fait voir aussi quelle autorité les princes et les grands avoient acquise.

«Ce jour après dîner furent assemblez les présidens et conseillers des trois chambres du parlement pour faire response sur ce qui avoit esté ouvert par Monsieur le chancelier, ou conseil tenu ce jour ou matin en la grant chambre du parlement? c'est à sçavoir sur les manieres de trouver et faire finances selon la teneur des lettres du roy publiées et lues ou dict conseil; et finalement fut conclud que maistre Jehan de Longueul président accompagné d'aucuns des conseillers de la court, iroient devers le chancelier, de par la court, dire que les présidens et conseillers d'icelle court ont toujours esté, sont et seront prest et appareillez de conseiller, aider et conforter le roi en ses affaires selon leurs facultés et puissances, en excusant la court de ce qu'elle n'a pas accoustumé de vacquer en inventions de finances, ne exercer le faict d'icelles finances; et que le roy par ses dictes lettres et autrement y avois commis gens saiges et expers au dict faict, qui pourroient et sçauroient mieux pourvoir en ce que estoit à faire pour trouver les manières des dites finances, selon la teneur des dites lettres et commission à eux addressée.» Extrait des régistres du parlement du samedy 10 décembre 1410. (*Lancelot, p. 703.*) Plût à Dieu que le parlement eût toujours pensé de la sorte; il ne se seroit pas mis à la place des états, et chargé d'un emploi qu'il ne pouvoit remplir.

«Ce jour vindrent en la chambre du parlement le prevost de Paris, messire Jacques Branlard, messire Guillaume le Clerc et plusieurs autres commissaires sur le fait de la police et du gouvernement de Paris, commis de par le roy et son conseil à assembler et conférer ensemble sur ce qui leur sembleroit nécessité et expédient pour la conservation, tuition et deffense de ladite ville. Lesquels commis pour faire cesser toutes paroles outrageuses que l'on pourroit dire et publier en leur préjudice, et pour obvier à tout perils et mautalens, ou indignation des seigneurs, qu'ils pourroient pour occasion de ladite commission encourir, requirent en suppliant, que à tous ce qu'ils avoient advisé ou adviseroient, on donnast nom et authorité d'être fait par le roy en son conseil, ou cas que iceux advis soient approuvez et confirmez, sans dire ou oublier que ce feussent les advis et ordonnances desdits commissaires: en outre requirent que tous leurs advis autrefois baillez au prevost de Paris et des marchands, feussent rapportez par les dits prevost en la court, et leurs diligences par eux faictes en l'exécution d'iceux advis, et afin que ce qui n'a esté exécuté soit mis à exécution, ou y soit autrement pourveu. En après les dessus dits commissaires firent exposer pleinement plusieurs dommages et inconvéniens qui advenoient, et en disposition d'advenir plus grand sur le fait et gouvernement des finances de ce royaume; et aussi au regard de la monnoie; en quoi les notables anciennes ordonnances n'estoient point observées, comme plus aplain fut déclairé par les dessus dits commissaires, sur lesquelles choses la cour respondit, que à pourveoir sur ce, l'on devoit appeler les gens du conseil du roy.» Extrait des registres du parlement du lundi 6 mars 1418. (*Ibid. p. 704.*)

«Furent tous les seigneurs de ceans au Louvre en la grant salle, ou estoient en personne la royne, le duc de Guyenne, son fils aisné, le duc de Berry, le duc de Bretaigne, les comtes de S. Pol, de Mortaing, d'Alençon, le duc de Berry, de Bourbon, les comtes de Clermont et de Dampmartin, la duchesse de Guyenne, la dame de Charollois, le comte de Tancarville, le connestable, le chancelier, les présidens du parlement, le grand maistre d'hostel, les archevesques de Bourges, de Tholouse et de Sens, les evesques de Senlis, de Beauvais, d'Amiens, d'Evreux et de Lodeve, d'Alby, de Therouenne, de Seez, de Maillefais et plusieurs autres evesques et abbés, le prevost de Paris et le prevost des marchands accompagné de cent bourgeois ou environ, en la présence desquels et de plusieurs autres notables personnes et gens du conseil du roy, fut publié par la bouche de maistre Jean Juvenal, advocat du roi, la puissance octroyée et commise par le roy à la royne et au dict monseigneur de Guyenne sur le gouvernement du royaume, le roi empesché ou absent.» Extrait des registres du parlement, du mercredi 5 de septembre 1408. (*Ib. p. 669.*)

«Afin que parmy le royaume on cuidast, que ce qu'on faisoit estoit pour le bien du royaume, cent du conseil des dessus dits firent chercher et querir es chambres des comptes, et du trésor et au Chatellet, toutes les ordonnances royaux anciennes, et sur icelles en formèrent de longues et prolixes, où il y avoit de bonnes et notables choses prises sur les anciennes: puis firent venir Monseigneur le Dauphin, duc de Guyenne, en la cour de parlement tenant comme un lict de justice: et les firent lire et publier à haute voix, et les leut le greffier du Chastellet, nommé Maistre Pierre de Fresnes, qui avoit un moult bel langage et haut. Et furent les dites ordonnances decretées estre gardées et sans enfraindre.» (*Hist. de Charles VI, par J. J. des Ursins, arch. de R. p. 254.*)

«Assez tost après le roy assembla ceux de son sang et de son conseil en grand nombre en la salle du palais, et par grande et meure délibération cassa et annulla les ordonnances dont dessus a été fait mention, combien qu'il y eust de bonnes choses, mais pour ce qu'elles furent faictes à l'instigation et pourchan des bouchers et de leurs adhérens qu'on nommoit Cabochiens, et que à les publier en parlement étoient les principaux d'entre eux présens et avoués, et pour plusieurs autres raisons furent cassées: aussi que les anciennes suffisoient bien et n'en falloit aucunes autres.» (*Ibid. p. 265.*)

[253] On ne sait comment s'y prendre pour réfuter les personnes qui n'ont écrit que pour flatter le parlement, qui a la vanité de chercher son origine dans les anciens champs de Mars et de Mai. Il faudroit arrêter ces écrivains à chaque ligne ou plutôt à chaque mot; il faudroit leur faire voir comment ils joignent toujours un mensonge à une vérité; et il en résulteroit des volumes immenses qui n'instruiroient personne, parce que personne ne les liroit. «Il parut, il y a quelques années, des lettres essentielles du parlement, sur le droit des pairs et sur les lois fondamentales du royaume.» Que peut-on répondre à cet auteur? Quand il dit, p. 30: «Qu'on découvre les principes les plus précieux de notre droit public dans le premier âge de la monarchie, et que de-là ils sont venus de main en main jusqu'à nous par une tradition que les rois et les peuples ont toujours également respectée.» Un écrivain si peu instruit des changemens continuels que nos lois et nos coutumes ont éprouvés, ne se rend-il pas suspect par une telle assertion? Mérite-t-il qu'on lui oppose tous les monumens de notre histoire? Il faut avoir les yeux bien fascinés pour voir dans les lois saliques ou ripuaires, dans les capitulaires de Charlemagne, ou même dans les établissemens de S. Louis, les principes de notre gouvernement actuel.

Les lettres historiques distinguent fort bien la cour de justice des rois Mérovingiens du champ de Mars; mais comme l'auteur aura bientôt besoin de les confondre pour l'arrangement de son système, il ne manque pas d'en donner des idées fausses. Selon lui, lettre 8, la cour du roi, composée de magistrats élus par la nation, et portant le nom de princes, devoit rendre la justice conjointement avec le monarque, quand les affaires de l'état lui en laissoient le loisir, ou à sa charge, quand il ne lui étoit pas possible d'y vaquer. La plupart de ces magistrats se dispersoient dans les différentes portions de l'état, pour y présider aux tribunaux des provinces et des villes; mais ils se réunissoient en des temps marqués auprès de la personne du roi, pour y former le tribunal auguste, connu depuis sous le nom de cour de France, cour du roi, cour des pairs, lit de justice du roi et parlement.»

Je demande d'abord qu'on me prouve que les magistrats qui tenoient la cour du roi, fussent choisis par la nation. A entendre notre auteur, on croiroit que ces magistrats étoient les ducs et les comtes qui alloient gouverner leurs provinces: or, il est certain que les ducs et les comtes étoient nommés par le roi sans le concours de la nation, et il n'est pas moins faux qu'ils se réunissoient en des temps marqués auprès de sa personne pour former la cour de France. La cour de justice du roi étoit perpétuelle; les leudes y jugeoient, et elle fut présidée sous la première race par les maires du palais, et sous la seconde par l'appocrisiaire et le comte du palais..... Les grands ne se rassembloient pas pour tenir la cour de justice, mais pour former ces assemblées plus solennelles qui succédèrent au champ de Mars, et qui rendirent le gouvernement aristocratique, de démocratique qu'il étoit auparavant. On trouvera les preuves de tous ces faits dans les remarques de mon premier livre.

«L'autre tribunal (le champ de Mars) qui étoit vraiment alors la cour de France et le vrai lit de justice des rois, étoit le parlement général, ou l'assemblée des Francs, présidés par le roi et par les magistrats ou princes. C'étoit dans ce tribunal seul que le monarque formoit ses lois, et que toutes les affaires générales se décidoient par le conseil et la délibération pleinement libres de ceux qui le formoient; il étoit le conseil public des monarques; il étoit aussi la vraie cour des pairs, qui seule jugeoit le grand criminel des Francs.»

Je ne sais pourquoi notre auteur, en parlant du champ de Mars, se sert des mots de parlement et de lit de justice: ils n'ont été connus que sous la troisième race, et même assez tard. Je n'entends rien aux expressions de magistrats et de princes, qui ne sont employées que pour faire illusion. Je voudrois que notre auteur me fît le plaisir de me faire connoître les mémoires secrets qui lui ont appris que les rois Mérovingiens présidoient le champ de Mars; ce que je sais, c'est que Charlemagne ne présidoit point le champ de Mai. Le roi ne formoit point ses lois; il se bornoit à publier celles que l'assemblée avoit faites. La qualité de pairs n'étoit point connue sous la première, ni sous la seconde race; ce n'est que sous la troisième qu'on commença à donner ce titre aux vassaux immédiats de la couronne. Voulez-vous savoir ce que c'est que le grand criminel des Francs? On vous l'apprendra p. 104 «Avant notre établissement dans les Gaules, les délits qui n'étoient pas punis de mort, n'étoient que des affaires civiles entièrement étrangères au grand criminel. Conséquemment le roi et les princes en connoissoient hors du parlement, au lieu qu'ils ne jugeoient du criminel que dans le parlement même, qui étoit proprement la cour générale des pairs.»

Je voudrois bien connoître la loi concernant le grand criminel des Francs: j'avoue que je n'en ai trouvé aucune trace ni dans le code salique, ni dans le code ripuaire: «L'insolence du coup de hache, dit notre auteur, p. 52, en parlant de l'aventure du vase de Soissons, méritoit sans doute d'être sévèrement punie; mais c'étoit une autre loi, que le grand criminel étoit réservé à l'assemblée de la nation présidée par le roi, ou autrement au parlement général. Clovis, qui avoit montré tant de circonspection sur un simple usage, n'avoit garde de mépriser cette loi capitale. Il suspendit donc son juste courroux pendant près d'un an, jusqu'au champ de Mars ou parlement suivant; et là il faut avouer qu'il s'oublia lui-même, et qu'il flétrit l'éclat de la modération qu'il avoit fait paroître à Soissons; car, sans attendre que le coupable y fût jugé par ses pairs, il saisit le vain prétexte militaire, que ses armes n'étoient pas en bon état, pour le tuer de sa propre main.» Tout cela est trop ridicule pour que je m'arrête à faire quelques réflexions. Il faut continuer à entendre notre auteur.

«La seconde race de nos rois, dit-il, nous présente ces deux tribunaux dans toute leur splendeur. Les grands du royaume, les principaux officiers de la couronne, les prélats et les premiers sénateurs de France ou conseillers, continuèrent de composer la cour du roi, d'y juger de grandes affaires et d'être le conseil né du monarque, pour les affaires les plus instantes. Ces magistrats présidoient toujours sous le titre de ducs et de comtes aux tribunaux des provinces, et aux assemblées provinciales, qui se tenoient plusieurs fois l'année. Mais tous les ans ils se réunissoient en cour pleinière auprès du roi, soit pour décider les affaires d'un ordre supérieur, soit pour préparer les matières qui devoient être proposées au parlement général, ou pour y statuer provisoirement, si des circonstances pressantes l'exigeoient.»

Voici des sénateurs de France, et je défie qu'on me cite un seul de nos monumens où les ducs et les comtes aient pris cette qualité. J'ajoute que sous la seconde race, la France ne fut pas divisée en duchés, mais en comtés ou en légations, et qu'on ne commença à voir renaître des ducs que dans la décadence des Carlovingiens. Qui a dit à notre auteur que les ducs et les comtes présidoient aux assemblées provinciales? Pour moi, j'ai vu dans les capitulaires que cet honneur étoit attribué aux Envoyés royaux les *Missi Dominici*. Notre auteur fait venir tous les comtes à l'assemblée ou au conseil qui se tenoit tous les ans à la fin de l'automne, après la campagne, pour préparer les matières qui devoient se traiter au champ de Mai; mais Hincmar m'apprend qu'on n'y voyoit que les seigneurs les plus expérimentés et les principaux ministres du roi. Qui dois-je croire?

«L'assemblée du parlement général se tenoit de même tous les ans; on continua d'y décider tout ce qui concernoit la législation, ou la police publique, les affaires générales de l'état, les procès criminels des pairs. C'étoit toujours le conseil public des rois... mais comme les états de ces rois étoient bien autrement étendus que sous la première race, il fallut encore faire une restriction dans ces assemblées: il ne fut plus possible d'y admettre comme auparavant, tous ceux indistinctement qui tenoient rang dans l'état, les grands seuls y eurent entrée, avec les prélats et les sénateurs: nous le lisons dans Hincmar.» Il faut que je n'aie lu que quelques mauvaises éditions, car j'y ai vu tout le contraire. Voyez mes remarques sur le second livre.

«C'est ainsi que les voies se préparoient à la réunion de ces deux sortes d'assemblées, qui, comme l'observe Mezerai, se confondirent en une sous les derniers rois de la seconde race. En restreignant les parlemens généraux aux seuls grands du royaume, avec les prélats et les sénateurs, la cour du roi se trouva bientôt n'être plus que ces parlemens mêmes, et les parlemens n'être plus que cette cour plénière, puisqu'ils étoient composés des mêmes personnes.»

Je ne me rappelle point si Mezerai a fait cette observation; mais, s'il l'a faite, je ne crains point de dire qu'il s'est trompé. Dans la décadence des Mérovingiens, il est vrai que le peuple ne fut plus compté pour rien, et que les grands, qui avoient repris leur ancien esprit de tyrannie pendant les divisions des fils de Louis-le-Débonnaire, assistèrent seuls aux assemblées de la nation. A mesure qu'ils affermirent leur autorité dans leurs provinces ou dans leurs terres, ils dédaignèrent de se rendre aux convocations que les rois faisoient d'une manière propre à les faire mépriser. Bien loin que les assemblées des grands, qui avoient succédé au champ de Mai, se confondissent avec la justice du roi pour ne plus former qu'un seul corps, l'une et l'autre s'anéantirent. Si ces grands avoient continué à s'assembler, auroit-on vu ce démembrement général de toutes les parties du royaume? Auroit-on vu naître le gouvernement féodal, qui suppose l'anarchie la plus monstrueuse? Auroit-on vu dans chaque province, ou plutôt dans chaque baronnie, se former des coutumes différentes au gré des passions et des caprices des seigneurs?

Il ne faut pas avoir assez peu d'esprit pour associer des choses insociables; mais aucune absurdité ne coûte à nos historiens, annalistes pour la plupart, qui n'ont jamais réfléchi sur les causes des révolutions qu'éprouvent les états, qui n'ont jamais connu le jeu des passions entre elles; et qui, sans avoir médité sur les lois de la nature et celle des gouvernemens, ne sont que des ouvrages inutiles pour notre instruction. En voyant les désordres et les malheurs qui perdirent la maison de Charlemagne, tout homme sensé doit conclure, si je ne me trompe, qu'il n'y avoit donc plus dans la nation ni de puissance législative ni d'assemblée générale.

Au milieu de cette anarchie, est-il possible de croire que la cour de justice des derniers Carlovingiens jouît de quelque considération? Peut-on même penser qu'elle subsistât? Qui auroit voulu avoir recours à un tribunal dont le chef étoit méprisé? Qu'on fasse attention qu'il ne restoit que deux ou trois villes à ces princes malheureux. D'ailleurs, il est certain que les appels connus sous la première et la seconde race, ne furent plus en usage dans cette décadence, et que tous les seigneurs rendirent leurs justices souveraines. Voyez les preuves ou remarques de mon second ou troisième livre.

Après ces réflexions, comment peut-on entendre dire à notre auteur que «la police féodale qui survint vers ces temps, cimenta plus étroitement encore cette union. D'un côté, par cette police, la cour du roi se trouva composée des barons ou vassaux immédiats de la couronne, ecclésiastiques et laïcs, et des sénateurs: c'étoit même une des charges de leur fief ou baronnie, de se trouver en la cour du roi, pour y rendre la justice en son nom. De l'autre, on ne regarda plus comme vrais grands du royaume que ces barons ou vassaux immédiats; en conséquence, on n'admit plus qu'eux aux parlemens généraux, avec les prélats et les sénateurs. Les arrière-barons, quelques riches qu'ils pussent être, ne furent plus destinés qu'à composer la cour ou parlement de chacun de ces hauts barons de France. Par-là, les parlemens généraux et la cour du roi, le conseil judiciaire et le conseil public devinrent plus que jamais un seul et même tribunal.»

Je ne finirois point si je voulois examiner en détail tout ce passage où l'on entrevoit quelques demi-vérités. Qu'on lise Pierre de Fontaine, Beaumanoir, les assises de Jérusalem et les établissemens de S. Louis, et on jugera si les coutumes dont on rend compte, peuvent s'allier avec une puissance publique. Si le parlement étoit sous Hugues-Capet, tel que le suppose l'auteur des lettres historiques, pourquoi les premiers Capétiens n'auroient-ils pas fait des lois générales pour tout le royaume? pourquoi les verroit-on continuellement négocier et traiter avec leurs vassaux? pourquoi n'auroient-ils eu aucune autorité sur les arrière-fiefs? Quand la cour du roi auroit eu tout le crédit que prétend notre auteur, n'est-il pas visible qu'elle l'auroit perdu par l'établissement des appels, qui fit passer l'administration de la justice dans les mains des clercs, gens inconnus, et qui n'avoient rien de cet éclat qui donne de la considération aux compagnies? Ce nouveau parlement étoit encore plus différent de l'ancien, que le nouveau parlement de Maupou ne l'est de celui qu'on vient de détruire. Si cette compagnie avoit cru représenter le Champ de Mai et la cour de justice du roi, pourquoi négligeroit-elle ses droits? pourquoi, quand on la presse de se mêler des affaires publiques, déclareroit-elle qu'elle n'est destinée qu'à rendre la justice? Voyez la remarque précédente et les suivantes. Quand, en effet, le nouveau parlement succéderoit aux droits réunis du champ de Mai, de la cour plénière et de la cour de justice, il faut convenir que les nouvelles coutumes et l'opinion publique en avoient fait un corps tout nouveau.

Je demande pardon à mes lecteurs de m'être si fort étendu à réfuter les lettres historiques; mais il l'a fallu, parce qu'elles contiennent toute la doctrine que le parlement s'est faite depuis qu'il a vu augmenter sa considération et son autorité par la suppression totale des états-généraux. D'ailleurs, cet écrit a eu de la vogue; on a regardé son auteur comme un oracle, et il est nécessaire de ne pas laisser enraciner ses erreurs.

De cette foule d'écrits qu'on a faits sur l'autorité royale, le parlement et la pairie, il n'y en a pas un qu'on puisse regarder comme l'ouvrage d'un homme passablement instruit du droit naturel et des révolutions qui ont sans cesse changé nos coutumes et nos lois. Je n'en excepte pas une longue dissertation sur l'origine et les fonctions essentielles du parlement, sur la pairie et le droit des pairs, et sur les lois fondamentales de la monarchie française, par Cantalause, conseiller au parlement de Toulouse. C'est toujours la même erreur de se croire le Champ de Mars et de Mai, et de représenter la nation. Si on ne pouvoit pas accuser l'auteur d'ignorance, il faudroit l'accuser de mauvaise foi. C'est un assemblage de passages auxquels on donne un sens qu'ils n'ont point, ou qu'on cite sans les entendre.

Vaudeuil, conseiller au parlement de Paris, et depuis premier président du parlement de Toulouse, a fait un ouvrage sur cette matière: il le lut aux chambres assemblées, espérant qu'elles ordonneroient de le rendre public; mais elles n'en firent rien, et elles firent bien. J'ai lu ce manuscrit précieux, *farago*, ce sont les mêmes prétentions que dans les lettres historiques, et la dissertation de Cantalause, mais appuyées de preuves et de raisonnemens encore moins spécieux.

Je devrois peut-être examiner ici le plaidoyer de Daguesseau, depuis chancelier, dans le procès du duc de Luxembourg; et certainement je donnerois cette marque de respect à la mémoire d'un magistrat distingué par ses lumières, si son ouvrage contenoit quelque chose de nouveau ou d'étranger au roman que le parlement a imaginé: d'ailleurs, l'autorité du chancelier Daguesseau sur l'objet que je traite, est moins considérable qu'en toute autre matière. Dans le mémoire qu'il a fait pour servir à l'instruction de son fils, et qu'on a imprimé dans le recueil de ses œuvres, il avoue lui-même qu'il ignore notre histoire et notre droit public: on peut donc se dispenser de le réfuter. J'avois dessein de relever les principales erreurs de nos historiens; mais je ne me sens pas le courage de revoir et de mettre en ordre les remarques que j'avois assemblées. L'ancien parlement étant détruit, ses chimères vont s'évanouir; et le nouveau parlement ne peut avoir d'autres droits que ceux qui lui sont accordés par le chancelier Maupeou.

[254] *Volumus etiam ut capitula quæ nunc et alio tempore consultu nostrorum fidelium à nobis constituta sunt, à cancellario nostro archiepiscopi et comites de propriis civitatibus modo, aut per se, aut per suos missos accipiam, et unus quisque per suam diocesim cæteris episcopis, abbatibus, comitibus et aliis fidelibus nostris ea transcribi faciunt, et in suis civitatibus coràm omnibus relegant, ut cunctis nostra ordinatio et voluntas nota fieri possit. Cancellarius tamen noster nomina episcoporum et comitum qui ea accipere curaverint notet, et ea ad nostram notitiam perferat, ut nullus hoc prætermittere præsumat.* (Capit. an. 823, art. 24.) Ne résulte-il pas de ce capitulaire de Louis-le-Débonnaire, que bien loin que les tribunaux de justice regardassent comme un droit qu'on leur envoyât les nouveaux réglemens pour les examiner, les enregistrer et leur donner force de lois, ils les voyoient comme un nouveau joug qu'on vouloit leur imposer?

[255] Jamais on n'a fait tant de remontrances que sous ce règne, et jamais on n'a tant parlé de l'enregistrement. Nos magistrats se sont rendus incommodes à la cour, sans se rendre agréables à la nation: n'en devoit-il pas résulter les désastres qu'ils ont éprouvés? On étoit las de voir dans toutes leurs doléances qu'ils ne réclamoient que des droits aussi anciens que la monarchie: c'étoit montrer beaucoup d'ignorance de notre droit public; et par malheur ils ignoroient encore plus le droit naturel.

[256] Voyez la remarque 146 du livre 4, chap. 2.

[257] «Li rois ne peut mettre ban en la terre au baron, sans son assentement, ne li bers ne peut mettre ban en la terre au vavassor.» (*Estab. de St. Louis, L. 1, chap. 24.*)

[258] Voyez la remarque 186 du livre 5, chap. 1.

[259] Jean IV, comte d'Armagnac, ayant refusé de mettre en possession de l'archevêché d'Auch Philippe de Leny qui avoit été élu, le roi Charles VII s'empara de son comté; et ce seigneur, soupçonné de plusieurs autres délits, fut cité au parlement de Paris. Le 14 mars 1457, il déclina cette juridiction, prétendant devoir être jugé par le roi et les pairs. Le procureur du roi, pour s'y opposer, dit que le comte n'a «ni privilége, ni ordonnance enregistrée en ladite cour, ou trésor des chartres, ni en la chambre des comptes.» Extrait des registres du parlement, rapporté par Lancelot dans le second volume p. 161, des pièces concernant la pairie, dont le gouvernement a empêché la continuation et la publication. J'aurai occasion de parler dans les remarques suivantes de ce procès, et l'on verra que ce procureur du roi, qui met le trésor des chartes et la chambre des comptes sur la même ligne que le parlement, étoit cependant très-prévenu en faveur des droits et des prérogatives de sa compagnie.

Puisqu'il s'agit ici d'un des points les plus importants de notre droit public, le lecteur me permettra sans doute de rapprocher ici quelques autorités au sujet de l'enregistrement. «Et afin que parmi le royaume on cuidast que ce qu'on faisoit, étoit pour le bien du royaume, ceux du conseil des dessus dits firent chercher et querir es chambres des comptes et du trésor et au Châtellet, toutes les ordonnances royaux anciennes et sur icelles en formèrent de longues et prolixes, où il y avoit de bonnes et notables choses prises sur les anciennes.» Hist. de Charles IV par J. J. des Ursins, arch. de R. Donc que les ordonnances étoient tantôt envoyées à la chambre des comptes et au Châtelet, et tantôt déposées seulement dans le trésor des chartes. On se seroit contenté de fouiller dans le greffe du parlement, si on avoit été sûr d'y tout trouver.

«Cette loy ou constitution royale (de Charles V pour fixer la majorité de ses successeurs) fut publiée en parlement du roy, en sa présence, de par luy, tenant sa justice en son dit parlement en sa magnificence ou majesté royale, le 20 jour de may l'an de grâce 1375: à ce furent présens le dauphin de Viennois fils ainsné, le duc d'Anjou, frère du roy nostre sire, le patriarche d'Alexandrie, les archevesques de Rheims et de Tholose, les évesques de Laon, de Meaux, de Paris, de Cornouaille, d'Auxerre, de Nevers et d'Evreux, les abbés de Saint-Denis en France, de l'Estoure, de Saint-Wast et de Sainte-Colombe de Sens, de Saint-Cyprian et de Vendosme, chancelier du duc d'Anjou, le recteur et plusieurs maistres docteurs en théologie, docteurs ès décrets et autres sages élevés en l'université de Paris, le doyen et archidiacre de Brie, le chancelier et pénitencier et plusieurs autres notables personnes de l'église de Paris, le chancelier de France, les comtes d'Alençon, d'Eu et de la Marche, messire Robert d'Artois, le comte de Brienne et de Lisle, et messire Reymond de Beaufort, le prevost des marchands et les eschevins de la ville de Paris, et plusieurs autres gens sages et notables, tous clercs comme laïs en grand nombre. Et est cette loi ou constitution royale enregistrée au parlement et l'original mis au tresor des chartres du roy, et la copie d'icelle par manière d'original sous le grand scel royal, baillée aux religieux de Saint-Denis en France, pour la mettre et garder en leur tresor; et tout afin de perpétuelle mémoire d'icelle loi ou constitution royale. Ainsi est-il contenu en une cédule attachée à icelle par le greffier du parlement.» Il me semble que je ne vois là que de la pompe et de l'éclat pour rendre la publication de la loi plus solennelle. Je suis étonné que les religieux de Saint-Denis n'aient pas prétendu qu'on ait toujours déposé les lois chez eux, et qu'une ordonnance qu'on ne trouveroit pas dans leurs archives, devoit être sans force.

«Voulons et commandons que nos seneschaux et baillis facent solemnellement crier et publier en la maniere que nos amez et feals les gens de nos comptes le manderont par leurs lettres closes, nos dittes ordonnances et deffenses. (*Ordon. du 28 février 1315.*) Voulons par eux (les notaires royaux) acertener sur ce, que ils ayent recours en nostre chambre des comptes où nous avons fait régistrer nos dittes ordonnances et baillées à garder.» (*Ord. de décembre 1320.*)

Voici quelque chose encore de plus fort: «de par le roy, nos gentz du parlement, nous avons faict certaine ordenance sur lestat des gentz de nos chambres du parlement des enquestes et de nos requestres du palais, par délibération de nostre grand conseil, laquelle nous avons envoyé soubs le scel de nostre secret enclos à nos gentz des comptes qui vous en bailleront la copie.» (*Ordon. du 11 mars 1344, Lancelot, p. 522.*) Si le parlement dans ce temps-là avoit eu de son enregistrement la même idée qu'il a eue depuis, j'ai de la peine à penser qu'on l'eût traité d'une manière si légère.

Accidit frequenter, quod arrestorum et judicatorum in eâdem curiâ prolatorum, executio postponitur et differtur, pretextu talium vel consimilium impetracionum, undè jura parcium quæ dictis arrestis et eorum affectibus potiri nequeunt, quam plurimum leduntur et indebito protestantur; et unà cum hoc intelleximus quod multi et diversi servitores et officiarii nostri, utpotè hastiarii et servientes armorum et quidam alii ad pejora et graviora prorumpentes, ad vos sæpiùs accedunt, asserentes se a nobis mandatum sivè præceptum expressum et precisum orethenus sibi factum habere, et vobis ad suggestionem parcium vel eorum amicorum et affinium, ausu temerario et presumptuoso, absque commissione seu precepto vel mandato ex parte nostrâ referunt et exponunt, quod nobis placet et volumus, ac per ipsos vobis mandamus ut in pluribus actibus et negotiis casibusque et causis in dictâ curiâ ventilatis et emergentibus, tam in facto remissionis seu advocationis causarum ad nostram presentiam, ipsarum continuationis, consultationisque et pronunciacionis arrestorum, quam in expeditione seu relaxacione aut elargacione prisionariorum et ceteris consimilibus, procedatis et vos reguletis modo et forma superius expressis, vel aliis viis præmeditatis et adinventis. (Ordon. du 13 aoûst 1389.)

Un corps qui auroit cru avoir la dignité du champ de May, un corps, qui auroit cru partager avec le roi la puissance législative, auroit-il eu pour quelque bas officier de la cour les complaisances qu'on lui reproche, ou l'auroit-il souffert patiemment?

[260] Les ordonnances rendues à la suite de quelque tenue des états, n'étoient enregistrées ni au parlement ni à la chambre des comptes, et on se contentoit de les déposer dans le trésor des chartres. On devoit en donner des copies collationnées aux corps et aux communautés qui en avoient besoin, mais dans le fait, pour obtenir cette justice, qu'on regardoit comme une grâce, il falloit avoir de la faveur. Je trouve les preuves de tout cela dans les ordonnances du Louvre, t. 6. p. 552. L'ordonnance du mois de janvier 1380, rendue à la suite des états tenus à Paris, fut délivrée à la ville d'Auxerre, et voici ce qu'on trouve à la tête de cette copie. «Charles, par la grâce de Dieu, roi de France, savoir faisons à tous présens et avenir, que nous, à la supplication de nostre amé et féal conseiller l'évesque, et des bourgeois et habitans d'Auxerre, pour eulx tant seulement, avons fait extraire des registres

de nostre chancellerie nos autres lettres, desquelles la teneur s'ensuit:» cette même ordonnance fut expédiée pour les villes de Rouen, de Sens, de Soissons et pour les religieux de S. Jean de Jérusalem.

Les actes concernant les aides, les impositions ou monnoies n'étoient adressées qu'à la chambre des comptes, à la cour des aides ou aux élus. On a vu dans les remarques précédentes qu'on appeloit au parlement des impositions établies par le roi, donc qu'elles n'y avoient pas été enregistrées.

[261] «Pour ce que nous sommes tenus et empeschés le plus de temps, par telle maniere que nous ne pouvons de nostre personne entendre, ou vacquer à la disposition des besongnes de nostre royaume, seront et demourront nostre vie durant à nostre dit fils, le roi Henry avec le conseil des nobles et sages dudit royaume, par ainsi que dès maintenant et dès lors en avant il puisse icelle régir et gouverner par lui-même et par les autres qu'il voudra députer avec le conseil des nobles et sages dessus dits, lesquels faculté et exercice de gouverner, ainsi etant par devers nostre dits fils le roi Henry, il labourera effectueusement, diligemment et loyaument à ce qu'il puist et doye estre à l'honneur de Dieu, de nous et de nostre dite compagne, et aussi au bien public dudit royaume, et à deffendre, tranquilliser, appaiser et gouverner icelui royaume selon l'exigence de justice et équité, avec le conseil et ayde des grands seigneurs, barons et nobles dudit royaume.» (*Traité de Troyes du 21 mai 1420, art. 7.*) On verra les autres articles de ce traité que je vais rapporter, qu'on ne peut point entendre par le mot de sages les magistrats du parlement. Je prie le lecteur de remarquer en passant combien tout ce traité sert de preuves à ce que j'ai dit dans le chapitre précédent, de l'autorité que les grands ont acquise sous le règne de Charles VI.

«Nostre dit fils fera son pouvoir que la cour de parlement de France sera en tous et chacuns lieux subjets à nous maintenant ou au temps à venir, observée et gardée ès auctorité et souveraineté d'elle, et à elle deus, en tous et chascuns lieux subjets à nous, maintenant ou au temps à venir; (*Art. 8.*) est accordé que nostre dit fils le roy Henry pourvoira et fera pourvoir, que aux offices tant de la justice de parlement que des bailliages, seneschaussées, prévostés et autres appartenans au gouvernement de seigneurie, et aussi à tous autres offices dudit royaume, seront prises personnes habiles, profitables et idoines.» (*Art. 11.*) On voit que le parlement n'est point oublié; mais voilà tout ce qu'on en dit. Il n'est point question de son enregistrement, ni de déposer même ce traité dans son greffe; cependant, comme vous allez le voir, les droits des autres ordres ne sont pas négligés. Tirez la conséquence.

«Afin que nostre dit fils puisse faire, exercer et accomplir les choses dessus dites plus profitablement, surement et franchement, il est accordé que les grands seigneurs, barons et notables et les états dudit royaume tant spirituels que temporels et aussi les citez et nobles communautés, les citoyens et bourgeois des villes dudit royaume à nous obéissans pour le temps, feront les sermens qui s'ensuivent. (*Art. 13.*) Que nostre dit fils ne imposera, ou fera imposer aucunes impositions ou exécutions à nos subjets, sans cause raisonnable et nécessaire, ni autrement que pour le bien public dudit royaume de France, et selon l'ordonnance et exigence des lois et coustumes raisonnables et approuvées dudit royaume.» (*Art. 23.*) Voilà les priviléges et les franchises de la nation encore reconnus et confirmés, mais de quelle manière foible pour résister au torrent du pouvoir arbitraire qui devoit bientôt tout emporter.

«Il est accordé que nostre dit fils labourera par effect de son pouvoir, que de l'avis et consentement des trois estats dudit royaume, ostez les obstacles en cette partie, soit ordonné et pourveu. (*Art. 24.*) Considerez les horribles et énormes crimes et delicts perpétrés audit royaume de France par Charles, soi disant Dauphin de Viennes, il est accordé que nous, ne nostre dit fils le roi Henry, ne aussi nostre très chier fils le duc de Bourgogne, ne traiteront aucunement de paix ou de concorde avec le dit Charles, ne ferons, ou feront traiter sinon du conseil et assentement de tous et chacun de nous hoirs et des trois estats des deux royaumes dessus dits.» (*Art. 29.*)

«Est accordé que nous sur les choses dessus dites et chacunes d'icelles, outre nos lettres-patentes scellées de nostre grand scel, donneront et feront donner, et faire à nostre dit fils le roi Henri, lettres-patentes approbatoires et confirmatoires de nostre dite compagne, et de nostre dit fils Philippe duc de Bourgogne et des autres de nostre sang royal, des grands seigneurs, barons, cités et villes à nous obéissans, desquels en cette partie nostre fils le roi Henry voudra avoir lettre de nous.» (*Art. 30.*) Voilà un article bien important. Tandis qu'on n'oublie pas les villes et l'ordre des bourgeois, on ne dit pas un mot du parlement, ni des formalités qui accompagnent l'enregistrement. Quelle conséquence en faut-il tirer? Il me semble qu'elle n'est pas difficile à deviner.

Mes remarques deviennent plus considérables que je ne voudrois; et quoique je me garde bien d'y jeter toutes les autorités qui se présentent en foule à moi, je ne puis m'empêcher de transcrire ici un extrait des registres du parlement. «Vindrent et furent assemblés en la chambre de parlement les présidens et conseillers et l'evesque de Paris, les maistres des requestes de l'ostel et des comptes du roy, les recteurs et députés de l'université de Paris, les chiefs députés des chapitres, monasteres, collieiges, les prevosts de Paris et des marchands, eschevins, advocats et procureurs de ceans et du Chastelet, et autres plusieurs bourgeois, manans et habitans de Paris, et y survint le duc de Bethfort frere du roy d'Angleterre dernier et n'agueres tres-passé, lequel s'assit seul es hauts siéges de la dite chambre de parlement en lieu où le premier président a accoustumé d'asseoir, &c. Tous jurent d'entretenir la paix d'entre les deux royaumes selon la teneur des lettres sur ce faictes et passées, et chacun des assistans doit faire jurer la même chose par ses soumis.» Du jeudi 19 jour de novembre 1422. Cette pièce se trouve dans le recueil de la Pairie, par Lancelot, p. 710. Je demande si cette pièce suppose un enregistrement précédent? non sans doute; car le parlement n'auroit pas manqué d'en faire mention dans cet endroit de ses registres. Je demande, en second lieu, si cette espèce de lit de justice du duc de Bethfort, tenu près de trois ans après la conclusion du traité de Troyes, peut passer pour un enregistrement?

[262] Voici une pièce bien importante. «Ce jour survindrent en la chambre de parlement le conte de Saint Pol, le chancelier, le sire de Montberon, et le firent lire et publier les lettres revocatoires de certaines autres lettres touchant les libertés de l'église de France et Dauphiné de Viennois, sans ouir sur ce le procureur du roy, et en absence: et après la lecture et publication d'icelles, le chancelier me commanda à escripre, *Lecta, publicata et registrata,* au dos d'icelles lettres, et incontinent après la dicte lecture et publication, plusieurs conseillers de la court qui s'estoient despartis de la dicte chambre de parlement, pour ce que n'avoit mie procédé sur le faict de la dicte publication, selon la délibération de la court, au conseil tenu ceans le jour precedent, et que quinzieme de fevrier dernier passé, me dirent, que veu l'opinion et la délibération de court, je ne devois au dos des dictes lettres escripre aucune chose, pour quoi on peut notter que la court eust approuvé les dictes lettres ou la dicte publication, auxquels je repondis que je me garderoye de mesprendre à mon pouvoir. Et le lendemain premier jour d'avril, pour ce que la court n'avoit aucunement par exprès consenty ou approuvé la dicte publication qui avoit esté faicte, *præter imo contrà deliberationem curiæ,* comme dit est, les presidens et conseillers de la chambre des enquêtes en la dite chambre de parlement vindrent pour avoir avis et délibération sur ce qui avoit été fait le jour précédent; au regard de la publication des dictes lettres, ne la publication d'icelles, ne fussent aucunement approuvées par la dicte cour et ne fussent icelles lettres *superscriptes* au dos ne signées par moy en aucune manière, par quoy on peut dire, ou arguer que la court eust approuvé les dictes lettres et publication, combien que par le commandement et ordonnance de mon dit sieur le chancelier j'eusse escript au dos des dictes lettres, *publicata, &c. cum superscriptione signi manualis.* Sur lesquelles choses la court, qui avoit tolléré la dicte publication et superscription pour obvier et remédier à toutes manières d'esclandes et de divisions, déclara que ce qui avoit été fait n'estoit mie fait par l'ordonnance ne du consentement d'icelle court, mais avoit de fait par les dessus dits comte de S. Pol et chancelier esté fait, et que pour ladite superscription par moy faite au dos des dites lettres, veues les manieres de procéder sur cecy, ne povoit et ne devoit juger que la court eust approuvé icelles lettres ne ladite publication, mesmement pour ce que j'avois faict ladite superscription par le commandement du chancelier, auquel je, comme notaire du roy, et en cette qualité quant à ce, je devoye obéir. Regist. du parlement du dernier jour de mars 1418.» Cette pièce se

trouve dans le «Recueil de la Pairie par Lancelot, p. 705.» On y voit fort bien comment le parlement a formé ses prétentions et la naissance de l'esprit et du caractère qu'il a conservé jusqu'à sa racine.

[263] On vu dans plusieurs remarques précédentes, que les rois, en convoquant les états-généraux, avoient toujours eu soin de dire que c'étoit pour les consulter.

[264] «Le 23 juillet 1443, ces lettres (de don des comtez, château, ville et seigneurie de Gien sur Loire à monsieur Charles d'Anjou) furent portées au parlement pour y être enregistrées: l'évêque d'Avignon a dit que le roi l'avoit expressément chargé dire de par lui, qu'il mandoit à la court qu'elle obtemperast aux dites lettres, et que aussi en avoit dit sa volonté monsieur le Dauphin aux présidens de la cour. Si à la chose est mise en délibération au conseil en la cour, et délibéré et appointé, que considéré le temps, tel qu'il est, l'autorité et volonté du roi, aussi de mon dit sieur le Dauphin estant à présent en cette ville de Paris, et autres raisons et causes considérées en cette partie, qu'il sera mis et escript sur le dos des dites lettres ce qui s'ensuit: *Lecta et publicatâ in curia de expresso mandato domini nostri regis per dominum Delphinum præsidentibus curiæ, ut eidem retulerunt, et ex indè per episcopum Avinionensem dictæ curiæ oretenus facto.* (Regist. du parlem.)

«Le même jour 24 juillet 1443, les présidens de la cour dirent que le dauphin les avoit mandez pour leur dire combien il étoit mécontent de l'enregistrement du jour d'hier au sujet de la terre de Gien sur Loire, et qu'il ne partiroit point qu'on n'eust effacé des registres *de expresso mandato*, et la cour ayant mis la chose en délibéracion, à esté délibéré, considéré le temps tel qu'il est, et les grandes diligences et importunités qui se font en cette partie, que sur les dites lettres sera tant seulement mis, *lecta et publicata Parisiis in parlamento 23 die julii 1443*, et ne se ôtera ni rayera point la publication faite *de expresso mandato*, mais y demeurera, sinon que les gens du dit comte du Maine veulent que en soit rayé, auquel cas l'on la rayera; et pour montrer, si mestiers estoit au temps advenir, de la manière de faire touchant cette publication, a esté ordonné pour la décharge de la court de tout ce que y fut hier et aujourd'hui faict faire registre pour valloir aussi en temps et lieu ce que de raison debvra.» (*Regist. du parlement.*) Ces pièces se trouvent dans le recueil concernant la pairie, par Lancelot, (*p. 730.*) On voit dans toute la conduite du parlement, je ne sais quel tâtonnement de timidité et de prudence, qui indique la nouveauté l'incertitude de ses prétentions, et qui fait voir qu'il n'ira pas loin.

[265] «Le 15 avril 1435, le parlement fait une députation au connestable pour l'assurer de sa fidélité envers le roy, et luy demander ses ordres pour continuer d'administrer la justice, et que jusques à ce qu'ils auront eu réponse de mon dit sieur le connestable, ne se rassembleront en icelle chambre: le 18

du même mois le parlement se rassembla pour ouïr la réponse du connestable, et pour ce que mon dit sieur le connestable n'avoit pas donné plaine réponse, se il vouloit que la cour feist et _procedast_ à l'exécution des affaires chacun jour survenans en icelle touchant le faict de la justice, ordonnèrent mes dits sieurs que pour savoir le bon vouloir et plaisir de mon dit seigneur, et luy montrer de quoy sert icelle court, iroient de rechef devers luy, le dit monsieur le président et monsieur Philippe de Nanterre à la fin dessus, et sa réponse oye, seroit icelle rapportée devers mes dits seigneurs qui pour icelle oyr se rassembleroient.

«Icelui monsieur le connestable dit au dit monsieur le président, que son vouloir estoit que justice soit mise sus, et que le parlement se entretiegne et besongne au nom du roi nostre sire, le mieux qu'elle pourra, jusques à ce que par le roi notre sire soit sur ce autrement ordonné, et partant fut délibéré de demain plaider, qui sera jour de jeudy.» (_Reg. du parlem. recueil concernant la pairie, p. 725._)

[266] «De par le roi, nostre amé et féal pour aucunes causes qui nous meuvent, lesquelles nous vous dirons, nous voulons, vous mandons et commandons, que doresnavant vous ne instituez, ne faciez ou souffrez recevoir et instituer aucuns officiers quelconques en nostre cour de parlement pour quelconque élection que icelle cour aye faite ou fasse, ne aussi en nos chambres des comptes et des généraux de la justice, pour quelconques retenues ou dons que ayons faicts; car nous en retenons à nous toute l'ordonnance et disposition, et le faites savoir à nos gens de nos dites cour et chambre, afin que n'en puissent prétendre ignorance, et que par eulx en nostre absence, ou sans vostre sçeu ne fassent au contraire.... Donné à Poictiers le second jour de mars 1437. Lettres de Charles VI à son chancelier l'archevesque de Rheims.» Cette lettre fut enregistrée au parlement le 2 d'avril suivant.

Les abus qui résultèrent de ce nouvel ordre, ne tardèrent pas à se faire remarquer. Voyez l'ordonnance du mois d'avril 1453, pour la réformation de la justice et de la police du parlement: on voit qu'on achetoit des protections à prix d'argent pour obtenir des offices. Charles VII crut y remédier en condamnant les coupables à des amendes, et en les déclarant incapables de posséder aucun office royal. La corruption une fois introduite, ne permit plus de revenir à l'ancien usage, et nous conduisit à la vénalité des charges.

[267] «L'on prestoit pour les grands et premiers estats de la France, serment en cette cour (le parlement). Ainsi trouve-t-on es régistres, neufviesme septembre mil quatre cent sept, serment presté par Jean duc de Bourgogne comme pair. Le 7 novembre 1410, réception d'un grand pannetier: et aussi un mareschal de France, reçu le 6 juin 1417, et le même jour un admiral; et le 16 jour en suivant un grand veneur. Le 3 février 1421,

le grand maistre des arbalestriers. Le 16 janvier 1439, Courteney reçeu admiral: et qui plus est un trésorier et général administrateur des finances, le 16 avril 1425.» (*Recherches de Pasquier, l. 2, ch. 4.*)

[268] «A l'assiette des seigneurs (lors du sacre de Charles) y eust aucunes controverses et dissentions entre le duc d'Anjou, Louis et Philippes duc de Bourgogne: car Louis disoit qu'il estoit aisné, et avant son frère Philippe maisné, il devoit avoir les honneurs et estre le premier assis, Philippes disoit qu'au sacre du roy les principaux estoient les pairs de France, et comme pair et doyen des pairs, il debvoit aller devant, et y eust plusieurs paroles d'un costé et d'autre aucunement arrogantes! car Louis se tenoit pair et tenoit en pairie sa duché. Philippes respondit qu'il estoit doyen des pairs, et que son frère ne tenoit qu'en pairie; et par ce, le roy assembla son conseil auquel il y eust diverses opinions; et finalement fut conclu par le roy que Philippes en cas présent iroit le premier, dont Louys ne fut pas bien content.» (*Hist. de Charles VI, par J. J. des Ursins.*)

«Le premier jour de janvier, le comte d'Alençon, qui estoit un moult beau seigneur et vaillant en armes, fut fait duc, et disoit-on que c'estoit par envie du duc de Bourbon qui alloit devant luy, et toutes fois il estoit plus près de la couronne, et comme le plus près quand il fut duc, il alla devant.» (*Ibid.*) Au sujet de cette contestation, voyez du Tillet, recueil des rangs des grands de France.

[269] Le parlement ayant pris connoissance des différends qui survinrent entre le roi et le comte de Flandre, condamna, comme de raison, ce dernier; et Philippe-le-Bel se saisit d'une partie de ses terres: «et disoit li cuens que vous le comté de Flandre qui estoit une pairie et dont il estoit pair de France, et tout ce qu'il tenoit entierement vous aviez saisi et teniez en contre sa volonté par violence à force, à vo tort, sans cause et sans raison, et en contre coustume et en contre droit, sans loi et sans jugement; que juge n'en estiez mie, ne juger n'en deviez, ains en estoient juge li pairs de France et juger en devoient.... disant li cuens que cette querelle devoit estre demenée et jugée par les pairs de France qui pairs estoient audit comte et non mie par vous ne par vos advocats et par vos conseils.... car anciennement pour garder paix et concorde entre les rois de France et les comtes de Flandre, en éclaircissant le droit commun et la coustume, il fut accordé et convenancé entre le roi de France et le comte de Flandre, que si débats ou contents mouvoient entre les rois ou les comtes, li roys en devoit faire droit et penre droit par les pairs de France et li cuens en devoit penre droit en la cour le roy par le jugement des pairs de France, et ne pouvoit li cuens deffaillir au roy de service, ne le doit penre ne le droit faire, tant comme li rois li vousist faire droit en sa cour par le jugement des pairs de France: lesquelles convenances ont esté continues et renouvelez de roy en roy, de comte en comte, jusques à votre temps, et entre

vous et le comte à votre temps ont esté ces convenances renouvelées.» (*Recueil concernant la pairie, p. 113.*)

[270] «Le roy nostre syre doit ajourner par cry fait publiquement en son palais à Paris les seigneurs de Flandres ou ses successeurs par trois mois de terme pour venir à sa cour à droit, auquel terme s'il ne venoit, et ne peut s'en purger de mesfaits et de la désobéissance que l'on lui mettoit sur devant tant de pairs de France, comme li roy nostre sire pouvoit avoir bornement au dit terme, et devant deux grands et hauts hommes de son conseil, soit prélats, ou barons, ou autres des plus grands et des plus convenables qu'il pourroit et auroit en sa bonne foy, ainçois fut jugié par les dits pairs que lors s'y pourroient estre bornement et pour les autres douze, ou pour la plus grande part d'iceux, que s'il eust fait le défaut, mesfait ou désobéissance, lors seroient les dites sentences publiées, et les forfaitures mises à exécution. Le quel jugement li dis nostre sire li rois fera rendre au nom des dites pairs, et ainsi si il estoit absouz par le jugement d'iceux ou tenu pour innocent, il s'en ira quitte et absolz de ce sur quoy il seroit appelé.» Traité de paix entre le roy Philippe-le-Bel et les enfans de Guy, comte de Flandre, en 1305. (*Recueil concernant les pairs, p. 176.*) Je ne vois pas qu'on puisse établir d'une manière plus claire la cour des pairs, et faire connoître combien elle est distinguée du parlement.

[271] «Le roy (d'Angleterre) au duc de Bretagne et pier de France, saluez, très-chere Cosyn tot soit-il eu et usé, et c'est raison que tous les debatz et questions entre le roy de France et nul des piers touchant des fiedz devient estre triez en la grant chambre devant les piers et par euz à ce appelez.... par quoi nous vous prions et requerrons que par l'estas des piers sauver et maintenir et par justice voillez aider ou par voye de requeste vers le dit roy de France, ou par autre voye convenable selon vostre bon conseil, comme les dites duresses et torz à nous faites puissent cesser, et l'estat de parenté puisse estre maintenu.... don. à Porcestr. le 6 jour d'octobre, anno 1324.» (*Recueil concernant la pairie, p. 532.*)

Les rois de France avoient réussi à faire porter au parlement les contestations qui s'élevoient entre eux et les pairs au sujet de la pairie; mais les pairs prétendoient qu'il devoit au moins assister six pairs à ces jugemens. *Cum in concordiâ super restitutione rerum occupatarum inter nos et vos nuper habita, inter cætera contineatur, quod si nuper restitutione hujusmodi facienda inter commissarios vestros et nostros si dubium orietur, tunc dubium illud in parliamento Franciæ, curia de sex paribus ad minùs munita, deferretur.* (Lettre d'Edouard III, à Philippe de Valois, du 11 avril 1336.)

[272] Voyez dans le recueil concernant la pairie, le premier mémoire des présidens à Mortier au sujet de leur dispute avec les pairs, pag. 12.

[273] Ce qui prouve encore que les demandes du comte d'Armagnac paroissoient fondées, c'est qu'on ne le débouta point, et «fut ordonné par la

cour que le procureur du roy viendroit dire ce que bon lui sembleroit.» Il plaida en effet contre le comte, et dit: «que la cour est souveraine, mesmement representant le roy en tout ce qu'elle fait, et par le roy en tous ses arrests et jugemens, ainsi aucun ne la peut décliner, soit en cause criminelle ou civile... et quant aux droits, prééminences et prérogatives alléguées par ledit comte, que le roy de ceuls de la maison de France doit connoître en personne, *non constat*, et ne s'en peut aider iceluy comte; car ou il dira que les dites prééminences et prérogatives appartiennent à ceux de la maison de France, de droit commun, ou par privilége, ou par coustume et usage, de droit commun, *non quia jure non cavetur*; ne aussi par privilége, car le dit comte n'en montre point, et sur ce n'y a ni privilége, ni ordonnance enregistrées en la dite cour, ou trésor des chartres, ne en la chambre des comptes, ne par coustume et usage, car on ne trouve point par arrest et jugement contradictoire, que le roy accompagné des pers de son royaume doye connoistre en sa personne des causes criminelles de ceux de la maison de France; et est la cour qui est souveraine et capitale du royaume nuement representant le roy, capable de connoistre de toutes causes criminelles et civiles, tant de ceux de la maison de France que des pers et autres, de quelque autorité qu'ils soient; et pour déroger à l'autorité de la dite cour conviendroit monstrer arrest, ou exploits contradictoires par lesquels apparust que la cour en l'absence du roy et des pers ne pust connoistre les dites causes, dont on ne savoit montrer, *guare*, &c. et ne vaut dire que le roy Philippe de Valois en sa personne, appellez les pers, connut de la cause du procureur du roy; et de madame Mahaut d'Artois, contre feu messire Robert d'Artois; car ce ne auroit esté regardé, *non ex necessitate*, ne que le roy fust abstraint à ce faire, *sed ad magis convincendum* le dit feu messire Robert d'Artois, et pour plus autoriser le procès, et pour ce que c'estoit le bon plaisir et vouloir du roy, de connoistre ladite matiere en sa personne et d'y appeller les pers lesquels n'estoient nécessité d'appeller.»

«Et ne se peut adapter le cas dudit messire Robert d'Artois au cas qui s'offre: car ledit d'Artois venoit en droite ligne de la souche, *et erat de lignatione* fils du fils du frere de St. Louis, et si estoit ledit comte d'Artois tenu en pairie et de l'appenage de France. *Secùs* est audit comte d'Armagnac qui n'est du lignage de par masle, et ne tient en pairie *Quarè*, &c. et se en aucun cas on avoit appellé les pers, ce auroit esté fait et regardé au regard des masles descendans en droite ligne des masles issus de la maison de France, comme estoit ledit messire Robert, neveu de messire Robert d'Artois, frere de S. Louis et fils du roy Louis VIII, qui mourut à Montpensier, qui ne doit estre trait à consequence, et ne peut attribuer aucune prérogative ou prééminence à ceux seroient venus de la maison de France; et si usage y avoit au regard des masles issus de la maison de France, il ne peut estre estendu à ceux qui seroient venus par filles, considéré que tels droits et prééminences concernent les masles, que les prérogatives données par le prince à aucun et à ses enfans, ne passent es filles, ne à ceux qui en descendent....

«Si en telles déclinatoires estoient reçues, les pers de France qui sont sujets en ladite cour, et autres plusieurs se vouldroient essayer de proposer de pareilles déclinatoires, et seroit en effet donner au roi charge importable, *et in summa* abolir et énerver, au moins fort diminuer l'autorité et souveraineté de ladite cour; laquelle tout paravant l'établissement d'icelle fait du temps de Philippe-le-Long, l'an 1320, que depuis, la cour a eu connoissance tant des pers que autres seigneurs sous conventions criminelles, comme du comte Ferrant, du comte Robert, que de Louis comte de Flandres, du comte de la Marche et autres; que telles déclinatoires, quand elles ont été proposées, n'ont esté reçues, mais par plusieurs arrests ont esté deboutez, tant contre le duc de Bourgogne, le duc de Bretaigne, et contre ledit messire Robert.

«Et supposé que lesdits arrests n'eussent esté donnés qu'en matieres civiles, toutes fois puisque la cour est souveraine et capable de toutes causes, lesdits arrests suffisent pour monstrer que es cas dessus dits, ne autres, la cour ne doit estre garnie des pers, mesmement touchant ceux qui sont parents du roi de par les femmes, se ledit comte ne monstre arrests et jugemens definitifs au contraire, et se en tous les procès criminels de ceux qui sont issus de la maison de France par fille, convenoit appeler les pers, les procès seroient immortels, et en effet illusoire. Car à faire lesdits procès les pers d'église ne s'y trouveroient pas, et au regard des pers lais le roy en tient les quatre, *videlicet* les duchés de Normandie et de Guyenne; et les comtés de Champagne et de Toulouse; et le duc de Bourgogne en tient les deus, c'est à savoir la duchié de Bourgogne et le comté de Flandres, lesquels il conviendroit assembler à tels et semblables procès, qui seroit chose impossible.»

[274] Le duc d'Alençon, soupçonné d'avoir traité avec les Anglois pour les faire entrer en Normandie, fut arrêté à Paris au mois de mai 1456. On le transporta à Melun, où le connétable alla l'interroger. Edmond de Boursier, maître des requêtes, deux conseillers au parlement et Jean de Longueil, lieutenant civil de la prévôté de Paris, furent nommés commissaires pour l'instruction du procès; elle dura deux ans. La pièce que je vais transcrire se trouve dans le Recueil des rangs des grands de France, par du Tillet.

«Sur les questions et difficultez que fait le roy, et dont il a écrit à sa cour de parlement par messire Jean Tudert son conseiller et maistre des requestes de son hostel, après que les registres de la dite cour ont esté sur ce veuz et visitez, a semblé à ladite cour bien assemblée sur ce et a délibéré ainsi et par la forme et maniere qui s'ensuit.

Premierement sur le premier article qui est tel. Premierement par devant quels juges doivent estre traitées les causes des pairs de France, touchant leurs personnes, et si par l'institution du parlement il y a aucunes réservations des causes qui peuvent toucher les personnes des pairs de France; a semblé que quand aucun pair de France est accusé d'aucun cas criminel qui touche ou peut toucher son corps, sa personne et estat, le roy en sa personne présent, quoique soit, appelez les pairs de France et autres seigneurs tenans en pairie, et ledit seigneur accompagné d'autres notables hommes de son royaume, tant notables prélats qu'autres gens de son conseil en doit cognoistre; et se trouve par les registres de ladite cour, que ainsi fut fait es procès de Robert d'Artois, messire Jean de Montfort et du roy de Navarre: il ne trouve point par l'institution du parlement, ne par aucune ordonnance, ne autrement, qu'il y ait aucune réservation des causes qui touchent ou peuvent toucher les personnes et estat des dits pairs de France; mais se trouve ainsi avoir esté observé et gardé les temps passés, et semble qu'ainsi se doit faire que dit est ci-dessus.

«Sur le second article contenant, *Item*. Si les causes des seigneurs du sang qui ne sont pas pairs de France doivent estre traictées en pareilles prérogatives, comme sont celles des pairs; la cour n'y a pu délibérer pour le présent, parce qu'il y a procès appoincté en droit en la dite cour en pareil cas, et seroit la deliberation de cet article en effet la décision du procès.» L'affaire du comte d'Armagnac dont il est parlé dans la remarque précédente.

«Sur le tiers article contenant, *Item*. Veut aussi sçavoir si mondit seigneur M. d'Alençon tient son dit duché d'Alençon en pairie, et supposé qu'il tienne en pairie, s'il doit jouir de pareil privilége et prérogative que feroit un des douze pairs de France touchant sa personne. Il se trouve par les régistres du parlement, que M. d'Alençon tient la Duché en pairie, et que les rois les temps passez l'ont tenu et reputé pour pair de France, et tenant en pairie, et pour ce semble qu'il en doit jouir comme les autres pairs.»

«Sur le quatrieme article contenant, *Item*. S'il s'étoit trouvé que les pairs deussent estre appellez à son procès, le roy veut sçavoir si les autres seigneurs du sang qui tiennent en pairie, et ne sont pas des douze pairs, doivent aussi estre nécessairement appelez et s'ils doivent, quant à ce, jouir des honneurs et prérogatives des dites douze pairs ou non. Il se trouve par les régistres anciens de ladite cour que ceux qui ont esté créés pairs de France et qui tiennent en pairie, furent presens appelez comme les anciens pairs, auxdits procès de Robert d'Artois, de messire Jean de Montfort et du roi de Navarre, et pour ce semble qu'ainsi se doit faire.»

«Sur le cinquième article contenant, *Item*. Veut sçavoir le roy si les douze pairs doivent estre présents au jugement, ou s'il suffist les appeler, jaçoit ce qu'ils n'y viennent, et s'ils n'y viennent, ou s'ils y viennent, que ceux qui y seroient par eux envoyez doivent estre receus à estre audit procès pour et au nom d'eux. Semble comme dessus qu'ils y doivent estre appelez, et s'ils y viennent, doivent estre presens et assister audit procès; et s'ils n'y viennent, le roy ne doit surseoir de procéder audit procès pour leur absence, et s'ils envoyent aucuns pour estre presens audit procès pour eux et en leur absence, semble qu'ils n'y doivent estre reçus, car ils y sont appelez et peuvent estre presens par l'autorité, dignité et prérogative de leurs personnes et seigneuries, en quoi ils ne peuvent, ne doivent subroger autres en leurs lieux, et ne se trouve point qu'es procès dessus dits autrement ait esté fait.»

«Sur le sixième article contenant, *Item*. Aussi le roi veut savoir si ceux qui doivent estre et seront appelez audit procès, pourront procéder sans la présence du roy, et si sadite presence y est nécessairement requise; car s'il estoit trouvé que non, il se mettroit lui et ses successeurs en grande servitude d'y estre présent, et pourroit desroger à son auctorité royale, laquelle chose il ne voudroit faire pour rien. Semble qu'on ne peut imposer nécessité précise au roy en ce cas ne autre; toutes fois parce qu'on trouve avoir esté observé aux procès dessus dits, les pairs de France et autres qui y furent appelez, ne procédèrent point sans la présence du roy. Bien se trouve que les rois commirent aucuns notables hommes pour procéder aux préparations des dits procès, comme à faire informations, à interroger les complices et coupables, et tels et semblables actes. Mais au regard des appointemens, ou jugemens interlocutoires ou deffinitifs, se trouve que les rois y furent toujours présens, et semble qu'il est très-expédient, convenable et raisonnable que pareillement le roy soit présent au procès de mon dit sieur d'Alençon, mesmement aux délibérations ou prononciations des jugemens et appointemens deffinitifs et interlocutoires qui se feront au dit procès, contre et touchant la personne du dit monsieur d'Alençon.»

«Sur le septième et dernier article contenant, *Item*. S'il est trouvé que le roy nécessairement doive y estre présent, il veut savoir, si le cas advenoit qu'il lui survînt aucun empeschement pour la chose publique, s'il suffiroit qu'il y commist aucun en son lieu. Semble que s'il survenoit empeschement nécessaire au roy, il seroit plus convenable et raisonnable proroger, ou continuer l'expédition dudit procès jusqu'à quelque autre temps qu'il y pourroit estre et vacquer, que d'y commettre autre en son absence; considéré la grandeur du personnage et le cas dont on traicte, et ne se trouve point qu'es procès dessus dits, de Robert d'Artois, de messire Jean de Montfort et du roy de Navarre, ait esté faict aucun appointement interlocutoire ou deffinitif, que le roy ne fust présent et seant en sa cour et majesté royale, et pour ce, semble qu'ainsi se doit faire.»

Après de pareilles pièces, comment le parlement osoit-il dire qu'il a toujours été la cour des pairs? Voici encore quelques autres preuves. «Le roi et le conseil, considérans que le cas étoit très-mauvais, et que c'étoit crime de lèse-majesté, ordonnèrent qu'on lui (au duc de Bretagne) envoyeroit certains commissaires, à l'adjourner pour comparoir en personne à Orléans par devant luy.» (*Hist. de Charles VI, par J. J. des Ursins, Ar. de R. p. 62.*)

La cour des pairs devoit s'ouvrir à Orléans, et le parlement étoit sédentaire à Paris; ces deux cours étoient donc très-distinguées.

Je prie de jeter encore les yeux sur l'arrêt rendu le 23 juin 1315 contre Robert, comte de Flandre. «A tous ceux qui ces présentes veront ou ouront, R. archevesque de Rheims, G. évesque de Langres, G. évesque de Laon, J. évesque de Beauvais, Kerles Cuens de Vallois et d'Anjou, et Malhault comtesse d'Artois, pairs de France, salut. Sçachent tuit que de par le roy nostre seigneur fut semons li comte de Flandre en la forme.... auquel terme de la dicte semonce, nous li pairs dessus dits à la requeste et mandement du roy venismes en la cour à Paris; et sesismes et tenuismes avec douze autres personnes, prelats et autres grands et hauts hommes, c'est à sçavoir reverend pere l'archevesque de Rouen, les évesques de Sainct Brioc et de Sainct Malo, M. Philippe, fils du roy de France, comte d'Evreux; M. Karles, fils du roi de France, comte de la Marche; M. Guy de Sainct Paul; M. Gaucher de Chastillon, comte de Porcien; M. Louis aisné, fils du comte de Clermont, seigneur du Bourbonnois; M. J. de Clermont, seigneur de Charolois; M. B. seigneur de Mareuil; M. Mille, seigneur des Noyers; esleus et mis à ce faire de par le roy nostre sire avec nous, comme cour garnie de nous, d'eux et autre plusieurs sages gens, et fust dit de par le roy devant nous que bonnement pooit avoir plus de pairs, &c.»

Cette pièce précieuse démontre évidemment que la cour des pairs formoit un tribunal distingué de tous les autres. Si les seigneurs, dont on vient de lire les noms, s'étoient simplement rendus au parlement pour y juger le comte de Flandre, pourquoi le nom même du parlement n'est-il pas prononcé dans cet arrêt? Pourquoi la cour est-elle assemblée à la requisition du roi, et suivant la forme ancienne de la justice féodale? Pourquoi cet arrêt seroit-il intitulé au nom des pairs?

On voit encore ce que c'étoit que la cour des pairs à l'occasion de l'assassinat du duc d'Orléans. Ce n'est pas au parlement que sa veuve vient demander justice, mais au roi. (*Voyez Monstrelet, T. 1. p. 32.*) «Elle vient à l'hostel St. Pol, demeure de Charles VI, fait sa plainte, auquel propos le chancellier de France qui seoit aux pieds du roy, par le conseil des ducs et seigneurs royaux; respondit et dit que le roy pour l'homicide et mort de son frere à lui ainsi exposée, et plutost qu'il pourroit, en feroit bonne et biesve justice.»

Le roi fit ajourner le duc de Bourgogne pour comparoître à Amiens, et s'y rendit pour y tenir sa cour. Il n'est point question là de parlement. Quand cette affaire fut reprise à Paris à l'hôtel Saint-Pol, la duchesse d'Orléans ne cessa point de demander justice au roi, et jamais elle ne s'adressa au parlement. Dans les écrits publiés sur cette affaire, cette princesse ne dit rien d'où on puisse inférer qu'il lui eût été défendu de porter sa plainte au parlement, ou que le roi eût empêché cette cour d'en connoître. Nous avons dans Monstrelet le plaidoyer de la duchesse d'Orléans et de son fils, et l'on y voit constamment que l'un et l'autre, en plaidant à l'hôtel de Saint-Pol, regardent le roi et les pairs comme le tribunal compétent pour juger le duc de Bourgogne.

[275] «Sur ce que mis a esté en délibération si l'on doibt plaider, juger et besongner en la cour de ceans; cependant que le roy vacquera et fera vacquer es procès de monsieur d'Alençon et besongnes pour lesquelles il a faicts adjourner au premier jour de juin prochain en la ville de Montargis les pairs de France et ceux qui tiennent en pairie, et aussi mandé deux de messieurs les présidens, et certain nombre de conseillers de la dite cour. Délibéré et ordonné a esté que les plaidoiries cesseront jusques à ce que la cour ait sur ce mandement du roy et que M. les présidens et autres de la cour qui iront de par delà, en parleront au roy et à Monsieur chancelier pour en faire sçavoir à la dite cour la volonté et bon plaisir du roy le plustost et le plus diligemment que faire ce pourront; et néantmoins que la cour en escrira au roy par mes dits Sieurs, lesquels lui présenteront les dites lettres s'ils voyent que besoin en soit; et au surplus la cour a délibéré et ordonné qu'au regard des jugemens et autres besongnes et expéditions delà on besongnera au matin, et après diner en la maniere accoustumée; mais pourtant on ne prononcera aucuns arrests ne jugez.» (*Registre du parlement, du 29 mai 1458.*) Cet arrêté n'est pas mal-adroit, et les présidens obtinrent par leurs négociations ce que le parlement désiroit.

Post dictum diem 30 hujus mensis Maii non fuit litigatum ex præcepto et ordinatione domini nostri regis qui curiam suam parlamenti transtulit, seu advocavit apud montem Argum, et ex indè apud Vandocinum in qua fuerunt pares Franciæ adjornati processui contrà dominum ducem Alenconii, et alias ut in litteris patentibus domini nostri regis curiæ parlamenti registratis pleniùs continetur. (Regist. du parlement.)

«Comme à l'occasion de certains grands cas, crimes et delits dont on a esté trouvé chargé nostre nepveu le duc d'Alençon, nous l'ayons fait constituer en arrest, et pour proceder à l'expedition de son procès, ayons par l'avis et deliberation des gens de nostre conseil voulu et ordonné par nos lettres patentes données au mois de may dernier passé, que nostre cour de parlement lors seante en nostre bonne ville de Paris, soit et fût tenue au lieu de Montargis, à commencer du premier jour du mois de juin dernierement passé, et jusqu'à la perfection dudit procès. Auquel lieu pour tenir icelle nostre cour, ayons ordonné et mandé faire venir nos amés et feaux conseillers, Yves de Scepeaulx, chevalier, premier président, et maistre Helie de Thoreiles aussi président, et aucuns des conseillers en icelle nostre cour tant clercs que laiz en bon et suffisant nombre au dit premier jour de juin.... Sçavoir faisons que nous desirant l'abbreviation et expedition du dit procès pour le bien de justice, voulant aussi obvier aux dits inconveniens, et nostre dit cour servir et estre en lieu propice à ce convenable, avons par l'avis et deliberation de nostre dit conseil voulu, ordonné et establi, voulons, ordonnons, et establissons de nostre puissance et authorité royalle par ces presentes nostre dit cour de parlement garnie de pers et aussi ceux de nostre sang et lignage et autres par nous mandés y estre et comparoir au douziesme jour d'aoust prochainemant venant, pour proceder outre et besogner au dit procès jusqu'à la perfection d'icelluy ainsi qu'il appartiendra par raison. Et afin qu'aucuns des susdits n'en puissent prétendre juste cause d'ignorance, nous voulons estre publiées en nostre dite cour séante au dit Montargis, et en nostre dite ville de Paris. Donné à Beaugency, le vingtiesme jour de juillet l'an de grace 1458. *Lecta, publicata et registrata apud Montargis in parlamento, vigesimo quinto die julii anno domini 1458. Lecta et publicata Parisiis in camera die 28 julii 1458.*»

Remarquez que ce qui restoit du parlement à Paris, ne se qualifie que de chambre, *camera*, tandis que la portion qui siége à Montargis, prend le titre de parlement. Je gagerois que ces lettres-patentes ont été dressées par des magistrats du parlement, ou du moins de concert avec eux: elles ouvrent une large carrière à l'ambition du parlement.

[276] En lisant les dernières remarques, on a dû s'apercevoir que l'opinion publique avoit mis une grande différence entre les anciens pairs et ceux qui tenoient en pairie.

[277] «Le 17 janvier 1484, le duc d'Orléans se rendit au parlement, et par la bouche de son chancelier, s'étant plaint qu'on n'avoit aucun égard aux demandes des derniers états; le premier président répondit, que le bien du royaume consiste en la paix du roy et de son peuple, qui ne peut estre sans l'union des membres, dont les grands princes sont les principaux, à quoi M. d'Orléans doit bien avoir égard. Par quoi et non pas pour réponse, mais par exhortation a dit M. d'Orléans, qu'il doit bien penser à ce qu'il a fait dire et proposer, et aviser que la maison de France soit par luy maintenue et entretenue sans division, et ne doit ajouter foi aux rapports qui lui pourroient estre faits. Et quant à la cour elle est instituée par le roi pour administrer justice, et n'ont point ceux de la cour d'administration de guerre, de finances, ne du fait et gouvernement du roy, ne des grands princes, et sont Mrs. de la cour de parlement gens clercs et lettrés pour vacquer et entendre au fait de la justice, et quand il plairoit au roy leur commander plus avant, la cour luy obéiroit; car elle a seulement l'œil et le regard au roy qui en est le chief, et sous lequel elle est, aussi venir faire ces remontrances à la cour, et néanmoins passer plus avant et faire autres exploits sans le bon plaisir et exprès consentement du roy ne se doit pas faire.

«Ledit messire Denis Mercier (chancelier du duc d'Orléans) a repliqué que M. d'Orléans est venu à la cour comme à la justice souveraine, et qui doit avoir l'œil et le regard aux grandes affaires du royaume.... Entend mondit Sr. d'Orléans que la cour avertisse le roi de ces choses....... Ne veut mondit Sr.

d'Orléans passer plus avant, sans avoir le conseil de la cour, et prier la cour, qu'elle veuille travailler pour le bien du royaume, et d'obvier à tous inconvéniens, et qu'il soit sceu au roy s'il est content d'estre se ainsi qu'il est.» (Regist. du parlement.)

CHAPITRE VI.

[278] «NOUS voulans abreger les procès et litiges d'entre nos subjects, et les relever des mises et depenses, et mettre certaineté es jugemens, tant que faire se pourra, et oster toute matiere de variations et contrariété: ordonnons, decernons, déclarons et statuons que les coustumes, usages et stiles de tous les pays de notre royaume, gardés et mis en escript, accordez par les coustumiers, praticiens et gens de chacun desdits pays de nostre royaume. Lesquels coustumiers, usages et stiles ainsi accordez, seront mis et escripts en livres; lesquels seront apportez par devers nous pour les faire veoir et visiter par les gens de nostre grand conseil, ou de nostre cour de parlement, et par nous les décreter et confirmer. Et iceulz usages, coustumes et stiles ainsi decretez et confirmez, seront gardés et observez es pays dont ils seront, et aussi en nostre cour de parlement es causes et procès d'iceulz pays. Et jugeront les juges de nostre royaume, tant en nostre cour de parlement, que nos baillifs, seneschaux et autres juges, selon iceulz usages, coustumes et stiles es pays dont ils seront, sans faire aultre preuve que ce qui sera escript audit livre. Et lesquelles coustumes, stiles et usages ainsi escripts, accordez et confirmez, comme dit est, voulons estre gardez et observez en jugement et dehors. Toutes fois n'entendons aucunement déroger au stile de nostre court de parlement.» (*Ordonn. du mois d'avril 1453, art. 125.*)

C'est en conséquence de cette dernière clause que le parlement a mérité le singulier éloge de Miraulmont. «J'admire, dit-il, une chose en cette cour, que pour estre composée de gens de savoir, intégrité et grande expérience, elle a tant gagné sur les lois des empereurs et ordonnances de nos rois qu'elle n'y est subjecte ni astrainte, ains jugeant d'équité modere la rigueur de la loi selon le temps, la matiere et la qualité des personnes.» De l'origine du parlement, (*p. 62.*) Si un pareil tribunal ne se corrompt pas promptement, ce sera un miracle.

«Cette rédaction de coutumes, dit l'abbé Fleury, dans son excellente histoire du droit Français, s'est faite fort lentement, et n'a été achevée que plus de cent ans après la mort de Charles VII. La plus ancienne est la rédaction de la coutume de Ponthieu, faite sous Charles VIII, et de son autorité, en 1495. Il y en eut plusieurs sous Louis XII, depuis l'an 1507. L'on continua à diverses reprises sous François I et sous Henri II; et il s'en trouva encore quelques-unes à rédiger sous Charles IX.... En ne comptant que les principales coutumes du royaume, on en trouvera bien soixante, la plupart fort différentes. Cependant on s'aperçut, il y a environ cent ans, (l'abbé Fleury fit imprimer son ouvrage en 1674) qu'il étoit arrivé beaucoup de changemens depuis les rédactions qui avoient été faites au commencement du même siècle, et qu'il y avoit des omissions considérables, de sorte que l'on réforma plusieurs coutumes, comme celles de Paris, d'Orléans, d'Amiens, ce qui se fit avec les mêmes cérémonies que les premières rédactions.»

[279] Pour le prouver, je ne rapporterai que deux articles de l'ordonnance donnée à Blois par Louis XII en 1498. «Pour ce que souvent advient que les comtes, barons, chevaliers, gentilshommes et autres ayant terres, hommes et sujets en nostre royaume, païs et seigneuries, se travaillent journellement de lever sur leurs dits hommes et sujets, et autres leurs voisins, plusieurs sommes de deniers, quantitez de pains et de vins, corvées, charrois et autres choses extraordinaires, tant pour remontrances qu'ils leur font et font faire de les garder des gens d'armes, menaces, que autres voyes indues et déraisonnables, à la grande foule de nostre peuple; voulans à ce pourvoir et garder nos dits sujets de toutes oppressions et foules, comme raison est, nous avons fait et faisons inhibitions et défenses à toutes manières de gens de quelque autorité, préeminence et qualité qu'ils soient, qu'ils ne prennent ni exigent ou permettent prendre et exiger en leurs terres et sur hommes et sujets ou autres, aucunes exactions indues, par forme de dons, tailles, aydes, corvées ne autrement, etc. (*Art. 139.*)

Pour ce que nous avons esté avertis que plusieurs seigneurs et gentilshommes mettent par chaque jour levages et nouveaux subsides sur les marchandises, qui se mettent sur les rivières et fleuves navigables, à la grande charge de nostre peuple; pour ces causes, etc.» (*Art. 141.*)

Fin des remarques du livre sixième.

REMARQUES ET PREUVES
DES
Observations sur l'histoire de France.

LIVRE SEPTIÈME.

CHAPITRE PREMIER.

[280] VOYEZ le dernier chapitre du quatrième livre.

[281] J'ai fait connoître cette situation dans le quatrième chapitre du livre précédent.

[282] Louis duc d'Orléans et frère de Charles V avoit épousé Valentine Visconti, sœur et héritière du dernier duc de ce nom, qui régna sur Milan. François Sforce, qui avoit épousé une bâtarde de ce prince, s'empara de cette succession, et ses descendans en jouissoient encore, quand le duc d'Orléans succéda à Charles VIII.

[283] Voyez le cinquième chapitre du livre quatrième.

CHAPITRE II.

[284] CES sentimens commencèrent à paroître dans les états que Louis XI tint à Tours en 1467. L'objet principal de ces états étoit de savoir quel apanage on feroit à Charles, frère du roi, et sur-tout de ne lui pas donner la Normandie. Voici de quelle façon s'expriment les gens des trois états. «Quand lesdites offres seront faites à mondit sieur Charles, où il ne s'en voudra contenter, mais voudroit attenter aucune chose, dont guerre, question ou debast pust advenir au préjudice du roy ou du royaume, ils sont tous délibérez et fermes de servir le roy en cette querelle à l'encontre de mon dit sieur Charles, et de tous autres qui en ce le voudroient porter et soutenir: et dès à present pour lors, et dès lors pour maintenant les dits des trois estats, pour ce qu'ils ne se peuvent pas si souvent rassembler, accordent, consentent et promettent de ainsi le faire et de venir au mandement du roi, le suivre, et le servir en tout ce qu'il voudra commander et ordonner sur ce.»

«Outre plus ont conclu lesdits estats, et sont fermes et determinés, que si mon dit sieur Charles, le duc de Bretagne ou autres faisoient guerre au roy nostre souverain seigneur, ou qu'ils eussent traité ou adhérence avec ses ennemis, ou ceux du royaume, ou leurs adhérens, que le roy doit procéder contre ceux qui le feroient..... Et dès maintenant pour lors, et dès lors pour maintenant, toutes les fois que lesdits cas écheroient, iceuz estats ont accordé et consenti, accordent et consentent que le roy sans attendre autre assemblée ne congrégation des estats, pour ce que aisément ils ne se peuvent pas assembler, y puisse procéder à faire tout ce que ordre de droit et de justice, et les statuts et ordonnances du royaume le portent.» Régistre des états tenus à Tours en 1467, par Jean-le-Prevost, greffier des états. Cette pièce se trouve dans le cérémonial français, par Mrs. Godefroy, tome 2, page 277.

[285] Ce qui se passa aux états tenus à Tours en 1483, sous Charles VIII, est une preuve que la nation étoit alors persuadée que l'autorité des princes et des grands étoit une partie essentielle de notre gouvernement et de notre droit public. Voyez la relation de Jean-Masselin, official de l'archevêque de Rouen, et l'un des députés de la province de Normandie; cette pièce se trouve dans le traité de la majorité de nos rois, par Dupuy, p. 233.

La délibération passa en cette sorte: «Nous déclarames en premier lieu, et fismes des protestations, qu'en l'élection de ce conseil (du roi) nous ne prétendions en aucune manière préjudicier à l'autorité et aux prérogatives des princes, et que nostre intention estoit que chacun d'eulz conservast son rang, sa dignité et son pouvoir, puisque, par leur bonté et bienveillance nous avons la liberté toute entière de parler et de traiter des affaires. En second lieu, que nous ne donnions nos suffrages que par forme d'avis et de conseil, et non pas comme une décision fixe et arrestée.»

«L'évesque de Chaalons dit que les princes ne devoient pas juger, que ce fût chose indécente et indigne de leur qualité, d'admettre quelques-uns du corps des estats dans le conseil du roy; vu qu'entre les députez, il y avoit des personnes de très-grand mérite et savoir, capables de soutenir avec honneur cette dignité; et bien que le faste et l'apparence extérieure leur manquast aussi bien que la grande autorité, cet honneur pourtant ne leur pouvoit estre dénié, puisqu'il étoit dû à leurs vertus et mérite.»

Les députés dont parle l'évêque de Châlons, ne conservèrent pas long-temps leur intégrité. «Tous ceux qui sembloient avoir le plus d'autorité, furent vivement tentez, et plusieurs furent facilement corrompus, soit en deferant aux prières de leurs amis, ou en cedant au credit et à l'autorité de ceux qui les prient, pour s'acquerir leur faveur et bonnes graces. Mais ils furent principalement attirés par les vaines promesses qu'on leur faisoit. Et certainement elles furent vaines au regard de plusieurs, d'autant que le nombre fut petit de ceux qui furent recompensés par dons de pensions ou offices, qui peut-être se trouvèrent de moindre valeur qu'ils ne l'avoient espéré. Il y en eut aussi plusieurs qui se laissèrent emporter par leur ambition aveugle et par avarice, et dans les délibérations l'on ne voyoit aucune vérité ni sincérité. Et la faute de ces personnes est d'autant plus grande et considérable qu'ils estoient les plus relevez en dignité et autorité entre les députez.»

«Il est certain que les longues et odieuses disputes touchant l'établissement de ce conseil, étoient devenues très-ennuyeuses, et que les suffrages de ceux qui favorisoient ce premier conseil, les prières, les reprimandes et les menaces de plusieurs avoient rendu presque immobiles les autres, qui disoient leur avis avec plus de vérité et de franchise; et il en restoit très-peu qui portassent cette affaire avec soin et affection; et s'étant entièrement relachez ils l'abandonnèrent sans se plus soucier de l'issue qu'elle auroit.»

J'ai déjà parlé de ces états de 1483; mais j'ai cru qu'on ne seroit pas fâché de trouver encore ici quelques autorités qui serviront de preuve à ce que j'ai dit, et qui font connoître le génie et le caractère de notre nation dans une circonstance très-critique. Si l'on voit d'un côté un peuple las de sa liberté et prêt à se vendre, n'aperçoit-on pas de l'autre combien l'autorité que les grands affectent est mal affermie? Leurs divisions préparent leur chute et le triomphe de la puissance royale.

[286] «Je ne veux pas oublier à vous dire une chose que faisoit le roy vostre grand père, qu'il luy conservoit toutes provinces à sa dévotion, c'estoit qu'il avoit le nom de tous ceux qui estoient de maison dans les provinces, et autres qui avoient autorité parmi la noblesse et du clergé, des villes et du peuple, et pour les contenter, et qu'ils tinssent la main à ce que tout fût à sa dévotion, et pour estre averti de tout ce qui se remuoit dedans lesdites provinces, soit en général, ou en particulier, parmy les maisons privées, ou villes, ou parmi le clergé, il mettoit peine d'en contenter parmy toutes les princes, une douzaine, ou plus, ou moins, de ceux qui ont plus de moyen dans le pays, ainsi que j'ai dit cy-dessus: aux uns il donnoit des compagnies de gens d'armes, aux autres quand il vacquoit quelque benefice dans le même pays, il leur en donnoit, comme aussi des capitaineries des places de la province, et des offices de judicature, selon et à chacun sa qualité; car il en vouloit de chaque sorte, qui luy fussent obligez, pour sçavoir comme toutes choses y passoient: cela les contenoit de telle façon, qu'il ne s'y remuoit rien, fust au clergé ou au reste de la province, tant de la noblesse que des villes et du peuple, qu'il ne le sceut: et en étant adverti, il y remedioit, selon que son service le portoit, et de si bonne heure qu'il empeschoit qu'il n'avoit jamais rien contre son autorité ny obéissance qu'on lui devoit porter, et pense que c'est le remède dont pourrez user, pour vous faire aisement et promptement bien obeir, et oster et rompre toutes autres lignes, accointances et menées, et remettre toutes choses sous vostre autorité et puissance seule. J'ai oublié un autre point qui est bien nécessaire qui mettiez peine; et cela se fera aisement, si le trouvez bon; c'est qu'en toutes les principales villes de vostre royaume, vous y gagniez trois ou quatre des principaux bourgeois et qui ont le plus de pouvoir en la ville, et autant de principaux marchands qui ayent bon credit parmi leurs concitoyens, et que sous main, sans que le reste s'en apperçoive, ni puisse dire que vous rompiez leurs priviléges, les favorisant tellement par bienfaits ou autres moyens, que les ayez si bien gagnez, qu'il ne se face ni die rien au corps de ville ny par les maisons particulières, que n'en soyez adverty;

et que quand ils viendront à faire leurs élections pour leurs magistrats particuliers, selon leurs privileges, que ceux-cy par leurs amis et pratiques, facent toujours faire ceux qui seront à vous du tout, qui sera cause que jamais ville n'aura autre volonté, et n'aurez point de peine à vous y faire obéir.» Extrait de l'état intitulé: avis donnez par Catherine de Medicis à Charles IX pour la police de sa cour, et pour le gouvernement de son état. Cette pièce se trouve dans les mémoires de Condé, édit. in-4°. de 1743, T. 4, p. 657.

[287] Telle fut l'assemblée que François I tint au parlement le 16 décembre 1527, et que quelques écrivains ont appelée improprement un lit de justice, puisqu'elle ne fut soumise à aucune des formes en usage dans le parlement. Si jamais il fut besoin de convoquer les états-généraux, ce fut dans cette occasion, où François I vouloit consulter sur la validité de l'article du traité de Madrid, par lequel il s'étoit engagé d'abandonner à l'empereur Charles-Quint le duché de Bourgogne et quelques autres seigneuries.

Outre les seigneurs et les grands officiers qui accompagnent le roi en pareilles occasions, on appela trois cardinaux, vingt archevêques ou évêques; les premiers présidens des parlemens de Toulouse, de Rouen et de Dijon, un président du parlement de Grenoble, le second président du parlement de Rouen, et le quatrième président ou parlement de Bordeaux, le prévost des marchands et les quatre échevins de Paris; trois conseillers du parlement de Toulouse, deux conseillers du parlement de Bordeaux, un du parlement de Rouen, un du parlement de Dijon, deux du parlement de Grenoble, deux du parlement d'Aix.

Après que le roi eut exposé l'affaire sur laquelle on devoit délibérer, le cardinal de Bourbon prit la parole et parla au nom du clergé. Le duc de Vendôme parla ensuite au nom des princes et de toute la noblesse du royaume. Jean de Selve, premier président du parlement de Paris, parla au nom de toute la magistrature et de la ville de Paris.

«Sur ce a, le dit Selve, premier président, demandé au dit seigneur roi, si son plaisir estoit que les cardinaux, archevêques et evesques, et autres gens d'église, les princes, nobles, ceux de la justice et de la ville advisassent ensemble ou separément, le suppliant d'en ordonner: à quoy le dit seigneur a fait réponse que les gens d'église s'assembleront à part, les princes et nobles à part, et ceux de la ville à part, et qu'ils en viennent faire réponse chacun à part.»

Quatre jours après, le 20 décembre, le roi se rendit une seconde fois au parlement pour entendre les avis des quatre corps. Le cardinal de Bourbon parla le premier au nom de l'église de France; le duc de Vendôme prit ensuite la parole pour les princes, seigneurs et gentilshommes. Le premier président de Selve harangua au nom de toute la magistrature, et enfin le prévôt des marchands parla pour la ville de Paris.

Il seroit inutile de m'étendre plus au long sur ces assemblées de notables qui ne produisirent jamais aucun bon effet, et qui s'assemblèrent tantôt au parlement, tantôt dans le palais du roi.

CHAPITRE III.

[288] Tout le monde sait que le parlement prêta serment entre les mains du duc de Bethfort, d'observer l'ordre de succession établi par le traité de Troye. Cette compagnie étoit fort dévouée à la faction de Bourgogne. «Du samedi 29 aoust 1417. Ce jour après diner, la court fut assemblée en la chambre de parlement, de la chambre des enquestes et requestes du palais, pour avis et délibération sur ce qu'on avoit rapporté et exposé en ladite court, c'est à savoir que le roy avoit voulu et ordonné en son grant conseil pour maintenir la ville de Paris en plus grande seureté, paix et tranquillité, et autres causes, de faire partir et eslongner de ladite ville de Paris, pour aucun temps aucuns des conseillers et officiers de ladite court, nommez et escripts en certains rolle, sauf à eux, corps, honneurs, offices et biens quelconques, ou quel rolle estoient escripts et nommés messire J. de Longweul, G. Petit, G. de Sens, G. de Berze, G. de Celfoy, Guy de Gy, Estienne Genffroi, J. Boulard, Estienne Desportes, Jean Percieres, J. de Saint Romain, H. de Mavel, Philippe-le-Begue, conseillers du roy. Jhue, J. Milet, notaire, J. Dubois, greffier criminel, G. de Buymont, J. de Buymont, Therrat, procureurs, Carsemarc, huissier dudit parlement, sous ombre de ce qu'on les soupçonnoit d'estre favorables ou affectés au duc de Bourgogne, lequel on disoit venir et adresser son chemin pour venir à Paris accompagné de gens d'armes, contre les inhibitions et deffenses du roy, et finalement ladite cour, pour aller devers les gens du grant conseil et leur exposer et remontrer entre autres choses l'innocence desdits conseillers et officiers ci-dessus nommés, afin que ledit rolle au regard d'eux fust aboly et ne feussent contraints 420 partir la ville de Paris, laquelle chose lesdits commissaires n'ont pu obtenir, jaçoit ce que les dessus nommez et chacun d'eux auroient lettres du roy, faisant mention que le roy envoye iceux conseillers et officiers dessus nommez et chacun d'eux à certaines parties de ce royaume pour certaines besongnes, touchant le fait du roy et de la court.» Registres du parlement. Cette pièce se trouve dans le recueil concernant la pairie par Lancelot, p. 698.

Remarquez, je vous prie, avec quel art et quel ménagement on traite cette compagnie; ce qui est une nouvelle preuve du crédit qu'elle avoit acquis au milieu des divisions du règne de Charles VI. Remarquez encore que le parlement n'avoit point alors l'honneur de s'adresser directement au roi, et ne portoit ses plaintes ou ses remontrances qu'aux ministres.

[289] «Aussi desiroit (Louis XI) de tout son cœur de pouvoir mettre une grande police au royaume, et principalement sur la longueur des procès, et en

ce passage vint brider cette cour de parlement, non point diminuant leur nombre ne leur authorité, mais il avoit à contre cœur plusieurs choses dont il les hayoit. *Comines, L. 6 ch. 6.*» Ce qui lui rendoit le parlement désagréable, c'étoit l'enrégistrement; il étoit choqué de se voir contraint d'envoyer à cette compagnie ses traités de paix, et de demander son approbation. «Et mesmement es dits de parlement, des comptes et des finances, que ces dites présentes ils vérifient et approuvent et les facent publier, &c. Traité de Conflans, en forme de lettres-patentes du 5 octobre 1465, pour terminer la guerre du bien public.»

[290] «Le roy vous défend que vous ne vous entremettiez en quelque façon que ce soit de l'estat, n'y d'autre chose que de la justice, et que vous preniez un chacun ces lettres en général de vostre pouvoir et délégation en la forme et maniere qu'il a esté cy devant fait. Pareillement vous défend et prohibe toute cour, jurisdiction et connoissance des matieres archiepiscopales, épiscopales et d'abbayes, et déclare que ce que attenterez au contraire soit de nul effet et valeur; et avec ce ledit seigneur a revoqué et revoque et déclare nulles toutes limitations que pourriez avoir faites au pouvoir et régence de madame sa mère... Ordonne que ce qui a esté enregistré en la dite cour contre l'autorité de la dite dame, sera apporté au dit seigneur dedans quinze jours pour le canceller, et de ce l'enjoint au greffier de la dite cour, sur peine de privation de son office... Semblablement le dit seigneur défend à la dite cour d'user cy après d'aucunes limitations, modifications, ou restrictions sur ses ordonnances, édits et chartes, mais où ils trouveroient qu'aucune chose y deust estre ajoutée ou diminuée au profit du dit seigneur ou de la chose publique, ils en avertiront le dit seigneur. D'autre part le dit seigneur vous dit et déclare que vous n'avez aucune jurisdiction ni pouvoir sur le chancelier de France, laquelle appartient audit seigneur et non à autre; et par ainsi tout ce que par vous a esté attenté à l'encontre de lui, il le déclare nul, comme fait par gens privez, non ayant jurisdiction sur luy, et vous a commandé et commande d'oster et canceller de vos registres tout ce que contre luy est fait, et enjoint audit greffier sur les peines que dessus, que dans le même temps il ait à rapporter les registres audit seigneur, canceller en ce qui touche le dit chancelier. Et d'autant que le dit seigneur a par chacun jour grosses plaintes et doléances de la justice mal administrée et des grands frais qu'il convient faire aux parties pour la recouvrer, et que ce jourd'huy lui avez fait dire que cela procede de ceux qui ont acheté leurs offices, et qui pour éviter frais, aucuns anciens reputez prudens la faisoient administrer en plusieurs lieuz, et a sçu le dit seigneur d'ailleurs, que les affinitez, lignages et grosses familiaritez de ceux qui sont es cours, causent les désordres: le dit seigneur à cette cause ordonnera que pour s'informer de tout, et après y pourveoir pour le bien de son royaume et descharge de sa conscience. Et veut et entend le dit seigneur que le présent édit soit enrégistré en son grand conseil et les cours de parlement. Edit du 24 juillet 1527.» Cet édit fut publié

en présence du roi dans son conseil, où les présidens et conseillers du parlement furent appelés.

[291] Voyez ce que j'ai dit dans les remarques du livre précédent au sujet de la cour des pairs, qui étoit distinguée du parlement avant le procès du duc d'Alençon.

[292] «Dans les dernieres années du regne de Louis XII, dit Mezeray, il arriva une chose qui sembla alors de très petite consequence, mais qui depuis a bien couté des millions aux sujets de l'état, et leur en coutera encore bien davantage. J'ai marqué dans le regne de Charles VIII, que le roy faisoit tous les ans un fonds de quelques six milles livres pour payer l'expédition des arrêts du parlement, afin que la justice se rendît tout à fait gratis. Un malheureux commis auquel on avoit donné ce fonds là, l'emporta et s'enfuit; le roi desiroit en faire un autre, mais comme il étoit fort pressé d'argent pour les grandes guerres qu'il avoit à soutenir, quelque flatteur luy fit entendre que les parties ne seroient point grevées de payer ces expéditions. En effet ils n'eurent pas d'abord grand sujet de s'en plaindre, parce qu'elle ne coutoient que six blancs ou trois sous la pièce; mais depuis, cette dépense s'est infiniment augmentée, et on ne peut pas dire sans étonnement jusqu'à quel point elle est montée aujourd'hui.

«Je puis à ce propos marquer ici l'origine des épices, qui est une autre charge que les misérables plaideurs se sont imposée eux-mêmes. Quelque partie qui avoit obtenu un arrêt à son profit, s'étant avisée, pour remercier son rapporteur, de lui donner des boîtes de dragées et de confitures qu'alors on nommoit épices, un second, puis un troisième, un quatrième et plusieurs autres ensuite le voulurent imiter. Ces reconnoissances volontaires furent tirées à consequence, et devinrent un droit nécessaire; les juges crurent être bien fondés de les demander quand on ne les donnoit pas. Après ils les taxèrent, puis à la fin ils les convertirent en argent. Tant il est dangereux de faire réglément des présens à des personnes qui s'en peuvent faire un droit quand il leur plait.»

[293] Le voile a été déchiré, par la révolution que la magistrature du royaume a éprouvée dans ces derniers temps. Le chancelier de Maupeou a rompu la chaîne des traditions de la doctrine et de l'ambition des parlemens. Il nous a fait connoître que ces compagnies n'avoient pas la force que nous leur attribuions. Il nous a fait sentir une grande vérité; que tout ordre de citoyens qui favorise le despotisme, dans l'espérance de le partager avec le prince, creuse un abyme sous ses pas, et assemble un orage sur sa tête. Nous voyons de la manière la plus claire ce que c'est aujourd'hui que l'enrégistrement. Si vous désirez que cette vaine formalité soit moins ridicule qu'elle ne l'est dans les mains des nouveaux magistrats, désirez que les offices ne soient pas donnés par la cour, et que le gouvernement se trouve forcé de

faire de la vente des charges une affaire de finance. Alors les parlemens tâcheront de reprendre leur ancien esprit, et en faisant semblant de servir le public, ils se prépareront une seconde disgrace.

[294] Voyez l'histoire de Thou, L. 13.

[295] Voyez encore l'histoire de Thou, L. 35.

[296] Voyez l'avant-dernière remarque du livre précédent. Dans le discours que le chancelier de l'Hôpital prononça au lit de justice tenu à Rouen à l'occasion de la majorité de Charles IX, il parla d'une ancienne erreur où sont les magistrats ou juges supérieurs, qui s'imaginent qu'il leur est permis d'éluder ou d'affoiblir les lois, sous prétexte de les interpréter ou de les appliquer avec plus de justice.

[297] «De par le roi. Nostre amé et féal pour aucunes causes qui nous meuvent, lesquelles nous vous dirons, nous voulons, vous mandons et commandons, que doresnavant, vous ne instituez, ne faciez ou souffrez recevoir et instituer, aucuns officiers quelsconques en notre cour de parlement, pour quelconque élection qu'icelle cour aye faite ou fasse, ne aussi en nos chambres des comptes et des generaux de la justice, pour quelconques retenues ou dons que ayons faicts. Car nous en retenons à nous toute l'ordonnance et disposition, et le faites sçavoir à nos gens de nos dites cours et chambres, afin que n'en puissent prétendre ignorance, et par eulx en vostre absence, et sous vostre sceu ne fasse au contraire.» Lettres de Charles VII à son chancelier, du 2 mars 1437. Elles furent enrégistrées au parlement le 2 d'avril suivant.

«Que doresnavant quant les lieuz de presidens et des autres gens de nostre parlement vacqueront, ceux qui y seront mis, soient prins et mis par élection, et que lors nostre dit chancelier aille en sa personne en nostre court de nostre dit parlement, duquel il soit faicte ladicte élection, et y soient prinses bonnes personnes, sages, lettrées, expertes et notables selon les lieuz où ils seront mis, afin qu'il y soit pourveu de teles personnes comme il appartient à tel siege, et sans aucune faveur ou acceptation de telles personnes.» Ordon. du mois de janvier 1400, art. 18. Il est aisé de juger que la présence du chancelier ne pouvoit pas s'allier avec la liberté; c'étoit lui en effet qui décidoit de toutes les places. Ce qu'il y a de plus extraordinaire, c'est que l'on continuoit à faire des ordonnances pour autoriser les élections dans le temps même que les offices de judicature se vendoient publiquement.

«Avons à cette cause ordonné et ordonnons que doresnavant en faisant les dites élections et nominations des dits présidens et conseillers, iceux nos dits presidens et conseillers ainsi élisans et nommans, jureront sur les saints évangiles de Dieu es mains du premier président de la dite cour, ou autre qui en son absence présidera, d'élire sur son honneur et conscience, celui qu'il sçaura et connoîtra estre le plus lettré, expérimenté, utile et profitable pour les dits offices respectivement exercer au bien de justice et chose publique de nostre royaume.» Ordon. de Blois en 1498, art. 31. La liberté que Louis XII voulut rendre au parlement venoit trop tard; on avoit déjà contracté l'habitude de faire un trafic des magistratures, et d'ailleurs, la cour étoit trop puissante pour que sa recommandation ne fût pas aussi dangereuse que la présence du chancelier.

[298] «Nous ordonnons que doresnavant aucun n'achette office de president, conseiller ou autre office en nostre dite cour, et semblablement d'autre office de judicature en nostre royaume, ne pour iceux avoir baillé, ne promettre, ne fasse bailler, ne promettre par lui ne autre, or, argent, ne chose équipolent, et de ce il soit tenu faire serment solemnel avant que d'estre institué et reçu, et s'il est trouvé avoir fait ou faisant le contraire, le privons et déboutons à présent du dit office, lequel déclarons impétrable.» (*Ordon. de Charles VIII en juillet 1493, art. 68.*)

Par l'ordonnance du mois d'avril 1453, art. 84, on voit que Charles VII se plaignoit déjà que les praticiens achetassent des protections à la cour pour obtenir des offices de judicature. Cet abus étoit trop étendu pour qu'on pût espérer d'y remédier, en condamnant les coupables à des amendes, et en les déclarant incapables de posséder aucun office royal.

Cette corruption s'est conservée jusqu'au temps de la vénalité authentique des offices, et nous la verrons renaître, si l'ordre nouvellement établi par Maupeou peut subsister. Le 1 janvier 1560, dit Thou, livre 24, François II fit un édit pour rétablir les élections des magistrats; ordonnant quand une place vaqueroit, qu'on lui proposeroit trois sujets dont il en choisiroit un; cette ordonnance, ajoute-t-il, fut depuis plusieurs fois renouvelée, et ne fut jamais exécutée, par l'ambition et la cupidité des courtisans qui tiroient de grosses sommes de la vente des offices, et qui, sous prétexte de remplir les coffres du roi, firent que, par des édits bursaux on augmenta à l'infini le nombre des juges. Ainsi, cet ordre illustre, qu'il importoit tant de conserver dans tout son éclat et dans sa dignité, pour contenir par là dans le devoir les autres ordres de l'état, commença à s'avilir peu à peu; des hommes indignes de leur place et sans mérite, parvinrent aux honneurs de la magistrature par leurs seules richesses et par la faveur des grands, dans la seule vue d'un intérêt bas et sordide.

[299] Voyez le recueil des œuvres du chancelier de l'Hôpital, ou l'histoire de Thou, liv. 25.

[300] «Le peuple, qui entend la division qu'il y a entre la dite cour et vostre conseil, se rend plus difficile à vous rendre l'obéissance qu'il doit. Je passerai plus outre, que la cour en ses remontrances use bien souvent de cette clause qui peut estre cause de beaucoup de maux.

«La cour ne peut ny doit, selon leur conscience enteriner ce qui lui a esté mandé; et avec le même respect je proteste, comme j'ai jà fait, de ne vouloir parler de cette compagnie qu'avec honneur, je dis, sire, que de ces paroles en avient souvent de grands inconvéniens. Le premier est, que comme le peuple entend que messieurs de la cour sont pressés si avant par vostre autorité, qu'ils sont constraints de recourir au devoir de leurs consciences, il fait sinistre jugement de la vostre, et de ceux qui vous conseillent, qui est un grand aiguillon pour les acheminer à une rebellion et désobéissance: le second inconvenient est qu'il avient souvent que ces messieurs, après avoir usé de ces mots si severes et rigoureux, peu de temps après, comme s'ils avoient oublié le devoir de leurs consciences, passent outre et accordent ce qu'ils avoient refusé: et par expérience il vous souvient, sire, qu'il y a environ deux ans, qu'ils refusèrent par deux fois vos lettres-patentes sur les facultés de monsieur le cardinal de Ferrare, usant toujours de ces mots: nous ne pouvons ne devons selon nos consciences; et toute fois deux mois après sur une lettre missive en une matinée, ils reçurent et approuverent les dites facultez qu'ils avoient refusées avec tant d'opiniâtreté. Je demanderois volontiers ce que deviennent lors leurs consciences. Ce qui me fait dire, et les prie, sire, en vostre presence, qu'ils soient désormais plus retenus à user de telles clauses, et considérer que s'ils demeurent en leurs opinions, ils font grand tort à vostre majesté; s'ils changent, ils donnent à mal penser à beaucoup de gens de leurs consciences.»

Dans ces derniers temps, le parlement a souvent dit, dans ses remontrances, qu'il a manqué à son devoir en enregistrant tel édit ou telles lettres-patentes, et qu'il ne l'a fait que pour donner des preuves de son amour et de son respect pour le roi. Quel étrange langage pour des magistrats! En avouant que quelque chose leur est plus précieux que la justice, ne se décrient-ils pas auprès du public?

[301] On a vu, dans la dernière remarque du livre précédent, deux articles de l'ordonnance de Blois en 1498, par laquelle Louis XII avoit tâché de réprimer la tyrannie des seigneurs. Je vais prouver, par des pièces, que cet esprit subsiste.

«Comme depuis nostre avenement à la couronne, nous ayant esté faites plusieurs et diverses plaintes du peu de reverence que beaucoup de nos sujets ont aux arrests de nos cours souveraines, et autres jugemens donnez en cas de crimes, tellement que la plupart desdits arrests, sentences et jugemens demeurent inexecutez et illusoires, ce qui avient pour ce que ceux qui par lesdits arrests, sentences et jugemens sont condamnés au supplice de mort, ou autre grande peine corporelle, ou bien bannis de nostre royaume, et leurs biens confisqués, n'estant pas comparus aux assignations qui leur ont été baillées, et n'ayant pu estre pris prisonniers, tiennent fort en leurs maisons et biens, là où après lesdits arrests, sentences et jugemens, ils ne devroient trouver lieu de refuge, ni de sûr accès en cettuy nostre royaume, sont reçus, recueillis et favorisez de leurs parens, amis ou autres personnes qui les reçoivent et latitent au grand mepris et contemnement de nous et de notre dite justice, dont il advient plusieurs meurtres et autres grands inconveniens, tant pour l'observation de nostre dite justice, que pour le repos public et general de tous nos sujets, lesquels sans l'obeissance et reverence de nostre dite justice, ne pourroient estre longuement entretenus en union et tranquillité. Pour ce estoit, que nous après avoir mis cette affaire en délibération avec les princes de nostre sang et gens de nostre conseil privé, estans les nous: avons par leur avis, dit, statué et ordonné, et par la teneur de ces dites presentes, disons, statuons, voulons et ordonnons que doresnavant quand il y aura aucun de nos sujets condamné, soit par defauts, coutumaces ou autrement, au supplice de mort, ou autres grandes peines corporelles, ou bannis de nostre dit royaume et leurs biens confisqués, nos autres sujets, soient leurs parens ou autres, ne les pourront recueillir, recevoir, cacher ni latiter en leurs maisons; mais seront tenus s'ils se retirent devers eux, de s'en saisir pour les représenter à la justice afin d'ester à droit, autrement en défaut de ce faire, nous voulons et entendons qu'ils soient tenus pour coupables, et consentans des crimes dont les autres auront esté chargés, condamnés et punis comme leurs alliez et complices, de la mesme peine qu'eux, davantage à ceux qui viendront relever à justice lesdits receptateurs, nos officiers en procédant à l'encontre d'eux sur le fait du dit recelement, adjugent aux dits revelateurs par même jugement la moitié des amendes et confiscations esquelles lis auront condamné lesdits receptateurs; et quant à ceux desdits condamnés qui après lesdits arrests, sentences et jugemens donnez à l'encontre d'eux, ne voudront obéir aux exécuteurs d'iceux, et tienront fort en leurs maisons et châteaux contre les gens et ministres de nostre dite justice, nous voulons et entendons que lorsqu'il sera apparu de ladite rebellion, les baillifs et seneschaux, au ressort desquels seront assis lesdites maisons et châteaux, assemblent ban et arriere ban, prévosts des mareschaux et les communes; et s'ils ne sont assez forts, que les mareschaux de France et gouverneurs des provinces à la premiere sommation et requeste qui leur en sera faite, et leur faisant apparoir de ladite rebellion, comme dessus est dit, assemblent davantage les gens de nos ordonnances, et si besoin est, fassent sortir le canon pour faire mettre en exécution lesdits arrests, sentences et jugemens, et fassent telle ouverture des dites maisons et châteaux, que la force nous en demeure. Voulons qu'en signe de ladite rebellion, outre la punition qui sera faite suivant nos édits, de tous ceux qui se trouveront dans lesdites maisons et châteaux avoir adhéré aux dits rebelles, ils fassent démolir, abattre, raser icelles maisons et châteaux sans qu'ils puissent estre puis après restablis ni réédifiez, si ce n'est par nostre congé et permission.» (*Ord. de François II, du 17 décembre 1559.*)

«Sur la remontrance et plainte faite par les députez du tiers état, contre aucuns seigneurs de nostre royaume, de plusieurs extorsions, corvées, contributions et autres semblables exactions et charges indues, nous enjoignons très-expressement à nos juges de faire leur devoir et administrer justice à tous nos sujets, sans exception de personnes de quelque autorité et qualité qu'ils soient, et à nos avocats et procureurs y tenir la main et ne permettre que nos pauvres sujets soient travaillez et opprimez par la puissance de leurs seigneurs feodaux, censiers et autres, auxquels defendons intimider ou menacer leurs sujets et redevables, leur enjoignons se porter envers eux moderement et poursuivre leurs droits par les voyes ordinaires de justice, et avons dès a présent révoqué toutes lettres de commission et délégation accordées et expédiées ci-devant à plusieurs seigneurs de ce royaume, à quelques juges qu'elles aient esté adressées, pour juger en souveraineté les procès intentés pour raison des droits d'usage, paturage, et autres prétendus, tant par les dits seigneurs que pour leurs sujets, manans, et habitans des lieux et renvoyé la connoissance et jugement des dits procès à nos baillifs et séneschaux ou à leurs lieutenans, et par appel à nos cours de parlement chacun en son rapport.» (*Ordon. de Charles IX, en janvier 1560, en conséquence des états-généraux tenus à Orléans, art. 106.*)

«Entendons toutefois maintenir les gentilshommes en leurs droits de chasses à grosses bestes, es terres où ils ont droit, pourvu que ce soit sans le dommage d'autrui, même du laboureur. (*Ibid. art. 108.*)

Parce qu'aucuns abusans de la faveur de nos prédécesseurs par importunité ou plustost subrepticement ont obtenu quelques fois des lettres de cachet et closes ou patentes, en vertu desquelles ils ont fait sequestrer des filles et icelles épousé et fait épouser contre le gré et vouloir des pères, mères et parens, tuteurs ou curateurs, chose digne de punition exemplaire; enjoignons à tous juges procéder extraordinairement et comme un crime de rapt, contre les impetrans et ceux qui s'aideront de telles lettres, sans avoir aucun égard à icelles. (*Ibid. art. 111.*)

Parce que plusieurs habitans de nos villes, fermiers et laboureurs se plaignent souvent des torts et griefs des gens et serviteurs des princes, seigneurs ou autres qui sont à nostre suite, lesquels exigent d'eux des sommes de deniers pour les exempter de logis, et ne veulent payer qu'à discrétion: enjoignons aux prevosts de nostre hostel et juges ordinaires des lieux, proceder sommairement par prévention et concurrence à la punition des dites exactions et fautes, à peine de s'en prendre à eux. (*Ibid. art. 116.*)

Défendons à tous capitaines de charrois, tant de nos munitions de guerres ou artillerie, qu'autres nos officiers, et de ceux de nostre suite, prendre les chevaux des fermiers et laboureurs, si ce n'est de leur vouloir, de gré à gré, et en payant les journées, à peine de la hard. (*Ibid. art. 117.*)

Défendons aussi à tous pourvoyeurs et sommeliers d'arrester ou marquer plus grande quantité qu'il ne leur faut, ni de prendre des bourgeois des villes, laboureurs et autres personnes, vin, bled, foin, avoine et autre provision sans payer, ou faire incontinent arrester le prix aux bureaux des maistres d'hostel, ni autrement abuser en leurs charges, à peine d'estre à l'instant cassez et de plus grande punition s'il y échet, aux quels maistres d'hostel enjoignons payer ou faire payer huit jours après le prix arresté. (*Ibid. art. 118.*)

Sur la plainte des députez du tiers-état, avons ordonné qu'il sera informé à la requeste de ceux qui le requerront, contre toutes personnes, qui sans commission valable, ont levé ou fait lever deniers sur nos sujets, soit par forme d'emprunts, cottisations particulieres ou autrement, sans avoir baillé quittance, et d'iceux rendront compte, pour l'information vue en nostre conseil privé, y estre pourvu comme appartiendra par raison. (*Ibid. art. 130.*)

Avons déclaré que les dits gouverneurs (des provinces) ne peuvent et leurs deffendons donner aucunes lettres de grace, de remission et pardon foires, marchez et légitimation, et autres semblables, d'évoquer les causes pendantes par devers les juges ordinaires, et leur interdire la connoissance d'icelles, s'entremettre aucunement du fait de la justice. (*Ordon. de Moulins, er février 1566, art. 22.*)

Parce qu'à nous seul appartient lever deniers en nostre royaume, et que faire autrement, seroit entreprendre sur nostre autorité et majesté, deffendons très expressément à tous nos gouverneurs, baillifs, séneschaux, trésoriers et généraux de nos finances, et autres quelconques nos officiers, d'entreprendre de lever ou faire lever aucuns deniers en nos pays, terres et seigneuries, et sur les sujets d'icelles, quelque autorité qu'ils ayent, ou pour quelque cause que ce soit, ne permettre qu'aucuns en lèvent, soit en particulier ou de communauté, sinon qu'ils ayent nos lettres patentes précises et expresses pour cet effet. (*Ibid. art. 23.*)

Ceux qui tiendront fort en leurs maisons et chasteaux contre nostre justice et décrets d'icelle, et n'obéiront aux commandemens qui leur seront faits, confisqueront leurs dites places à nostre profit, ou des hauts justiciers à qui il appartiendra, soit en pays où confiscation a lieu, soit en autre: sauf si pour certaines grandes causes est ordonné par nous ou justice que les dites maisons et chasteaux seront demolies et rasez pour exemple.» (*Ibid. art. 29.*)

Dans l'ordonnance donnée à Paris, au mois de mai 1579, sur les plaintes des états-généraux assemblés à Blois, on trouve dans les articles 274 et 275 les mêmes dispositions que dans l'ordonnance de Moulins, que je viens de rapporter, art. 22 et 23.

«Deffendons à tous seigneurs et autres, de quelque état et qualité qu'ils soient, d'exiger, prendre ou permettre estre pris, ou exigé sur leurs terres et sur leurs hommes ou autres, aucunes exactions indues, par forme de taille, aydes, crues, ou autrement, et sous quelque couleur que ce soit ou puisse estre, sinon es cas des quels les sujets et autres seront tenus et redevables de droit, où ils peuvent estre contraints par justice, et ce sur peine d'estre punis selon la rigueur de nos ordonnances, sans que les peines portées par icelles puissent estre moderées par nos juges.» (*Ordon. de may 1579, art. 280.*)

«Défendons aussi à tous gentilshommes et seigneurs de contraindre leurs sujets et autres à bailler leurs filles, nièces ou pupilles en mariage à leurs serviteurs ou autres, contre la volonté et liberté qui doit estre en tels contrats, sur peine d'estre privez du droit de noblesse et punis comme coupables de rapt, ce que semblablement nous voulons aux mesmes peines estre observé contre ceux qui abusent de notre faveur par importunité, ou plustost subrepticements ont obtenu et obtiennent de nous lettres de cachet, closes ou patentes en vertu desquelles ils font enlever et sequestrer filles, icelles épousent et font épouser contre le gré et vouloir du pere, mere, parens, tuteurs et curateurs.» (*Ibid. art. 281.*)

«Abolissons et interdisons tous péages de travers nouvellement introduits, et qui ne sont fondés en titre ou possession légitime; et seront ceux à qui lesdits droits de péages appartiennent, tenus entretenir en bonne et due reparation les ponts, chemins et passages, et garder les ordonnances qui ont été faites par les rois nos prédécesseurs, tant pour la forme du payement des dits droits en deniers, que pour l'affiche ou entretennement d'un tableau ou pancarte: le tout sur les peines portées par lesdites ordonnances, et de plus grièves, s'il y echet.» (*Ibid. art. 282.*)

«Pour les continuelles plaintes que nous avons de plusieurs seigneurs, gentilshommes et autres de nostre royaume qui ont travaillé et travaillent leurs sujets et habitans du plat pays où ils font résidences, par contributions de deniers ou grains, corvées ou autres semblables exactions indues, mesme sous la crainte des logemens des gens de guerre, et mauvais traitement qu'ils leur font ou font faire par leurs agens et serviteurs: enjoignons à nos baillifs et seneschaux tenir la main à ce qu'aucun de nos dits sujets soient travaillez ni opprimez par la puissance et violence des seigneurs, gentilshommes ou autres.» (*Ibid. art. 283.*)

«Défendons à tous sommeliers et pourvoyeurs tant nostres qu'autres, d'enlever aucuns bleds, vins, et autres vivres sur nos sujets sans payer comptant ce qu'ils enlèveront.» (*Ibid. art. 326.*)

«Sur la plainte à nous faite par lesdits ecclésiastiques que pour les ports d'armes, forces et violences qu'aucuns de nos sujets commettent, sont tellement redoutez, que les sergens n'osent approcher et n'ont sûr accès en leurs maisons pour leur donner des assignations requises en telles poursuites; avons ordonné et ordonnons que toutes personnes ayans seigneuries ou maisons fortes, et autres de difficile accès, demeurans hors des villes, seront tenus élire domicile en la prochaine ville royale de leur demeure et résidence ordinaire; et quant aux assignations et significations, sommations, commandemens et exploits, qui seront faits aux dits domiciles élus, vaudront et seront de tel effet et valeur, comme si faits estoient à leurs propres personnes, en baillant audit domicile eslu delay competant, selon la distance des lieux, pour leur faire sçavoir lesdits exploits, qui seront faits à l'un des officiers, baillifs, presvosts, lieutenans, procureurs fiscaux, greffiers, fermiers ou receveurs et domestiques; et seront de tel effet et valeur, comme s'ils étoient faits à leurs propres personnes ou domiciles; et en matière criminelle, au défaut de ladite élection, permettons iceux faire ajourner à son de trompe et cri public, en la plus prochaine ville royale de leur demeure.» (*Ordonn. de février 1580, art. 32.*)

Voilà une longue suite d'ordonnances qui prouve invinciblement avec quelle force les abus nés pendant la licence des fiefs étoient enracinés dans les esprits: on feroit un volume de réflexions sur les articles qu'on vient de lire. Combien les citoyens n'étoient-ils pas divisés? Pourquoi s'étoient-ils faits des intérêts contraires? Que notre législation étoit grossière! Le conseil mal-habile du roi croyoit qu'il suffisoit de publier une ordonnance et de faire des menaces pour remédier à un abus. Je me contenterai d'observer que les autorités que je viens de rapporter dans cette remarque, servent à confirmer plusieurs autres points de notre histoire, dont j'ai parlé dans mon ouvrage. Je prie encore le lecteur d'examiner avec soin, si les Français, en conservant tant de vices, tant d'abus et tant de préjugés de leur ancien gouvernement féodal, tandis que le roi se servoit si mal de sa puissance législative, n'étoient pas fortement invités à se cantonner encore dans leurs terres ou dans les provinces qu'ils gouvernoient tyranniquement. On retrouve sous les fils de Henri II les mêmes vices, les mêmes erreurs, la même foiblesse qui formèrent le gouvernement féodal sous les rois de la seconde race.

[302] Ce n'est qu'en 1644 que les magistrats du parlement acquirent une noblesse qu'ils transmirent à leurs descendans. Jusqu'alors ils n'avoient joui que d'une noblesse personnelle, ou des priviléges de la noblesse, tels que sont ceux qu'on accorde aux roturiers qui possèdent aujourd'hui quelque charge à la cour. «Nous avons maintenu et gardé, maintenons et gardons les officiers de nos dites cours, dans leurs anciens priviléges, prérogatives et immunités attribués à leurs dites charges, sans toutefois qu'eux ni leurs descendans puissent jouir des priviléges de noblesse et autres droits, franchises, exemptions et immunitez à eux accordez par des édits et déclarations pendant et depuis l'année 1644, que nous avons revoquez et annullez, revoquons et annullons par ces présentes; ensemble toutes autres concessions de noblesse, priviléges, exemptions et droits, de quelque nature et qualité qu'ils puissent être, accordez en conséquence, aux officiers servans dans lesdites compagnies

que nous avons pareillement déclarez nuls et de nul effet. Voulons qu'en conséquence de la révocation des dits priviléges, tous lesdits officiers, de quelque ordre et qualité qu'ils puissent être, soient retenus et rétablis au même et semblable état qu'ils étoient auparavant les édits, déclarations, arrests et réglemens intervenus pour raison de ce, pendant et depuis l'année 1644; sans qu'eux ni leurs descendans puissent directement ni indirectement user ni se prévaloir du bénéfice d'iceux, qui seront censés nuls, de nul effet et comme non avenus.» Edit donné en août 1669.

Louis XIV se ressouvenoit de la guerre de la Fronde. En 1690, il rétablit les priviléges accordés au parlement en 1644. Je ne retrouve point dans mes papiers la note que j'avois faite de cet édit de 1690. Mais, ce qui revient au même, je rapporterai ici la déclaration du 29 juin 1704, en faveur des substituts du procureur-général. «Nous avons, par notre édit du mois de novembre 1690, déclaré et ordonné que les présidens, conseillers, nos avocats et procureurs-généraux de notre cour de parlement de Paris, premier et principal commis au greffe civil d'icelle alors pourvus, et qui le seroient cy-après, lesquels ne seroient pas issus de noble race, ensemble leurs veuves demeurant en viduité, et leurs enfans et descendans, tant mâles que femelles, nez et à naître en légitime mariage, seroient réputez nobles, et comme tels jouiroient des droits, priviléges, rangs et prééminences dont jouissent les autres nobles, etc. Nous avons déclaré et ordonné, déclarons et ordonnons, voulons et nous plaît que nos dits conseillers substituts de notre procureur-général au parlement de Paris, soient et demeurent compris et aggrégez au nombre des officiers de la dite cour, dénommez et compris en notre édit du mois de novembre 1690. Voulons, etc.» (*Déclaration du 29 juin 1704*).

[303] Avant que de rapporter le discours du président de Saint-André, le lecteur ne sera pas fâché de lire ici la harangue du chancelier de l'Hôpital, telle qu'on la trouve dans les mémoires de Condé, tome 2, p. 529.

«L'estat du parlement est de juger les différends des subjects et leur administrer la justice. Les deux principales parties d'un royaume sont que les ungs le conservent avec les armes et forces; les autres l'aydent de conseil, qui est divisé en deux. Les ungs advisent et pourvoyent au faict de l'estat et police du royaume; les autres jugent les différends des subjects, comme ceste court qui en a l'auctorité presque par tout le royaume. Ceux du conseil privé manient les affaires de l'estat par les lois politiques et autres moyens. Aultre prudence est nécessaire à faire les lois que à juger les différends. Cellui qui juge les procès, est circonscript de personnes et de temps et ne doit excéder cette raison. Le législateur n'est pas circonscript de temps et personnes; ains doit regarder *ad id quod pluribus prodest*; oresque à aucuns semble qu'il fasse tort, et est comme cellui qui est *in specula* pour la conservation de l'universel, et ferme l'œil au dommaige d'un particulier. Le dict parce que tous les jours viennent plainctes qui font parler les gens de cette disconvenance du conseil du roi et du dict parlement. Les édicts qui sont advisez par le conseil sont envoyez à la court, comme l'on a accoustumé de toujours; et les rois luy en ont voulu donner la connoissance et délibération, pour user de remontrances quand ils trouvent qu'il y a quelque chose à monstrer. Les remontrances ont toujours esté bien reçeues par les roys et leur conseil; mais quelque fois ont passé l'office de juge; et ce parlement qui est le premier et plus excellent de tous les autres, y deust mieulx regarder; et toutes fois est advenu que en déliberant sur les édicts, il a tranché du tout ou en partie; et après avoir faict remontrances et en la volonté du roy, a faict li contraire. Aucuns cuident, comme lui, que cela se faict de bon zèle; autres pensent que la cour oultrepasse sa puissance. Quand les remontrances d'icelle sont bonnes, le roy et son conseil les suivent et changent les édits, dont la cour se deust contenter, et en cest endroit cognoistre son estat envers ses supérieurs.»

Le président de Saint-André répondit. «N'a point entendu que quant y a eu édicts du dict seigneur presentés à icelle, elle y ait faict aucune désobéissance; mais les roys très-chrétiens voulans que leurs lois fussent digerées en grandes assemblées, afin qu'elles fussent justes, utiles, possibles et raisonnables, qui sont les vrayes qualitez des bonnes lois et constitutions, après les avoir faictes, les ont envoyées à la dicte court, pour cognoistre si elles estoient telles. Quand la dicte court les a trouvées autres; en a faict remontrance, qui a esté suivre la volonté des roys et non rompeure des lois, lesquelles ne servent de rien, si elles ne sont que escriptes: car leur force est en l'exécution, et chacun sçait qu'elle n'y est pas et qu'elle est plus nécessaire en ce temps qu'elle ne le fut oncques..... Vray est que cy-devant aucuns édicts ont esté envoyez ceans n'appartenans en rien à l'auctorité de la court; mais semble que ce ayt esté pour une autorisation: comme ceulx qui concernent les aydes, gabelles et subsides, dont la dicte court ne s'est jamais meslée, ains de domaine seulement, et toutes fois pour obéir, n'a laissé de les faire publier avec la limitation *in quantum tangit domanium*, dont la connoissance lui appartient.»

[304] Voyez la remarque 287 du chapitre précédent.

[305] Cette assemblée se tint le 6 janvier 1558, au palais, dans la chambre de S. Louis. Après que Henri II y eut prononcé un discours relatif aux malheureuses circonstances dans lesquelles se trouvoit le royaume, le cardinal de Lorraine prit la parole et promit au nom du clergé de puissans secours d'argent. Le duc de Nevers, qui parla pour la noblesse, assura qu'elle étoit prête à prodiguer son sang et ses biens pour la gloire du roi. Jean de Saint-André, à genoux, remercia le roi au nom du parlement et de toutes les cours supérieures, d'avoir bien voulu former entre la noblesse et le tiers-état un ordre particulier en faveur des magistrats: il offrit la vie et les biens de ceux pour qui il parloit. André Guillard du Mortier montra le même zèle en portant la parole pour le tiers-état. (*Voyez l'histoire de Thou, l. 9.*)

La vanité du parlement, si content en 1558 de n'être plus compris dans l'ordre de la bourgeoisie, fit des progrès rapides; et dans l'assemblée des notables, tenue à Paris en 1626, il ne voulut plus souffrir qu'il y eût de distinction entre l'ordre de la magistrature et ceux du clergé et de la noblesse. Nous avons une relation de cette assemblée par le procureur-général du parlement de Navarre, et je vais en rapporter un morceau tel qu'on le trouve dans le cérémonial français, par Mrs. Godefroy, p. 402.

«J'ay remarqué cy-dessus, dit l'historien, qu'après les discours faits à l'ouverture de l'assemblée, le garde des sceaux avoit comme en passant dit, que la volonté du roy étoit que sur les propositions la dite assemblée opinât par corps et non par têtes. L'effet de cette déclaration parut à la première séance, ou Monseigneur frère du roy, ayant fait opiner par têtes, et après commandé au greffier de lire les opinions, le dit greffier lut les avis par corps, disant: Mrs. du clergé sont d'un tel avis; Mrs. de la noblesse d'un tel, et Mrs. les officiers d'un tel. Sur quoi Mrs. les officiers, par la bouche de M. le premier président de Paris, remontrèrent à mondit seigneur, qu'outre que cette façon de recueillir les voix étoit préjudiciable, voire honteuse aux officiers, entant que par ce moyen on les distinguoit du clergé et de la noblesse, pour les jeter dans un tiers-état et plus bas ordre, elle étoit nouvelle et contraire aux usages pratiqués ès assemblées de cette nature, protestans n'y vouloir consentir. A quoi mondit seigneur répondit avoir commandement de sa majesté d'en user ainsi; mais qu'ils pouvoient avoir recours à elle et lui faire leurs très-humbles remontrances.

Le lendemain les dits officiers étant allez trouver sa majesté au Louvre, lui représentèrent par la bouche du premier président de Paris, le préjudice et la honte que ce leur seroit d'opiner par corps, puisque représentans les cours de parlemens et autres compagnies souveraines, composées de tous les trois ordres du royaume, ils se verroient néanmoins réduits au plus bas, et à représenter le tiers-ordre séparé de ceux du clergé et de la noblesse, lesquels n'avoient à présent sujet de se distinguer d'eux, puisque toujours ils ont réputé à honneur de pouvoir être reçus à opiner avec eux dans les dites compagnies. Que la vocation qu'eux tous avoient en ladite assemblée étoit différente, en ce que ceux du clergé et de la noblesse y sont appellez par la volonté et faveur particulière du roi, qui en cela avoit voulu reconnoître le mérite d'un chacun d'eux; mais que les premiers présidens et procureurs généraux y étoient appellez par les lois de l'état, suivies de la volonté de sa majesté pour y représenter toute sa justice souveraine: qu'ès assemblées des notables comme celle-cy, faites sous les rois ses prédécesseurs, même en celle de Rouen convoquée par sa majesté en 1617, les dits officiers avoient opiné avec MM. du clergé et de la noblesse, ensemblement par têtes, sans aucune distinction ni différence d'ordres, dont la séparation seroit d'ailleurs suivie de plusieurs difficultés, à cause des divers présidens qu'il faudroit établir, chaque corps désirant l'honneur d'être présidé par monseigneur, et même de grandes longueurs pour ce que toujours après avoir opiné séparément, il faudroit s'assembler pour conférer les avis et en former un général sur chaque proposition.»

«Sur quoi sa majesté prononça qu'on opineroit par têtes et ensemblement, se réservant à elle de faire opiner par corps où il écherroit des difficultez. Neantmoins à la premiere séance après, le premier président de Paris absent, sur la proposition qui fut faite, monseigneur demanda les avis à MM. du clergé, qui tous les portèrent à l'oreille de M. le cardinal de la Valette; et après MM. de la noblesse, lesquels le dirent à l'oreille de M. le maréchal de la Force; lesquels sieurs cardinal et maréchal de la Force les rapportèrent, disans; l'avis du clergé est tel, et celui de la noblesse tel. Et mon dit seigneur ayant demandé les avis aux officiers, M. le second président de Paris ayant fait le sien, M. du Mazurier, premier président de Toulouze, protesta ne vouloir opiner, puisque contre l'intention de sa majesté, on opinoit par corps; et mon dit seigneur luy ayant dit qu'il avoit ordre du roy d'en user ainsi, le dit sieur Mazurier, et avec lui plusieurs des dits officiers, se levèrent pour sortir, mais par le commandement exprès et réitéré de mon dit seigneur, ils se rassirent, protestans de recourir à sa majesté, laquelle étoit ce jour-là allée prendre le plaisir de la chasse à Versaille.

«Le même jour les dits officiers s'étant assemblez chez le premier président de Paris, résolurent de faire leurs plaintes à sa majesté, à son retour de Versaille, et de ne se trouver point cependant à l'assemblée; ce qui succéda heureusement à cause des fêtes où l'on entroit, pendant lesquelles l'assemblée choma. Sa majesté étant de retour, le procureur-général du parlement de Paris rapporta l'être allé trouver au Louvre, et de soi-même lui avoir fait les plaintes que tous les officiers étoient prêts à lui porter, avec les raisons de leurs justes ressentimens, et qu'elle lui avoit commandé de leur dire, que son intention étoit de les contenter en cet endroit, et que pour cet effet, elle donneroit ordre à Monseigneur son frère de les faire opiner par têtes sans distinction: ce qui fut depuis pratiqué en toutes les séances et délibérations: ès quelles après la lecture de la proposition qui étoit portée par le procureur-général du parlement de Paris, Monseigneur demandoit les avis à Mrs. les premiers présidens des parlemens, commençant par celui de Paris, et ensuite aux procureurs-généraux comme ils étoient assis; après à M. le lieutenant civil; aux premiers présidens et procureurs-généraux des chambres des comptes de Paris et Rouen; après aux premiers présidens et procureurs-généraux des cours des aydes des dits lieux, après à Mrs. de la noblesse, commençant par ceux qui n'ont point l'ordre; ensuite à Mrs. du clergé, commençant par le bout d'en bas de leur banc; après à Mrs. les maréchaux de la Force et de Bassompierre, en commençant par celui-cy; après à M. le cardinal de la Valette, et finalement Monseigneur opinoit lui-même. Après que tous avoient opiné, mondit seigneur commandoit au greffier de lire les avis, chacun desquels il avoit écrit en un cahier, et après les avoir comptés, la délibération se formoit par la pluralité. Il est vrai que quelquefois, selon les matières, mondit seigneur commençoit à prendre les avis par Mrs. de la noblesse, autres fois par ceux du clergé, ce qui arriva peu souvent.»

[306] Voyez liv. 2, chap. 2, remarque 54.

[307] «Il y a dans le premier régistre du parlement, une déclaration de Charles VII, en date de cette année 1453, par laquelle il est ordonné que les officiers du parlement de Paris et de celui de Toulouse auront rang et séance dans l'une et dans l'autre de ces compagnies du jour de leur réception. Le parlement de Paris ne s'en étant pas tenu à cette déclaration, ce fut la cause que celui de Toulouse délibéra, en 1467, que nul des présidens ni des conseillers du parlement de Paris ne seroit reçu à celui de Toulouse, jusqu'à ce que les officiers de celui de Paris auroient acquiescé à cette déclaration.» (*Annales de Toulouse, p. 218.*)

L'unité du parlement, distribué en différentes classes, n'étoit pas une nouveauté. Voyez du Tillet, Recueil des rois de France, ch. du conseil privé du roi. «Le roy, dit cet écrivain, n'a qu'une justice souveraine par lui commise à ses parlemens, lesquels ne sont qu'un en divers ressorts.»

[308] On a vu dans les remarques précédentes comment l'ancienne cour des pairs et le parlement se confondirent sous le règne de Charles VII, à l'occasion du duc d'Alençon. Dès lors le parlement se regarda comme la cour des pairs; mais il falloit quelque événement important et remarquable, pour bien constater et fixer cette doctrine. Le procès du prince de Condé, condamné à mort, sous François II, et rétabli sous Charles IX, fut l'événement favorable que le parlement attendoit. Ce prince, qui refusa de reconnoître le conseil du roi pour son juge compétent, ne réclama point l'ancienne cour des pairs, dont personne peut-être alors n'avoit l'idée. Charles IX lui ayant ensuite donné des lettres-patentes pour reconnoître son innocence, il n'en fut pas content, et voulut être justifié en plein parlement. Le 13 mars 1560, le roi donna des lettres-patentes en conséquence, et le prince de Condé les porta lui-même au parlement le 20 mars; et dans le discours qu'il prononça, dit, qu'il ne reconnoissoit que cette compagnie pour juge.

De là tout le bruit que fit le parlement de Paris, lorsque Charles IX fit publier sa majorité au parlement de Rouen: il ne manqua pas de dire dans ses remontrances, qu'il étoit la vraie et seule cour des pairs; qu'il est contre toutes les règles de vérifier les édits dans les parlemens de province, avant que de les avoir vérifiés au parlement de Paris; que celui-ci est le premier et la source de tous les autres parlemens, et qu'il est seul dépositaire de l'autorité des états qu'il représente. (*Voyez l'histoire de Thou, l. 35.*)

[309] C'est sous la présidence de Maupeou, aujourd'hui vice-chancelier et père du chancelier, que le parlement reprit l'ancienne doctrine de l'unité des parlemens; mais la malheureuse aventure du duc de Fitsjames ne laissa pas subsister long-temps cette opinion. Quoique le parlement de Toulouse eût montré dans cette circonstance les plus grands égards pour l'autorité et les prérogatives du parlement de Paris, cette dernière compagnie fut indignée que les magistrats de Toulouse eussent osé informer contre le duc de Fitsjames et le décréter: elle fit des arrêts pour déclarer qu'elle étoit uniquement et essentiellement la cour des pairs; et les parlemens de provinces en firent de leur côté pour réprouver cette doctrine. Personne ne s'aperçut que cette querelle puérile mettoit tous les parlemens sur le penchant du précipice: en effet, s'ils avoient été unis, et qu'ils eussent compté les uns sur les autres, jamais le chancelier de Maupeou n'auroit osé former le projet qu'il vient d'exécuter.

[310] Une des choses qui prouve le mieux la futilité de tous les sentimens chimériques que le parlement a enfantés sur son origine, ses droits et son autorité, c'est l'espèce d'égalité dans laquelle la chambre des comptes s'est maintenue. On a vu dans les remarques précédentes que le greffe de la chambre des comptes ne servoit pas moins de dépôt aux lois que le greffe même du parlement, et que les ordonnances ont quelquefois été envoyées à la chambre des comptes, avant que d'être portées au parlement.

On ne sera peut-être pas fâché de trouver des lettres assez extraordinaires de Philippe-de-Valois du 13 mars 1339, adressées à la chambre des comptes; le parlement auroit bien su tirer parti d'un pareil titre.

«Philippe par la grace de Dieu, roi de France. A nos amez et feaulz les gens de nos comptes à Paris, salut et dilection. Nous sommes ou temps present moult occupez pour entendre au fait de nos guerres, et à la deffense de nostre royaume et de nostre peuple, et pour ce ne povons pas bonnement entendre aux requestes delivrez tant de grace que de justice, que plusieurs gens tant d'églises, de religion que autres nos subjets nous ont souvent à requerre. Pourquoy nous qui avons grant et plaine fiance dans vos loyautez, nous commettons par ces presentes lettres plenier povoir à durer jusques à la feste de la Toussains prochaine à venir, de ottroier de par nous à toutes gens tant d'église, de religion comme seculiers, graces sur acquets, tant fais comme à faire à perpétuité, de ottroier privileges et graces perpetuelles et à temps à personnes seculieres, églises, communes et habitans des villes, et impositions, assis et maletostes pour leur proufit et du commun des liez, de faire grace de rappel à bannis de nostre royaume, de recevoir a traicté et composition quelques personnes et communitez sur causes, tant civiles que criminelles, qui encore n'auront esté jugées, et sur quelconques autres choses que vous verrez que seront à ottroier, de nobiliter bourgeois et quelconques autres personnes non nobles, de légitimer personnes nées hors mariage, quant au temporel, et d'avoir succesion de pere et de mere, de conferter et renouveller privileges, et de donner lettres en cire vert sur toutes les choses devant dites, et chascune d'icelles, à valoir perpétuellement et fermement sans revocation et sans empeschement, et aurons ferme et stable tout ce que vous aurez fait es choses dessus dites et chacune d'icelles.» M. Du Puy a rapporté cette pièce dans son traité de la majorité de nos rois, p. 153.

CHAPITRE IV.

[311] VOYEZ l'histoire de Thou, liv. 12.

[312] Ces remontrances sont du 16 octobre 1555. Voyez l'histoire de Thou, l. 16.

CHAPITRE V.

[313] VOYEZ l'histoire de Thou et les mémoires de Condé, t. 6.

[314] «Traité d'association fait par Msgr. le prince de Condé avec les princes, chevaliers de l'ordre, seigneurs, capitaines, gentilshommes, et autres de tous estats qui sont entrez ou entreront cy-après en la dicte association, pour maintenir l'honneur de Dieu, le repos de ce royaume, et l'estat et liberté du roy, sous le gouvernement de la royne sa mere, le 11 avril 1562.»

On voit par cette pièce qu'étant question de réformer la religion, on ne songeoit aucunement à réformer le gouvernement. On voit qu'on cachoit ses vrais sentimens, en feignant de s'armer en faveur du roi et de la reine sa mère: misérable comédie que nous avons vu se renouveler dans la guerre de la Fronde; et qu'on n'auroit point jouée, s'il n'avoit pas été nécessaire de se prêter à l'opinion publique au sujet de l'autorité royale. «Et durera cette présente association et alliance inviolable, jusqu'à la majorité du roy; c'est assavoir jusques à ce que sa majesté estant en aage, ait pris en personne le gouvernement de son royaume, pour lors nous soumettre à l'entiere obeissance et subjection de sa simple volonté; auquel temps nous esperons lui rendre si bon compte de la dicte association, comme aussi nous ferons toutes et quantes fois qu'il plaira à la royne, elle estant en liberté, qu'on cognoistra que ce n'est point en ligue ou monopole défendu, mais une fidelle et droicte obéissance pour l'urgent service et conservation de leurs majestés.

Nous nommons pour chef et conducteur de toute la compagnie, Monseigneur le prince de Condé, prince du sang, et par tout conseiller nay, et l'un des protecteurs de la couronne de France; lequel nous jurons, etc.

En quatriesme lieu, nous avons compris et associé à ce present traicté d'alliance, toutes les personnes du conseil du roi, excepté ceux qui portent armes contre leur devoir, pour asservir la volonté du roy et de la royne, lesquelles armes s'ils ne posent, et s'ils ne se retirent, et rendent raison de leur faict en toute subjection et obéissance, quand il plaira à la royne les appeler, nous les tenons avec juste occasion pour coupables de leze-majesté, et perturbateurs du repos public du royaume.

Nous protestons derechef n'estre faicte (la dite association) que pour maintenir l'honneur de Dieu, le repos de ce royaume, et l'estat et liberté du roy sous le gouvernement de la royne sa mère.»

Dans la déclaration que le prince de Condé fait à l'empereur et aux princes de l'Empire, il dit que l'autorité des états est absolue pendant la minorité des rois, et il ajoute: «Laquelle autorité ne dure que pour le temps de la minorité des roys jusques à leur aage de quatorze ans.... Telle administration n'est pour diminuer la grandeur et authorité des roys que nous recognoissons estre instituez de Dieu; à laquelle ne voulons aucunement resister, car autrement seroit resister à la puissance divine, mais pour entretenir, garder et conserver leur bien, pendant que, selon l'impuissance de nature, ils ne peuvent encore administrer, mais estant parvenus en l'aage de quatorze ans, cesse toute administration; et tout est tellement remis en sa main, qu'il n'est contredit ni empesché en chose qui lui plaise d'ordonner.» (*Mém. de Condé, t. 4, p. 56.*)

[315] Histoire de Thou, L. 24. Vous verrez que ceux qui s'engagèrent dans la conjuration d'Amboise pour perdre les Guises, avoient pris l'avis des plus célèbres jurisconsultes de France et d'Allemagne, ainsi que des théologiens les plus accrédités parmi les protestans. Tous ces docteurs furent d'avis qu'on devoit opposer la force à la domination peu légitime des Guises; pourvu qu'on agît sous l'autorité des princes du sang qui sont nés souverains magistrats du royaume.

Lettres de Charles IX du 25 mars 1560, pour la convocation des états-généraux. «Aucuns des dietz estats se sont amusez à disputer sur le faict du gouvernement et administration de ceslui nostre royaume, laissans en arrière l'occasion pour laquelle les faissions rassembler, qui est chose surquoi nous avons bien plus affaire d'eux et de leur aide et conseil que sur le faict du dict gouvernement.... Nous vous mandons et ordonnons très-expressément que vous ayez à faire entendre et sçavoir par tout vostre ressort et jurisdiction, à son de trompe et cry publicq, ad ce que aucun n'en prétende cause d'ignorance, qu'il y a union, accord et parfaicte intelligence entre la royne nostre très honorée dame et mere, nostre très cher et très amé oncle le roy de Navarre, de present nostre lieutenant général, réprésentant nostre personne par-tout nos royaume et pays de nostre obéissance, et nos très chers et très amez cousins le cardinal de Bourbon, prince de Condé, duc de Montpensier et prince de la Rochesurion, tous princes de nostre sang, pour le regard du dict gouvernement et administration de ceslui nostre royaume; lesquels tous ensemble ne regardans que au bien de nostre service et utilité de nostre dict royaume, comme ceulx à qui et non autres le dict affaire touche, y ont prins le meilleur et plus certain expédient que l'on sçauroit penser; de maniere qu'il n'est besoin à ceulx des estats de nostre dict royaume, aucunement s'en empescher, ce que leur défendons très expressement par ces presentes; surtout qu'ils craignent nous desobeir et déplaire.» (*Mém. de Condé, t. 2, p. 281*).

[316] «La court pour obvier, empescher et éviter aux oppressions, incursions, assemblées et conventicules qui se font journellement, tant en ceste ville que autres villes, villaiges, bourgs et bourgades du ressort d'icelle, dont il peult advenir tel dommaige et inconvénient qu'il est advenu en plusieurs villes, lieux et bourgs du royaume, a permis et permet à tous manans et habitans, tant des dictes villes, villaiges, bourgs et bourgades que du plat pays, s'assembler et équiper en armes pour resister et soi défendre contre tous ceux qui s'assembleront pour saccager les dictes villes, villaiges et églises, ou autrement, pour y faire conventicules et assemblées illicites, sans que pour ce les dicts manans et habitans puissent estre déferez, poursuivis et inquiétez en justice, en quelque sorte que ce soit, enjoint neantmoins aux officiers des lieux, informer diligemment et procéder contre tous ceux qui ainsi s'assembleront, et feront presches, assemblées, conventicules ou oppressions au peuple, gens d'église, leurs personnes et biens, et de tout en avertir la dicte court sous peine de s'en prendre aux dicts officiers. Enjoint aussi la dicte court au procureur-général du roy envoyer la presente ordonnance en chacun des bailliages, et seneschaussées de ce ressort, pour y estre publiée. Faict en parlement le 13 juillet 1562.

«Sur la requeste et remontrance ce jourd'huy faictes en la court par le procureur-général du roy, &c. La court la matiere mise en délibération a enjoinct et enjoinct très expressement à Messire René de Saulseux, chevalier, à présent capitaine par ordonnance du roy en la ville de Meaulz, de faire tout debvoir et diligence, assembler bon nombre de gens de guerre, tant de la dicte ville que des champs, pour prendre et appréhender tous les dicts rebelles, séditieux et perturbateurs de l'estat de ce royaume, portans armes contre le roy, et à ceste fin lui a permis et permet faire assembler et armer les habitans du plat pays, pour porter confort et ayde à la force du roy, par toutes voyes et manieres qu'il verra estre à faire, mesmes par son du toczin, en telle maniere que le roy soit obey, la force lui demeure, et la justice faicte promptement de telles persones si malheureuses et pernicieuses à Dieu et aux hommes.» (*Arrêt du 27 janvier 1563*).

[317] «La court, toutes les chambres assemblées, sur les remontrances et requestes à elle faictes par les capitaines des dixaines de ceste ville de Paris, oys les gens du roy, et, sur le tout la matiere mise en déliberation, et aux fins

de l'arrest d'icelle, du vingt-septiesme novembre dernier, ordonne que chacun des dicts capitaines assemblera ung bon nombre des plus apparens et notables personnaiges de leurs dixaines, tels qu'ils verront bon estre, lesquels seront tenus y assister, pour enquerir des suspects et notez de la nouvelle secte et opinion, et de la cause et occasion des suspitions, soient officiers du roy en icelle court, grand conseil, chambres des comptes, généraulz de la justice des aydes, des monnoyes, chancellerie, chastellet de Paris, tresor, eaues et forest, et autres corps, colleges et communaultez, tant ecclésiastiques que seculiers, de quelque estat, qualité et condition qu'ils soient, et ceulx de leurs maisons et familles, pour faire les dicts capitaines leurs procès verbaulx dans huitaine, qu'ils bailleront incontinent au procureur-général du roy, pour iceulx veus par la court en ordonner: esquels procès verbaulx ne seront nommez et escripts les personnes qui y auront assisté; mais les bailleront au dict procureur-général par un roolle à part et secret, sans le relever, trois jours après; laquelle huitaine passée, enjoinct icelle court aux dicts capitaines faire la recherche chacun en leur dixaine, à mesme instance, jour et heure, sans dissimulation, faveur et hayne d'aucunes personnes et entreprinses sur les quartiers les ungs des autres, &c.» Cet arrêt est du 28 janvier 1562.

Voici une lettre que le parlement écrivit à la reine mere le 29 mars 1562. «Par une lettre de vostre majesté que nous a communiquée monsieur le maréchal de Montmorency, nous avons sceu que la maison du roy est exempte de l'exercice de la nouvelle opinion; et parce que celle ne nous semble assez; car la maison du dict seigneur à laquelle la vostre et celles de nos seigneurs ses freres et madame sont jointes, ou à mieulx dire, ne sont que une, est le miroir de tous les subjects, avons avisé vous remonstrer et supplier très humblement, nostre souveraine dame, n'y endurer personne qui ne soit de l'ancienne religion que nos très chrestiens roys ont tenue, et vos majestez veulent continuer; car les paroles gastens comme le dict exercice: aussi vos dictes majestez sont chargées envers Dieu, non-seulement d'estre très chrestiennes; mais de faire que le royaume demeure très chrestien; et la tolérance que avé accordée par la pacification, est par nécessité, en espérance de reduire le tout à l'union qui estoit auparavant la division de religion; celle excuse ne peult estre en la dicte maison, autrement seroient forcés vos dictes majestez de se servir de personnes qui ne leur seroient fidelles: car en diversité de religion, ne se trouve oncques dilection ne sureté de bon office.»

[318] J'ai déjà prouvé que les états croyoient depuis long-temps n'avoir que le droit de faire des doléances et des représentations. Pour juger du peu de cas qu'on en devoit faire sous les fils d'Henri II, voyez le discours du chancelier Guillaume de Rochefort, aux états tenus à Orléans en 1483. Il a l'audace de leur dire: «vous pouvez connoître avec quelle liberté le roi vous a permis de vous assembler et de dire vos avis sur les affaires, avec quelle douceur aussi il vous a donné audience; en ce que au commencement de votre

assemblée, vous ayant été offert des secrétaires du roi pour recevoir et rédiger par écrit vos actes, vous futes d'avis de n'admettre aucun parmi vous qui ne fût député par les états. Il vous donna de plus deux audiences fort longues, où il vous fut permis de lui représenter par écrit et de vive voix tout ce qui vous plairoit.... Le roi auroit pu sans vous appeler, délibérer et conclure dans son conseil sur vos articles, etc.» (*Traité de majorité de nos rois, par Dupuy, p. 258*). On termina ces états d'une manière digne de la considération qu'ils avoient acquise; les affaires les plus difficiles n'étoient pas encore terminées, et on enleva tous les meubles des salles où les ordres s'assembloient.

Dans l'assemblée des notables du 16 décembre 1527, François I dit dans son discours, «qu'il pense faire honneur à ses sujets de se montrer si familièrement avec eux, que de vouloir avoir leur advis et délibérations.» Si on lit le discours que le chancelier de l'Hôpital tint aux états d'Orléans, sous François II, on sera surpris que cet homme, d'ailleurs si éclairé, eût des idées si louches et si fausses du droit des nations.

Henri III croyoit déroger à sa toute-puissance, en promettant par serment, d'observer l'ordonnance qu'il accordoit aux prières des états de Blois. «S'il semble, disoit-il, qu'en ce faisant je me soumette trop volontairement aux lois dont je suis l'autheur, et me dispensent elles mêmes de leur empire, et que par ce moyen je rende l'autorité royale aucunement plus bornée et limitée que mes prédécesseurs: c'est en quoi la générosité du bon prince se connoît, que de dresser ses pensées et ses actions selon sa bonne foy, et se bander de tout à ne laisser corrompre, et me suffira de répondre ce que dit ce roy à qui on remontroit qu'il laisseroit la royauté moindre à ses successeurs qu'il ne l'avoit reçue de ses pères, qui est que il la leur lairroit beaucoup plus durable et assurée.»

Dans son traité de la majorité des rois, du Tillet nous apprend très-bien quelle étoit l'opinion des personnes les plus éclairées de son temps, sur l'autorité royale et les droits de la nation. «L'assemblée des estats, dit-il, est sainte, ordonnée pour la conférence des sujets avec leur roy, qui montrant sa volonté de bien régner, leur communique les affaires politiques pour en avoir avis et secours; les reçoit à lui faire entendre librement leurs doléances, afin que les connoissant, il y pourvoye: ce qu'il fait par délibération de son très-sage conseil, dont il est pour cet effet assisté: et octroye à ses dits sujets ce qu'il voit estre raisonnable, et non plus. Car s'il estoit nécessaire de leur accorder toutes leurs demandes il ne seroit plus leur roy.» Du Tillet ajoute plus bas: «autant que la dite assemblée des estats est fructueuse quand on y tend à bonne fin, autant est-elle dommageable, s'il s'y mesle de la faction.»

[319] C'est au sujet de l'édit publié le 12 mars 1560. Voyez l'histoire de Thou, l. 24. Le même historien, l. 42, dit que le parlement de Toulouse n'enregistra l'édit de pacification de 1568, qu'avec des modifications et des

restrictions qu'il inséra secrètement   dans ses registres. *Lecta, publicata, registrata, audito procuratore generali regis, respectu habito litteris patentibus regis, prima die hujus mensis, urgenti necessitati temporis, et obtemperando voluntati dicti domini regis, absque tamen approbatione novæ religionis, et id totum per modum provisionis, et donec aliter per dictum dominum regem fuerit ordinatum. Parisiis in parlamento sexta die martis, anno domini millesimo, quingentesimo sexagesimo primo.*

Enregistrement de l'ordonnance du 17 janvier 1561.

«Nous avons déclaré et déclarons tous autres édits, lettres, déclarations, modifications, restrictions et interprétations, arrêts et registres, tant secrets qu'autres délibérations ci-devant faites en nos cours de parlement et autres qui par cy-après pourroient être faites au préjudice de notre dit présent édit, concernant le fait de la religion et troubles arrivés en cettuy notre royaume, être de nul effet et valeur.» (*Edit de pacification du mois d'août 1570, art. 43*).

«Mandons aussi...... icelui notre dit édit publier et enregistrer en nos dites cours selon la forme et teneur purement et simplement, sans user d'aucunes modifications, restrictions, déclarations ou registre secret». (*Ibid. art. 44*). Voyez la même chose dans l'art. 63 de l'édit de pacification donné en may 1576.

«Nous avons déclaré et déclarons tous autres précédens édits, articles, secrets, lettres, déclarations, modifications, requisitions, restrictions, interprétations, arrêts, registres tant secrets qu'autres délibérations cy devant par nous faites en nos cours de parlement et ailleurs, concernant le fait de la religion, et des troubles arrivés en notre dit royaume, être de nul effet et valeur.» (*Edit donné à Poitiers en septembre 1577*).

Tous les édits de pacifications s'expriment de la même manière, et pour abréger ici, je me contenterai de citer ici l'édit de Nantes en avril 1598. «Avons déclaré et déclarons tous autres précédens édits, articles secrets, lettres, déclarations, modifications, restrictions, interprétations, arrêts et régistres tant secrêts qu'autres, délibérations, ci-devant par nous ou les rois nos prédécesseurs, faites en nos cours de parlement et ailleurs concernant le fait de la religion et des troubles arrivez en nostre dit royaume, être de nul effet et valeur, auxquels et aux dérogatoires y contenues, nous avons par cettuy notre édit dérogé et dérogeons.» (*Art. 91*). Dans l'article suivant il est ordonné d'enrégistrer «purement et simplement, sans user d'aucunes modifications, restrictions, déclarations et régistres secrets.»

Fin des remarques du livre septième.

REMARQUES ET PREUVES
DES
Observations sur l'histoire de France.

LIVRE HUITIÈME.

CHAPITRE PREMIER.

[320] VOYEZ la remarque 301, ch. 3, du livre précédent.

[321] «Avons statué et ordonné, statuons et ordonnons que les grands jours se tiendront par les présidens et conseillers de nostre cour de parlement à Paris, en leur ressort, et es lieux où d'ancienneté on a accoustumé de les tenir; auxquels grands jours assisteront d'an en an aux gages accoutumez, l'un des quatre présidens des enquestes avec treize conseillers de nostre dite cour, sçavoir est, huit de la dite grande chambre, et cinq de la dite chambre des enquestes, selon leur ordre et ancienneté.» (*Ordon. de Blois en 1498, art. 72*).

«Avons ordonné et ordonnons que les gens tenans nos cours de parlement de Toulouse et Bordeaux tiendront les dits grands jours de deux ans en deux ans chacun en leur ressort, respectivement es lieux qui verront estre à faire pour le mieux, en ensuivant la forme que nos dits présidens et conseillers de nostre cour de parlement à Paris, ont accoustumé de tenir, réservés qu'ils ne seront que neuf, sçavoir est, un président et huit conseillers, dont y aura cinq laïcs et trois clercs.» (*Ibid. art. 73*).

Ces articles furent rappelés par l'ordonnance de François I, du 12 juillet 1519. Les guerres d'Italie rendirent presque inutile la tenue de ces grands jours; la noblesse, qui savoit le besoin qu'on avoit d'elle, n'étoit pas disposée à se soumettre à l'ordre que des gens de lois vouloient établir. Quand une fois les guerres civiles eurent été allumées sous le fils de Henri II, ce fut en vain que Henri III auroit ordonné les grands jours; le gouvernement étoit sans autorité, et les parlemens étoient abandonnés au fanatisme le plus déraisonnable.

[322] Voyez le chap. 6, du livre 4.

[323] Je me contenterai de rapporter ici l'analyse que de Thou fait de cet acte dans le livre 63ᵉ de son histoire. «Par la formule de l'union qui devoit être signée au nom de la très-sainte Trinité, par tous les seigneurs, princes, barons, gentilshommes et bourgeois, chaque particulier s'engageoit par serment à vivre et mourir dans la ligue pour l'honneur et le rétablissement de la religion, pour la conservation du vrai culte de Dieu, tel qu'il est observé dans la sainte église romaine, condamnant et rejetant toutes erreurs contraires. Pour le maintien des différentes provinces du royaume dans tous leurs droits, priviléges et libertez telles qu'elles les possédoient du temps de Clovis, qui le premier de nos rois établit en France la religion chrétienne».

On prescrivoit aussi les lois suivantes: que chaque particulier s'engageroit à sacrifier ses biens et sa vie même, pour empêcher toutes entreprises contraires à l'avancement de la sainte union, pour contribuer d'ailleurs, de tout son possible, à l'entier accomplissement des desseins qu'elle se proposoit: que si quelqu'un des membres de l'union recevoit quelque tort ou dommage, quel que fût l'aggresseur, et sans égard pour la personne, on n'épargneroit rien pour en tirer vengeance, soit par les voies ordinaires de la justice, soit même que pour cela on fût obligé de prendre les armes; que si, par un malheur qu'on doit prier le ciel de détourner, quelqu'un des amis venoit à rompre ses engagemens, il en seroit puni avec la dernière rigueur, comme traître et réfractaire à la volonté de Dieu, sans que pour cela ceux qui s'employeroient à la juste punition de ces sortes de déserteurs pussent en être repris soit en public, soit en particulier; qu'on créeroit un chef de l'union à qui tous les autres jureroient une obéissance aveugle et sans bornes; que si quelqu'un des particuliers manquoit à son devoir, ou faisoit paroître de la répugnance à s'en acquitter, le chef seroit le seul maître d'ordonner de la peine que sa faute auroit méritée: que dans les villes et à la campagne tout le monde seroit invité à se joindre à la sainte union; qu'en y entrant, on s'engageroit à fournir dans l'occasion de l'argent, des hommes et des armes, chacun selon son pouvoir; qu'on regarderoit comme ennemi quiconque refuseroit d'embrasser le parti de la ligue, et que le commandement seul du chef de l'union autoriseroit à lui courre sus à main armée; que si entre les unis, il arrivoit des querelles, des contestations ou des procès, le chef seul en décideroit, sans que pour cela on pût recourir à la justice ordinaire sans sa permission, et qu'il auroit droit de punir les contrevenans dans leur corps et dans leurs biens, selon qu'il le jugeroit à propos. Enfin, on avoit encore ajouté la formule du serment que chacun des unis devoit prononcer sur les saints Evangiles, en s'engageant dans le parti.»

J'ajouterai ici une pièce importante qu'on trouve dans les mémoires de Nevers, t. 1, p. 641, et intitulée: Déclaration des causes qui ont meu Mgr. le cardinal de Bourbon et les princes pairs, seigneurs, villes et communautez catholiques de ce royaume de s'opposer à ceux qui par tous moyens s'efforcent de subvertir la religion catholique et tout l'état. «Déclarons avoir juré tous et saintement promis de tenir la main forte et armée à ce que la sainte église soit réintégrée en sa dignité et en la vraie et seule religion catholique: que la noblesse jouisse comme elle doit de sa franchise toute entière, et le peuple soit soulagé, les nouvelles impositions abolies, et toutes crues ôtées depuis le règne du roi Charles IX que Dieu absolve: que les parlemens soient remis en la plénitude de leur connoissance, en leur entière souveraineté de leurs jugemens, chacun en son ressort, et tous sujets du royaume maintenus en leurs gouvernemens, charges et offices, sans qu'on les puisse ôter, si non en tous cas des anciens établissemens, et par jugemens des juges ordinaires ressortissans au parlement; que tous deniers qui se lèveront sur le peuple, soient employés à la défense du royaume, et à l'effet auquel ils sont destinez: et que desormais les états-généraux soient libres et sans aucune pratique, toutes fois que les affaires les requerront, avec entière liberté d'y faire ses plaintes, auxquelles n'aura été duement pourvu.» Cet acte est du dernier mars 1585. En ayant assez de raison pour sentir qu'on a besoin d'une réforme, est-il concevable qu'on soit assez sot pour se contenter de pareilles demandes.

Voici une autre pièce qu'on trouve encore dans les Mémoires de Nevers, t. 2, p. 614, et qui vous fera connoître l'esprit de la capitale. Elle fut lue publiquement à l'hôtel-de-ville, le 8 juin 1591. Je n'en rapporterai que quelques articles. «Sera pourveu au roy nouvellement eslu d'un bon conseil, et principalement d'évesques sages et craignant Dieu, et qui n'ayent abandonné sa cause; ensemble d'un bon nombre de seigneurs et gentilshommes vieux et expérimentez, et tirez, s'il est possible, des provinces de l'union; afin de rapporter les plaintes de toutes les parties du royaume, et donner avis sur l'occurrence des affaires.

«Que si l'on trouve bon, comme il est très-nécessaire, que l'on fasse des loix fondamentales de l'état pour obvier aux maux que nous sentons, et en garantir la postérité, les feront jurer au roy nouvellement eslu, avec les articles que les rois ont accoustumé de jurer en leur sacre: lesquelles lois il jurera maintenir et entretenir de tout son pouvoir; et à quoi il s'obligera tant pour lui que ses successeurs, avec la clause qu'en cas de contravention les sujets seront dispensés du serment de fidélité.

«Et afin que telles lois soient perpétuelles, et chaque jour représentées aux yeux d'un chacun, seront icelles inscrites en airain et apposées es palais des villes où il y a parlement; aux provinces esquelles n'y a parlement, elles seront mises en la premiere maistresse place de la premiere ville de la province.

«Les estats se tiendront, sçavoir les généraux de six ans en six ans, ou tel autre temps qu'il leur sera ordonné en la ville qu'il plaira au prince de les assembler; et à faute de les assembler, s'assembleront en la ville capitale. Les provinciaux de trois ans en trois ans, en la principale ville de la province, si ce n'est que pour la nécessité des affaires, il soit besoin d'une convocation extraordinaire: et sans lesquels estats ne se pourra conclure par le roy, de faire la guerre ou la paix, ou mettre tailles, subsides et impositions sur le peuple.»

Ces deux articles, où l'on commençoit à entrevoir quelques principes d'un bon gouvernement, ne firent aucune impression sur les esprits. On ne fut frappé que des articles suivans, dans lesquels il n'est question que de brûler et d'exterminer les hérétiques, soit Français, soit étrangers.

[324] Voyez l'histoire de Thou, l. 63, et ce que Davila rapporte des premiers états de Blois, l. 13.

[325] Voyez l'histoire de Thou, l. 60.

CHAPITRE II.

[326] «PREMIEREMENT, afin que la chose soit conduite par plus grande authorité, on est d'avis de bailler la superintendance de toute l'affaire au roy Philippe Catholique; et à ceste fin d'un commun consentement, le tout chef et conducteur de toute l'entreprise. On estime bon de procéder en ceste façon, que le roy Philippe aborde le roy de Navarre par plaintes et querelles, à raison que contre l'institution de ses prédécesseurs, et au grand danger du roy pupille, duquel il ha la charge, nourrit et entretient une nouvelle religion: et si en cela se montre difficile, le roy catholique par belles promesses essayera de la retirer de sa méchanceté et malheureuse délibération, lui découvrant quelque espoir de recouvrer son royaume de Navarre, ou bien de quelque autre grand profit et esmolument en recompense du dit royaume: l'adoucira et ployera, s'il est possible, pour le retenir de costé, et conspirer avec luy contre les autres autheurs de cette secte pernicieuse. Ce que succédant à souhait, seront lors faciles et abregez les moyens de la guerre future. Mais poursuivant et demeurant iceluy tousjours obstinés, néanmoins le roy Philippe, à qui tant par l'authorité à luy donnée par le saint concile, que par le voisinage et proximité, la chose touche de plus près, par lettres gracieuses et douces l'admonestera de son devoir, entremeslant en ses promesses et blandices, quelques menaces. Cependant tant secrettement et occultement que faire se pourra, fera sur l'hyver quelque levée et amas de gens d'eslite au royaume d'Espagne: puis ayant les ses forces prestes, déclarera en public ce qu'il brasse. Et ainsi le roy de Navarre sans armée et pris à l'impourveu facilement sera opprimé, encore que d'adventure avecque quelque troupe tumultuaire et ramassée, s'efforceast d'aller à l'encontre, ou voulust empescher son ennemy d'entrer en pays.

«Or s'il cede, sera aisément chassé hors son royaume, et avec lui sa femme et ses enfans: mais s'il fait teste, et plusieurs volontaires, gens d'armes et sans soulde le deffendent, car plusieurs des conjurez d'icelle secte se pourroient avancer pour retarder la victoire, alors le duc de Guise se déclarera chef de la confession catholique, et fera amas de gens d'armes vaillans et de tous ceux de sa suite. Aussi d'une autre part pressera le Navarrois, ensorte qu'estant poursuivi d'un costé et d'autre, tombera en proye, car certainement un tel roy ne peut faire teste à deux chefs ni à deux exercites si puissans.

«L'empereur et les autres princes Allemans, qui sont encore catholiques, mettront peine de boucher les passages qui vont en France, pendant que la guerre s'y fera, de poeur que les princes protestans ne fassent passer quelque force, et envoyent secours audit roy de Navarre, de poeur aussi que les cantons de Souysse ne luy prestent ayde, sauf que les cantons qui suivent encore l'authorité de l'église romaine, denoncent la guerre aux autres, et que le pape ayde de tant de forces qu'il pourra lesdits cantons de sa religion, et baille sous main argent et autres choses nécessaires au soustenement des frais de la guerre.

«Durant ce le roy catholique baillera part de son exercite au duc de Savoye, qui de son côté fera levée de gens si grande, que commodement faire se pourra en ses terres. Le pape et les autres princes d'Italie déclareront chef de leur armée le duc de Savoye: et pour augmenter leurs forces, l'empereur Ferdinand donnera ordre d'envoyer quelques compagnies de gens de pied et de cheval, allemans.

«Le duc de Savoye, pendant que la guerre troublera ainsi la France et les Souysses, avec toutes forces se ruera à l'impourveu sur la ville de Geneve, sur le lac de Lozanne, la forcera, ou plus tost ne se départira, ne retirera ses gens, qu'il ne soit maistre et jouissant de la dite ville, mettant au fil de l'épée, ou jettant dedans le lac tous les vivans qui y seront trouvés, sans aucune discrétion de sexe ou aage. Pour donner à connoistre à tous qu'enfin la Divine Puissance a compensé le retardement de la peine par la grieve grandeur de tel supplice, et qu'ainsi souvent fait ressentir les enfans et porter la peine par exemple mémorable à tout jamais de la méschanceté de leurs peres, et mesmes de celles qu'ils ont commises contre la religion. En quoy faisant ne faut douter que les voisins touchés de cette cruauté et tremeur, ne puissent estre ramenez à santé, et principalement ceux qui à raison de l'aage ou de l'ignorance sont plus rudes ou plus grossiers, et par conséquent plus aisez à mener, auxquels il faut pardonner.

«Mais en France, par bonnes et justes raisons, il fait bon suivre autre chemin, et ne pardonner en façon quelconque à la vie d'aucun, qui autre fois ait fait profession de ceste secte: et sera baillée cette commission d'extirper tous ceux de la nouvelle religion au duc de Guise, qui aura en charge d'effacer entierement le nom, la famille et race des Bourbons, de poeur qu'enfin ne sorte d'eux quelqu'un qui poursuive la vengeance de ces choses, ou remette sus cette nouvelle religion.

«Ainsi les choses ordonnées par la France, et le royaume mis en son entier, ancien et pristin estat, ayant amassé gens de tous costez, il est besoin envahir l'Allemaigne, et avec l'ayde de l'empereur et des évesques, la rendre et restituer au Saint siege apostolique. Et où ceste guerre seroit plus forte et plus longue qu'on ne pense et desire, afin que par faute d'argent, ne soit conduite plus lentement ou plus incommodement, le duc de Guise pour obvier à cet inconvénient, prestera à l'empereur et aux autres princes d'Allemaigne et seigneurs catholiques tout l'argent qu'il aura amassé de la confiscation de tant de nobles, bourgeois puissans et riches qui auront esté tuez en France, à cause de la nouvelle religion, qui se monte à grande somme, prenant par le duc de Guise suffisante caution et respondant: par le moyen desquelles, après la confection de la guerre, sera remboursé de tous les deniers employez à cest effect sur les dépouilles des lutheriens, et autres, qui pour le fait de la religion seront tuez en Allemaigne de la part des saints peres, pour ne defaillir, et n'estre veus négligens à porter ayde à tant sainte affaire de guerre, ou vouloir épargner leur revenu et propres deniers, ont adjousté que les cardinaux se doivent contenter pour leur revenu annuel de cinq ou six mille escus, les évesques plus riches, de deux ou trois mille au plus, et le reste du dit revenu, le donner de franche volonté et l'entretenement de la guerre, qui se conduit pour estirper la secte des Luthériens et Calvinistes, et restablir l'église romaine, jusques a ce que la chose soit conduite à heureuse fin.

«Que si quelque ecclesiastique ou clerc ha vouloir de suivre les armes en guerre si sainte, les peres ont tous d'un commun consentement conclu et arresté, qu'il le peut faire, et s'enroler en ceste guerre seulement, et ce sans aucun scrupule de conscience.

«Par ces moyens, France et Allemaigne ainsi chastiées, rabaissées et conduites à l'obéissance de la sainte église romaine, les pères ne font pas doute que le temps ne pourvoye de conseil et commodité propre à faire que les autres royaumes prochains soient ramenez à un troupeau et sous un gouverneur et pasteur apostolique: mais qu'il plaise à Dieu ayder et favoriser leur presens desseins, saints et pleins de piété.» Cette pièce se trouve dans les mémoires de Condé, t. 6. p. 167.

CHAPITRE III.

[327] VOYEZ dans le recueil des pièces concernant la pairie, par Lancelot, p. 185, la déclaration de Philippe-le-Bel à Yoland de Dreux, duchesse de Bretagne.

[328] Voyez le chapitre 5 du livre troisième.

[329] Avant cette époque, les seigneurs ou princes du sang ne jouissoient d'aucune prééminence sur les autres seigneurs; et nous avons encore plusieurs actes où ils ne sont point nommés avant les autres. Je me contente de renvoyer sur cette matière à ce qu'en a écrit le comte de Boulainvilliers, dont l'ouvrage est entre les mains de tout le monde.

[330] «Au sacre du roy Louis XI, le duc de Bourbon plus éloigné de la dite couronne, chef de sa maison, précéda les comtes d'Angoulesme et Nevers, puisnez des branches d'Orléans et de Bourgogne, plus proches de la

dite couronne.» Du Tillet, recueil des rangs des grands de France. Si la pairie n'avoit pas donné une prérogative supérieure à celle des seigneurs du sang, les princes n'auroient pas recherché la pairie comme une grande faveur. Il suffit de jeter les yeux sur l'ouvrage de Dutillet que je viens de citer, pour juger combien les usages sur les rangs et les dignités ont été incertains et inconstans parmi nous; il est bien étonnant que notre vanité, même la plus chère de nos passions, n'ait pu nous donner aucunes règles fixes.

«Le 17 juin 1541, fut jugé, dit Du Tillet, que le duc de Montpensier ayant les susdites deux qualités (de prince et de pair) pourroit bailler ses roses premier que le duc de Nevers, combien qu'il fust pair plus ancien que n'estoit ledit duc de Montpensier. Au sacre du roi Henri II, les ducs de Nevers et de Guise plus anciens pairs précédent le dit duc de Montpensier prince du sang et pair; mais déclara le dit roy le 25 juillet 1547 que cela ne fit préjudice audit duc de Montpensier, fust pour semblable acte ou autres. Le duc de Guise précéda au dit sacre le duc de Nevers plus ancien pair que luy, qui fut parce que le dit duc de Guise représentoit le duc d'Aquitaine, et celuy de Nevers représentoit le comte de Flandres, le dit duc de Montpensier le comte de Champagne. Le rang des représentez estoit gardé, non des représentans.»

[331] Il y a déjà long-temps que les pairs sont regardés comme les conseillers du roi en ses grandes, nobles et importantes affaires; et c'est en conséquence de cette opinion, quand ils sont reçus au parlement, qu'on leur fait prêter aujourd'hui le serment inutile, je dirai presque ridicule, «d'assister le roi et lui donner conseil en ses plus grandes et importantes affaires.» Les lettres d'érection du comté d'Anjou en pairie, et qui ont servi de modèle à toutes les érections suivantes, ont sans doute contribué à donner naissance à cette opinion. *Ad honorem cedit et gloriam regnantium et regnorum, si ad regiæ potestatis dirigenda negotia insignibus viri conspicui præficiuntur officiis, et inclitis præclaræ personæ dignitatibus, ut et ipsi sua gaudeant nomina instituta magnificis, et cura regiminis talibus decorata lateribus, à sollicitudinibus pacisque ac justitiæ robora, quæ regnorum omnium fundamenta consistunt, conservari commodiùs valeant et efficaciùs ministrari.* Sous le règne de Charles VI cette opinion fit de grands progrès et j'en ai développé les causes dans le corps même de mon ouvrage.

[332] «Nous aurions advisé de remplir le lieu et place des anciens duchez et comtez laïcs tenus en pairie de la couronne de France, d'autres ducs et pairs depuis créez en nostre royaume selon l'ordre de leur création, par la maniere qui s'ensuit: c'est à sçavoir, pour la duché de Bourgogne, nostre très cher et amé oncle le roy de Navarre; pour celle de Normandie, nostre très cher et amé cousin le duc de Vendosme; et pour celle de Guyenne, nostre très cher et amé cousin le duc de Guise; et quant aux comtez, pour celle de Flandre, nostre très cher et amé cousin le duc de Nevers; pour celle de Champagne, nostre très cher et amé cousin Louis de Bourbon duc de Montpensier; et pour celle de Toulouse, nostre très cher et amé cousin le duc d'Aumale. Sur quoy

nostre dit cousin le duc de Montpensier nous eût remontré, que pour le regard de la proximité du sang royal et lignage dont il nous attient, il devoit en l'assiette, ordre et assistance des pairs de France laïcs, précéder nos très chers et amez cousins Claude de Lorraine duc de Guise, et François de Cleves aussi duc de Nevers comte d'Eu, tous deux pairs de France, et que la création et antiquité des pairies ne pouvoit alterer l'ordre et le rang dus aux princes du sang royal de France, qui doivent toujours suivre et approcher le lieu d'où ils sont descendans.... Sur quoy nos dits cousins les ducs de Guise et de Nevers soutenans le contraire, auroient dit que pour estre plus anciens pairs en création et réception que n'est nostre dit cousin le duc de Montpensier, ils devoient en tous actes et assemblées des dits pairs de France, aller devant lui et le précéder, ainsi qu'en tout temps il auroit esté observé entre iceux pairs qui alloient selon l'ordre et l'ancienneté de leurs créations et réceptions..... Attendu qu'en cet acte solemnel d'iceux sacre et couronnement, il n'est question de chose qui touche en rien l'honneur et prééminence du sang royal, que nostre dit cousin le duc de Montpensier attaque pour précéder nos dits cousins les ducs de Guise et de Nevers, mais seulement de la préférence des pairs de France, et lesquels devront aller devant et précéder l'un l'autre, nous avons par ces présentes, par manière de provision, ordonné, attendu la dite briéveté de temps, et jusques à ce que autrement en ait esté décidé, que nos dits cousins les ducs de Guise et de Nevers comte d'Eu, créez et reçeus pairs de France premiers que nostre dit cousin le duc de Montpensier, précéderont, en cettuy acte seulement, iceluy nostre dit cousin le duc de Montpensier, sans que cela lui puisse toutes fois aucunement préjudicier par cy après, soit en semblables actes, ou tous autres d'honneur et de prééminence, quels qu'ils soient, où l'on devra avoir respect et regard à la dignité du sang royal dont est issu nostre dit cousin le duc de Montpensier.» (*Ordon. du 25 juillet 1547*).

«Nostre très cher et amé cousin le duc de Guise, pair et grand chambellan de France, nous a fait remontrer que à l'assiette et assemblée des pairs de France, qui nous assisterent lors que nous fusmes dernierement en nostre dite cour tenir nostre dit parlement, il se laissa précéder par nostre tres cher et amé cousin le duc de Montpensier, ne sçachant ce que depuis il a entendu pour certain, qui est, que le duc de Guise est fait et créé premier pair que le duc de Montpensier, ainsi qu'il se trouve par les registres de nostre dite cour, ou leurs érections, créations et receptions sont enrégistrées. A cette cause, et que par telle précédence, s'il la souffroit et toleroit, il perd son rang et ancienneté, il nous a supplié et requis sur ce luy vouloir pourvoir sommairement, sans qu'il soit besoin en entrer en autre contestation, afin que de son temps il ne fasse telle playe au college des dits pairs, que de pervertir l'ordre qui d'ancienneté, y a esté institué et établi, lequel nous voulons estre entretenu, gardé et observé: par quoy nous avons déclaré et déclarons par ces présentes, de nostre certaine science, pleine puissance et authorité royale, que ce que nostre dit cousin le duc de Guise pair de France a fait, ainsi que dit est, par inadvertance à la dite assiette et assemblée des pairs, qui nous ont assisté dernierement que nous avons tenu le dit parlement, se laissant précéder par nostre dit cousin le duc de Monpensier, ne lui peut, ne doit aucunement préjudicier à son rang et ancienneté, par lesquels il doit estre premier que ledit duc de Montpensier, assis, inscrit, nommé et appelé, comme estant premierement créé, reçeu et institué pair de France, eu recours aux registres de nostre cour; vous mandant, commettant et enjoignant que selon et suivant nostre presente declaration, et en icelle gardant et observant, faite corriger et reformer le registre qui fut fait et tenu pour ce jour de la dite assiette et assemblée des pairs; où par inadvertance, ainsi que dit est, nostre dit cousin s'est laissé preceder: dont, en tant que besoin est, ou seroit, nous l'avons par ces presentes signées de nostre main, relevé et relevons, le faisant par vous mettre et inscrire au dit registre selon son rang, premier que nostre dit cousin le duc de Montpensier, qui est après lui créé, receu et institué.» (*Lettres-patentes de Henri II, en 1571*).

[333] Cette qualité de prince que je donne aux plus grandes maisons du royaume, ne peut point être contestée par les personnes qui connoissent notre ancien gouvernement. Qu'on ouvre Beaumanoir, chap. 34, on y trouvera ces mots: «en tous les liez la ou li rois n'est pas nommés, nous entendons de chauz qui tiennent en baronnie, car chacun des barons si est souverain en sa baronnie.» Ouvrez le chap. 48, vous y lirez ce passage: «Comment li hommes de porte pueent tenir franc fief; si est par espécial grace que il ont d'où roy ou d'où prinche qui tient en baronnie.»

Je nommerois volontiers ici toutes les maisons qui ont possédé de grands fiefs, ou des baronnies et des comtés avant le règne de S. Louis; mais il vaut mieux me taire. Quelles plaintes n'exciterois-je pas, si par malheur, je venois à oublier quelque famille; car, nous sommes bien plus jaloux de la grandeur de nos pères que de la nôtre? D'ailleurs, je ne suis point et ne veux point être généalogiste; il est trop difficile de ne se pas tromper en faisant ce métier; en croyant dire des vérités, je ne conterois peut-être que des chimères.

[334] Voyez la remarque 121, ch. 6 du livre 3.

[335] «Avons dit, statué et ordonné, disons, statuons et ordonnons par édict et arrest irrévocables, voulons et nous plait que doresnavant les princes de nostre sang, pairs de France, précéderont et tiendront rang selon leur degré de consanguinité, devant les autres princes et seigneurs pairs de France, de quelque qualité qu'ils puissent estre, tant es sacres et couronnement des rois, que es seances des cours de parlement et autres quelconques solemnitez, assemblées et cérémonies publiques, sans que cela leur puisse estre plus à l'advenir, estre mis en dispute ne controverse, sous couleur des titres et priorité d'érection de pairies des autres princes et seigneurs, ne autrement pour quelque cause et occasion que ce soit.» (*Edit de décembre, de 1576*).

En 1575, le duc de Montpensier présenta requête à Henri III, pour demander que son différend de préséance avec le duc de Guise fût jugé; l'affaire fut portée au parlement, qui en 1541, le 17 juin, avoit déjà donné un arrêt par lequel il est dit: «que le duc de Montpensier, prince du sang royal et pair de France, précédera au fait des rozes le duc de Nevers, comte d'Eu, encore que Nevers et Eu eussent été premierement érigés en pairies que Montpensier; et ce à cause de la qualité de prince du sang jointe à la qualité de pairs.» (*Cérémonial Français, par MM. Godefroy, p. 332*).

[336] Cet édit n'ayant point eu son effet, il seroit inutile d'en rapporter les articles. On le trouve dans tous les recueils d'ordonnances.

[337] «Le jeudi 7 de septembre (1581) jour des arrests en robes rouges, d'Arque premier mignon du roy vint en parlement, assisté des ducs de Guise, d'Aumale, Villequier et autres seigneurs, et fit publier les lettres d'érection du vicomte de Joyeuse en duché et pairie, et icelles enteriner avec la clause qu'il précéderoit tous autres pairs, soit princes yssus du sang royal ou de maisons souveraines, comme Savoye, Lorraine, Cleves et autres semblables.» (*Mémoire de l'Étoile p. 129*). La même année, Epernon fut érigé en duché pairie, en faveur de la maison de Nogaret, avec la clause de précéder tous les pairs, à l'exception des pairs qui seroient princes et du duc de Joyeuse.

[338] Voyez la remarque 121, chap. 6 du livre 3.

[339] Ce fut l'ordonnance d'avril 1561. Cette ordonnance, dictée par l'esprit de tolérance du chancelier de l'Hôpital, et contraire à tous les principes fanatiques du parlement, fut adressée aux gouverneurs des provinces pour la faire exécuter. Peu s'en fallut que le chancelier ne fût décrété d'ajournement personnel. Le parlement se contenta de défendre, par un arrêt, de publier cette ordonnance. Il établit dans ses remontrances qu'il est contre toutes les règles et tous les usages, d'adresser aux gouverneurs et non aux parlemens une ordonnance qui ne peut être regardée comme loi, qu'autant qu'elle est publiée et enregistrée dans les cours souveraines. Voyez l'histoire de Thou, l. 28.

[340] François I en donna l'exemple par son édit du 24 juillet 1527, que j'ai rapporté dans la remarque 288, chap. 3 du livre précédent, et ses successeurs le suivirent: de sorte qu'il s'établit une rivalité constante entre le conseil et le parlement. En laissant au parlement la liberté de faire des remontrances, la cour prétendit qu'il devoit enregistrer, dès que le roi auroit déclaré qu'il persévéroit dans ses volontés. «Souvenez-vous, dit Charles IX au parlement de Paris, que votre compagnie a été établie par les rois, pour rendre la justice aux particuliers, suivant les lois, les coutumes et les ordonnances du souverain; par conséquent, de me laisser à moi et à mon conseil le soin des affaires de l'état. Défaites-vous de l'ancienne erreur dans laquelle vous avez été élevés, de vous regarder comme les tuteurs des rois, les

défenseurs du royaume et les gardiens de Paris. Si dans les ordonnances que je vous adresse, vous trouvez quelque chose de contraire à ce que vous pensez, je veux que selon la coutume vous me le fassiez au plutôt connoître par vos députés: mais je veux qu'aussitôt que je vous aurai déclaré ma dernière et absolue volonté, vous obéissiez sans retardement.»

Le parlement ne s'étant pas conformé à ces ordres, le roi rendit le 24 septembre 1563, un arrêt par lequel, sans avoir égard à l'arrêt du parlement de Paris, le cassoit et l'annulloit comme rendu par des juges incompétens, à qui il n'appartenoit pas de connoître des affaires publiques du royaume; lui ordonnoit de vérifier et publier son édit du mois d'août dernier, sans y ajouter aucune restriction, ni modification; enjoignoit à tous les présidens et conseillers de se trouver à l'assemblée, s'ils n'en étoient empêchés par maladie ou autre cause légitime, sous peine d'être interdit des fonctions de leurs charges; leur défendoit aussi d'avoir jamais la présomption d'examiner, de statuer, ou même de délibérer touchant les édits de sa majesté qui concerneroient l'état, sur-tout lorsqu'ils auroient déjà fait leurs remontrances, et que le roi auroit notifié ses volontés: voulant sa majesté que ses édits soient alors enrégistrés purement et simplement.

«Après que nos édits et ordonnances auront esté envoyées en nos cours de parlemens et autres souveraines pour y estre publiées, voulons y estre procédé, toutes affaires délaissées, sinon qu'ils avisassent nous faire quelques remontrances, auquel cas leur enjoignons de les faire incontinent, et après que sur icelles remontrances leur aurons fait connoître notre volonté, voulons et ordonnons estre passé outre à la publication sans aucune remise à autres secondes.» (*Ordonn. de Moulins, en février 1566, art. 2*).

Cet article ne fut pas observé; le parlement de Paris fit d'itératives remontrances, et ne publia l'ordonnance qu'en y mettant des modifications et des réserves; comme il paroît par la seconde déclaration sur l'ordonnance de Moulins, donnée à Paris le 11 décembre 1566, et dans laquelle le roi s'exprima ainsi: «néanmoins en publiant les dites ordonnances, le septième jour du dit mois de Juillet, nostre dite cour auroit excepté de la dite publication plusieurs articles, et sur autres reservé faire itératives remontrances, les choses demeurant en l'estat, dont seroit advenu que nos dites ordonnances ne sont aucunement publiées, gardées ni observées... Déclarons, voulons et nous plaît que les gens de nos parlemens puissent nous faire et réitérer telles remontrances qu'ils aviseront sur les édits, ordonnances et lettres-patentes qui leur seront adressées, mais après avoir esté publiées, seront gardées et observées sans y contrevenir, encore que la publication fust faite de nostre très-exprès mandement, ou que l'on eût retenu et réservé d'en faire de plus amples et itératives remontrances.»

Il semble qu'il seroit inutile de rapporter ici un plus grand nombre d'autorités pour faire connoître et constater quels étoient l'esprit et les prétentions du conseil et du parlement. J'en suis fâché pour la mémoire du chancelier de l'Hôpital, dont la vertu a honoré ces derniers siècles, et qui a été certainement le plus éclairé de nos magistrats. Trompé par ses bonnes intentions, et ne prévoyant pas où devoit aboutir l'autorité arbitraire qu'il vouloit remettre entre les mains du roi, il ne voyoit que le mal que faisoit le fanatisme du parlement, et il travailla constamment à renverser la digue que des circonstances et des hasards heureux, avoient élevée contre le torrent de la puissance arbitraire. Il me semble que ce combat de rivalité sur la forme de l'enregistrement, et la force et le crédit qu'il devoit avoir, n'auroit pas subsisté si long-temps sans les troubles, les désordres et les circonstances malheureuses qui forcèrent souvent les fils de Henri II à n'oser pas quelquefois se servir de toute leur autorité.

[341] Voyez les ordonnances de Néron. Il remarque que cette ordonnance donnée au mois de mai 1579, ne fut enregistrée au parlement que le 25 de janvier 1580, après plusieurs délibérations et plusieurs remontrances faites au roi. Quoique cette ordonnance soit datée de Paris, on l'appelle communément l'ordonnance de Blois, parce qu'elle fut rendue en conséquence des états qui avoient été assemblés en cette ville en 1576.

Cette conduite du parlement dut paroître extraordinaire à toutes les personnes qui avoient quelque idée de la dignité et des droits que doit avoir une nation. En parlant des difficultés que le parlement de Paris opposa à l'ordonnance de Moulins en 1566, Bugnyon avoit dit: «Ne sont les ordonnances faites en pleines assemblées des états de ce royaume, du conseil privé du roy, des députez de ses cours de parlement, telles que les presentes, sujettes à aucune publication ni vérification, des cours d'iceux parlemens de ce royaume, les autres au contraire se doivent publier principalement au parlement de Paris, auquel est demeuré le nom de cour des pairs, et semblablement d'authorité et puissance de les homologuer, ainsi qu'elle a fait de tout temps, et fait encore à présent, sinon que le roy veuille et commande d'authorité absolue, comme il fait ici, qu'il soit obéi en ses ordonnances.»

[342] «Sur les remontrances faites à la cour par le procureur-général, la chose mise en délibération, toutes les chambres assemblées, la dite cour n'ayant jamais eu d'autres intentions que de maintenir la religion catholique, apostolique et romaine, et l'état et couronne de France, sous la protection d'un roi très-chrétien, catholique et français, a ordonné et ordonne qu'aujourd'huy après dîner, le président le Maistre, accompagné d'un bon nombre de conseillers, ira remontrer à Mgr. le duc de Mayenne, lieutenant-général de l'état et couronne de France, en la présence des princes et officiers qui sont à présent en cette ville, qu'on n'ait à faire aucun traité pour transférer la couronne entre les mains d'aucunes princesses, ou d'aucuns princes

étrangers, qu'il est juste que les lois fondamentales de ce royaume soient observées, et les arrêts de la cour, touchant la déclaration d'un roy catholique et français, mis à exécution, et que pour cet effet, le même duc ait à se servir du pouvoir qui lui a été donné, pour empêcher que sous prétexte de religion, la couronne ne soit transférée à une puissance étrangère, contre les lois du royaume, et pourvoir par même moyen au commun repos du peuple, le plustot que faire se pourra, pour l'extrême nécessité où il se trouve réduit; et cependant la dite cour a déclaré et déclare tous les traités faits et à faire, pour l'établissement de quelque prince ou princesse que ce soit, s'ils sont étrangers, non valables et de nul effet, pour être au préjudice de la loi salique et des autres lois fondamentales de ce royaume.» Voyez cet arrêt dans Davila, liv. 13, et dans l'histoire de Thou, liv. 106.

J'avoue que dans cette affaire, je serois assez porté à croire avec Davila que le duc de Mayenne fut l'auteur de l'arrêt qu'on vient de lire. Je n'ai rapporté dans le corps de mon ouvrage que les principales raisons qui m'ont déterminé à prendre cet avis; car, j'aurais fatigué la plupart de mes lecteurs, en entrant dans un plus grand détail, mais une remarque me donne plus de liberté. Observez d'abord que cet arrêt donné pour conserver la loi salique ou l'ordre de succession établi en faveur de la maison de Hugues-Capet, ne nomme ni Henri IV, ni aucun prince de la branche de Bourbon. Il ne paroît fait que contre l'Espagne; il favorise le duc de Mayenne, parce qu'il est ordonné de n'élever sur le trône qu'un prince français; et que le duc étoit d'une maison qui, quoique étrangère, étoit naturalisée française. La prétention même qu'avoient les princes Lorrains de descendre de Charlemagne, en faisoit des vrais Français, et donnoit une espèce de droit à l'usurpation qu'ils méditoient.

Je remarque en second lieu que tout cet arrêt est dressé avec un art, une circonspection et des ménagemens qui décèlent bien mieux le génie du duc de Mayenne, qu'une compagnie qui fait ses efforts pour secouer ses préjugés, renoncer à son esprit de parti, et publier une doctrine qu'elle paroissoit avoir oubliée. Si l'arrêt dit qu'il est juste que les lois fondamentales du royaume soient observées, il fait entendre que ces lois se bornent à ne pas permettre qu'on donne la couronne à des étrangers; et tout de suite il ajoute que les arrêts de la cour touchant la déclaration d'un roi catholique et français, doivent être mis à exécution. Si le parlement avoit agi de son propre mouvement, et n'eût voulu faire connoître que son amour pour la justice et son attachement pour la famille régnante, n'est-il pas naturel qu'il se fût exprimé avec plus de zèle et de chaleur?

Ce fait n'est pas rapporté de la même manière par les écrivains contemporains. De Thou dit, liv. 106, que cet arrêt déplut extrêmement au duc de Mayenne, mais qu'il n'osa faire paroître son mécontentement. Pourquoi cette retenue? elle devoit déplaire aux Espagnols, et n'étoit pas propre à faire prendre au parlement une autre conduite. Si le duc de Mayenne étoit réellement offensé de l'arrêt du parlement, il falloit y remédier, et se plaindre de l'entreprise de la cour, qui osoit se mettre au-dessus des états: cacher son ressentiment n'étoit qu'une puérilité. Ce prince n'ignoroit pas en quels termes les derniers rois avoient ordonné aux magistrats du parlement de se borner à être les maîtres des rois.

L'Etoile dit dans ses mémoires que le duc de Mayenne fit une réponse courte au discours du président le Maistre, et en apparence pleine de mécontentement. Voilà qui est clair et conforme à l'opinion de Davila, mais il ajoute: «On le vit changer de couleur et laisser tomber son chapeau deux ou trois fois.» Voilà un trouble réel, et on n'entend plus rien à la narration de l'Etoile; peut-être ce trouble n'étoit-il que joué.

«Le dernier de juin, continue-t-il, la cour assemblée fut interrompue par Belin envoyé du duc de Mayenne, pour les prier de surseoir leurs délibérations d'un jour ou deux seulement. Sur quoi la cour députa le président le Maistre et les conseillers Vamours et Fleuri vers le duc de Mayenne, qui leur dit tout en colère; il faut changer d'amitié votre arrêt, comme je vous en prie bien fort, sinon j'y employerai les forces à mon grand regret: la cour m'a fait un affront, dont elle se fût bien passée. Le président répondit qu'il étoit prince trop sage et advisé pour en venir à la force et aux voyes de fait, et quand il le feroit, Dieu seroit toujours pour la justice laquelle ils avoient simplement suivie en leur arrêt sans avoir jamais pensé à l'offenser. Alors M. de Lyon dit qu'à la vérité la cour avoit fait au duc de Mayenne un vilain affront, et qu'elle ne l'avoit dû faire. La cour, repartit le président, n'est pas affronteuse, et ce qu'elle a fait, elle l'a fait justement, le respect qu'elle doit à M. le duc lui a bien fait prendre et endurer ce qu'il a voulu lui dire; mais elle ne vous doit pas de respect; ains au contraire vous à elle.»

Je demande à tout lecteur sensé si, par tout ce récit, on ne découvre pas dans les acteurs une certaine molesse de conduite, qui est une preuve de leur intelligence secrète. On voit que le duc de Mayenne ne fait que ce qu'il est obligé de faire pour ne pas rompre avec les Espagnols. S'il eût été réellement indigné contre le parlement, si le président le Maistre et le conseiller du Vair, qui conduisoient leur compagnie, n'eussent pas été en effet ses créatures, il auroit agi auprès de ces ligueurs entêtés dont parle l'Etoile, et s'en seroit servi pour les opposer à ses ennemis. Les mémoires du temps ne manqueroient pas de parler de ces intrigues. Le duc de Mayenne ne prend, au contraire, aucune mesure pour obliger le parlement à se rétracter, il ne songe pas même à profiter de l'orgueil des états pour réprimer l'audace du parlement.

«Le duc de Mayenne et le président le Maistre ayant eu un éclaircissement au sujet de l'arresté du dernier juin 1593, qui exclue les étrangers de la couronne; le duc dit que s'il avoit été averti, lui et les autres princes se seroient trouvés au parlement; à quoi le président répondit que la cour est la cour des pairs de France, et que quand ils y vouloient assister, ils étoient les bien reçeus; mais que de les en prier, elle n'avoit pas coutume de ce faire.» (*Mémoires de Nevers, t. 2. p. 937.*) Il seroit inutile de donner plus d'étendue à cette remarque.

CHAPITRE IV.

[343] «IL (Henry IV) s'achemina vers St.-Quentin..... où se trouvèrent aussi peu après la plus part des grands et plus qualifiés seigneurs de France, aucuns desquels, au lieu de bien servir le roy et de le consoler et soulager en ses ennuis et tribulations, essayerent de se prévaloir d'icelles pour s'en adventager à son dommage, lui faisant faire des ouvertures et propositions étranges, desquelles à force d'importunitez et de subtiles raisons recherchées dans la plus noire malice des autheurs de telles impertinences, ils rendirent monsieur de Montpensier le porteur, lequel étoit venu trouver le roy en sa chambre; ensuite de plusieurs protestations de son affection, lui dit: que plusieurs de ses meilleurs et qualifiez serviteurs, voyans les grandes forces ennemies qui lui tomboient à tous momens sur les bras, desquelles il ne pouvoit empescher les progrès à faute d'avoir toujours sur pied une grande armée bien payée et disciplinée, avoient selon leur advis excogité un moyen, par lequel il lui en seroit entretenu une grande et fort bien soudoyée qui ne se débanderoit jamais, étant toujours complette de ce qui lui seroit nécessaire, voire mesme de vivre et d'une bande d'artillerie de quinze ou vingt pièces de canon avec son attelage et des munitions pour tirer toujours deux ou trois mille coups, lesquels il pourroit mener par-tout où bon lui sembleroit. Sur quoy le roy voyant que monsieur de Montpensier avoit comme fait une pose à son propos, il lui repartit soudain: que son discours étoit beau et bon et de belle apparence, mais qu'il falloit que des cervelles bien timbrées et des personnes bien fondées, bien expérimentées et bien puissantes s'en meslassent pour en produire les effets; qu'il ne luy respondoit encore de rien qu'il n'eust recognu auparavant si les moyens en estoient aussi faciles et certains comme ses paroles belles et bien spécieuses, tant desiroit-il qu'il continuast et les lui fit entendre: à quoi M. de Montpensier en le suppliant de prendre de bonne part ce qu'il proposeroit, lui dit que ce n'estoit pas chose qui n'eust esté autrefois pratiquée et dont les rois ne se fussent bien prévalus, laquelle consistoit seulement à trouver bon que ceux qui avoient des gouvernemens par commission, les pussent posséder en propriété en les recognoissant de la couronne par un simple hommage lige, et d'autant qu'il se pourroit trouver quelques seigneurs bien qualifiés de grand mérite et longue expérience qui n'avoient point de gouvernemens, ils avoient advisé de

séparer quelques contrées de ceux qui estoient les plus amples et de plus grande étendue, dont ils seroient pourveus avec le gré et commun consentement d'eux tous, lesquels après en general et un chacun en son particulier, s'obligeroient à luy fournir et soudoyer par avance telles troupes et autres équipages que besoin seroit, &c.» (*Economies royales de Sully, ch. 60*). Cette autorité sert merveilleusement à prouver ce que j'ai dit plus haut du danger où étoit le royaume d'être démembré, et du goût que les grands avoient conservé pour les fiefs.

[344] Voyez l'histoire de Thou.

[345] Voyez l'histoire de Thou, l. 117.

[346] «S'ils font un corps séparé (les pairs) ils ne peuvent en aucune manière précéder le corps du parlement qui est le premier de tous les corps de l'état, qui n'est jamais précédé de personne; qui est même supérieur aux états-généraux, lorsqu'ils sont assemblez, et qui ne peut jamais être séparé du roy par qui que ce soit, comme l'on voit aux processions générales, aux obseques des rois et à toutes les grandes cérémonies. C'est pourquoi le parlement ne fait point partie des états-généraux, et n'est d'aucun des trois corps qui les composent, parce qu'il est séparé de tout le reste des sujets du roy qui forment leurs corps d'eux-mêmes. Le parlement au contraire est immédiatement attaché à la royauté, sans laquelle il ne compose aucun corps ni communauté.» (*Premier mémoire des présidens à mortier du parlement de Paris en 1664.*)

[347] Voyez la remarque 305, ch. 3 du livre précédent.

[348] «Du 14 mai 1610 de relevée. Ce jour l'audience tenant de relevée, la cour se leva sur les quatre heures à cause du bruit survenu au barreau, de la blessure du roy; et néantmoins arrêta qu'elle ne se sépareroit point jusqu'à ce qu'elle fût informée de l'occasion de ce bruit. Et à cette fin ordonna que les gens du roy se transporteroient au Louvre, et pendant ce temps monsieur le premier président seroit averti de ladite résolution. Peu de temps après seroit arrivé ledit sieur premier président, lequel toutes les chambres par luy assemblées, auroit dit avoir rencontré en chemin, messire Christophe de Harlay, bailly du palais, son fils, ayant commandement de la reyne de parler à la cour. Lequel entré auroit dit avoir commandement de ladite dame reyne de dire à la cour, que sa majesté desiroit qu'elle fût assemblée et délibéré par elle ce qui étoit à faire sur ce misérable accident qui étoit survenu de la blessure du roy. A l'instant les gens du roy retournés du Louvre auroient dit par messire Louis Servin advocat du roy, assisté de messire Cardin le Bret son collegue, qu'ils apportoient à la cour une luctueuse et déplorable nouvelle que la nécessité de leurs charges les forçoit lui faire entendre, que Dieu avoit fait sa volonté du roy, et que la reyne désolée leur a commandé prier la cour de s'assembler pour aviser ce qui est nécessaire en ce misérable état. Et afin d'y

mettre telle assurance qu'il se pourra, ont requis que ladite dame reyne soit déclarée régente, pour être par elle pourveu aux affaires du royaume. Eux retirez, la matiere mise en délibération: la cour a déclaré et déclare la reyne mere du roy régente en France, pour avoir l'administration des affaires du royaume pendant le bas âge du dit seigneur son fils avec toute puissance et autorité, &c.» (*Registres du parlement*). Cette pièce et les suivantes sont rapportées dans le traité de la majorité de nos rois, par du Puy, p. 460.

«Du samedi 15 de may 1610, le roi étant venu en son lit de justice en sa cour de parlement, se seroit assis en son trône.... Cela fait la reyne mere dudit seigneur roy se leva, et comme elle descendoit pour se retirer, et laisser deliberer ce qui étoit à faire, monsieur le premier président la supplia de se remettre en sa place, disant qu'il n'y avoit point de délibération à faire, et que la qualité de régente ayant été déclarée par l'arrêt du jour précédent, il ne restoit qu'à le publier, &c.» (*Registre du parlement*). C'est ainsi que le parlement s'empara du droit de nommer la régence, et établit même que pour un pareil acte, la présence du roi n'étoit pas nécessaire: cette manœuvre est conduite avec assez d'adresse.

«Sur ce monsieur le chancelier prononça l'arrêt qui sensuit: Le roi seant en son lit de justice par l'avis des princes de son sang, autres princes; prelats, ducs, pairs et officiers de la couronne, ouy et requerant son procureur général, a déclaré et déclare conformément à l'arrêt donné en sa cour de parlement le jour d'hier, la reyne sa mere régente en France, pour avoir soin de l'éducation et nourriture de sa personne et l'administration des affaires de son royaume, pendant son bas âge. Et sera le présent arrêt publié et enrégistré en tous les bailliages et seneschaussées et autres siéges royaux, du ressort de sa cour, et en toutes les autres cours de parlement de son royaume. Fait en parlement le 15 jour de may l'an 1610.»

Dans la relation de tous ces faits écrits par maître Jacques Gillot, conseiller en la grand-chambre: il est dit: M. le chancelier encore qu'il eût fait entendre à tous, que l'avis commun de tous étoit de dire, suivant l'arrêt donné en son parlement le jour d'hier, neantmoins ne la prononça pas; ce que luy ayant été remontré à part par M. le premier président, il lui répondit que c'étoit par oubliance; et qu'il seroit mis par écrit, et de fait on lui porta signer, où ces mots étoient, a déclaré et déclare conformément à l'arrêt donné en sa cour de parlement, du jour d'hier: ce qu'il fit, et l'arrêt a été imprimé et publié avec cette clause.

CHAPITRE V.

[349] «ENTRE les dits affaires auxquels il a fallu donner patience, l'un des principaux ont esté les plaintes que nous avons reçues de plusieurs de nos

provinces et villes catholiques de ce que l'exercice de la religion catholique n'étoit pas universellement rétabli, comme il est porté par les édits cy-devant faits pour la pacification des troubles, à l'occasion de la religion; comme aussi les supplications et remontrances qui nous ont esté faites par nos sujets de la religion prétendue réformée, tant sur l'exécution de ce qui leur est accordé par lesdits édits, que sur ce qu'ils désiroient y estre ajouté pour l'exercice de leur dite religion, la liberté de leur conscience, et la sureté de leurs personnes et fortunes, présumant avoir juste sujet d'en avoir nouvelles et plus grandes appréhensions, à cause de ces derniers troubles et mouvemens, dont le principal prétexte et fondement a esté sur leur ruine.» (*Préambule de l'édit de Nantes, avril 1598*).

J'invite mes lecteurs à lire l'édit de Nantes, et à faire une attention particulière aux articles 3, 4, 7, 14, 20, 23, 25, 27, 34, sur lesquels je fais quelques remarques dans le corps de mon ouvrage.

Quelque envie que j'aie d'être court, je ne puis me dispenser de rapporter ici l'article 90. «Les acquisitions que ceux de la dite religion prétendue réformée et autres qui ont suivi leur parti, auront faites par autorité d'autre que des feus rois nos prédécesseurs, pour les immeubles appartenans à l'église, n'auront aucun lieu ni effet; ains ordonnons, voulons et nous plaît que lesdits ecclésiastiques rentrent incontinent et sans délai, et soient conservés en la possession et jouissance réelle et actuelle des dits biens ainsi alienez, sans être tenus de rendre le prix des dites ventes, et ce non obstant lesdits contrats de vendition, lesquels à cet effet nous avons cassé et revoqué comme nuls, sans toutefois que lesdits acheteurs puissent avoir recours contre les chefs, par l'autorité desquels lesdits biens auront été vendus; et néanmoins pour le remboursement des deniers par eux véritablement et sans fraude déboursés, seront expédiées nos lettres patentes de permission à ceux de la dite religion d'imposer et égaler sur eux les sommes à quoi se montèrent lesdites ventes, sans qu'iceux acquéreurs puissent prétendre aucune action pour leurs dommages et intérêts, à faute de jouissance; ains se contenteront du remboursement des deniers par eux fournis pour le prix des dites acquisitions précomptant sur icelui prix les fruits par eux perçus, en cas que la dite vente se trouvât faite à trop vil et injuste prix.»

Quels législateurs que les hommes qui ont fait l'édit de Nantes? Craignoient-ils que les esprits ne fussent pas assez divisés par les intérêts de la religion? Le dernier jour du même mois d'avril 1598, Henri IV donna une espèce de déclaration contenant 57 articles. «Outre et par dessus les articles contenus en notre édit fait et ordonné au présent mois sur le fait de la religion prétendue réformée, nous en avons encore accordé quelques particuliers, lesquels nous n'aurions point estimé nécessaire de comprendre au dit édit, et lesquels néanmoins voulons qu'ils soient observez, et ayent même effet que s'ils y étoient compris, et à celle fin qu'ils soient lus et enrégistrez es greffes de notre cour de parlement pour y avoir recours lorsqu'il en sera besoin, et le cas y écherra; à cette cause, &c.» Ce procédé n'est pas net. Une loi ne sauroit être trop méditée; toutes ces déclarations subséquentes qu'on donne pour l'affermir, ne sont bonnes qu'à l'affoiblir: on soupçonne le législateur de mauvaise foi, de précipitation et d'ignorance; et les esprits conçoivent des défiances ou des espérances dangereuses.

[350] Voyez dans le livre 5 le chapitre où j'ai fait voir par quelles causes l'Angleterre a vu s'élever un gouvernement libre sur les ruines de ses fiefs. J'ai eu soin d'observer que les assemblées de la nation ne jouissoient plus des droits qui leur sont propres, quand les guerres civiles furent allumées sous Charles I. A l'égard du corps germanique, tout le monde sait que les diètes et les tribunaux de l'empire ne jouissoient que d'une fausse liberté avant la guerre qui fut terminée par la paix de Westphalie. C'est cette paix qui a donné une forme constante au gouvernement.

CHAPITRE VI.

[351] «SIRE, ceste assemblée des grands de vostre royaume n'a esté proposée en vostre cour, que sous le bon plaisir de vostre majesté, pour lui représenter au vrai par l'advis de ceux qui en doivent avoir plus de connoissance, les désordres qui s'augmentent et multiplient de jour en jour, estant du devoir des officiers de la cour en telles occasions vous faire toucher le mal, afin d'en attendre le remède par le moyen de vostre prudence es authorité royale: ce qui n'est, sire, ni sans exemple, ni sans raisons.

«Philippe-le-Bel qui premier rendit votre parlement sédentaire, et Louis Hutin qui l'establit dans Paris, lui laissèrent les fonctions et prérogatives qu'il avoit eues à la suite des rois leurs prédécesseurs. Et c'est pourquoi il ne se trouve aucune institution particulière de vostre parlement, ainsi que de vos autres cours souveraines qui ont esté depuis érigées, comme tenant vostre parlement la place du conseil des princes et barons qui de toute ancienneté estoient près la personne des rois, né avec l'estat: et pour marque de ce les princes et pairs de France y ont toujours eu séance et voix délibérative: et aussi depuis ce temps y ont esté vérifiées les lois, ordonnances et édits, création d'offices, traictez de paix et autres plus importantes affaires du royaume, dont lettres patentes luy sont envoyées pour en toute liberté les mettre en délibération, en examiner le mérite, y apporter modification raisonnable, voire mesme que ce qui est accordé par nos rois aux états-généraux, doit estre vérifié en vostre cour où est le lieu de vostre trône royal et le lict de vostre justice souveraine.

«On pourroit rapporter plusieurs exemples pour preuve que de tout temps vostre parlement s'est utilement entremis des affaires publiques, lesquelles ont par ce moyen réussi au bien du service des rois vos prédécesseurs, entre lesquels nous vous représentons comme du règne du roy Jean furent convoquez en vostre parlement les princes, prelats et nobles du royaume pour adviser aux affaires de l'estat; que depuis que l'advis du même parlement le roy Charles Vme, dit Le Sage, déclara la guerre au roy d'Angleterre, retira par ce moyen à la Guyenne et le Poictou: et que l'an mil quatre cent et treize vostre mesme parlement moyenna l'accord entre les dictes maisons d'Orléans et de Bourgogne......

«Toutefois et quantes que ce sont presentez affaires concernant l'intérest du royaume, soit pour entreprises de la cour de Rome, ou des princes étrangers, régences, gouvernemens pendant les minoritez des rois, conservation des droicts et fleurons de la couronne, et manutention des lois fondamentales de l'estat: les propositions et remontrances sont toujours parties de la mesme compagnie, et la pluspart des résolutions y ont esté prises, tesmoin le privé et solennel arrest pour la confirmation de la loi salique en la personne de Philippe de Valois, et celuy depuis donné pendant les troubles par les officiers de vostre parlement, bien qu'ils feussent réduits en captivité et apprehension continuelle de la mort ou de la prison, laquelle action fut dès lors louée grandement par le feu roy vostre père de très-heureuse mémoire, se pouvant dire avec vérité que cet arrest fortifié de la valeur de ce grand roy, a empesché que vostre couronne n'ait esté transférée en main étrangère....

«Vostre majesté mesme peut estre mémorative du grand et signalé service qui vous a esté rendu par vostre parlement lors du détestable parricide du feu roy Henri-le-grand vostre père, et comme par l'arrest, qui sera mémorable à jamais, il destournera prudemment les orages qui sembloient renverser vostre Estat, et comme depuis il a continué continuellement à la deffense de vostre souveraineté, contre ceux qui l'ont osé débattre et impugner, tant de vive voix, que par leurs escrits....

«Bref, vostre parlement se peut donner cette gloire véritable, que le corps ne s'est jamais séparé ny désuny du chef auquel il s'est toujours au plus mauvais temps et plus roide saison tellement joint, que l'on ne l'a point vu se départir de l'obéyssance des rois vos prédécesseurs.» (*Remontrances du parlement, présentées au roy le 22 may 1615.*) Cette pièce se trouve dans le mercure français pour l'année 1615. J'invite mes lecteurs à la lire: on verra avec quelle adresse on abuse des faits pour en changer l'esprit et la nature, et se former de nouveaux droits: on découvrira sans peine cet esprit permanent du parlement qui a travaillé sans relâche à étendre son autorité: on verra que voulant s'élever sur les ruines de la nation asservie, il aspire à être le maître et à se mêler de tout, mais avec la retenue d'une compagnie qui sent sa foiblesse, et qui ne peut plus représenter qu'une nation qui a oublié tous ses droits.

C'est dans cet esprit que le parlement ajoute: «Vostre parlement voyant les désordres en toutes les parties de vostre Estat, et que ceux qui en profitant à la ruyne de vostre peuple, pour s'exempter d'en estre recherchez, s'efforcent de donner à vostre majesté de sinistres impressions de ceste compagnie, lui faire perdre créance et l'esloigner de vostre affection, a de grandes raisons de désirer s'instruire avec les grands du royaume des causes de tous ces désordres, les rendre tesmoins de sa fidélité et dévotion à vostre service, et adviser avec eux des moyens convenables, non pour en ordonner et résoudre, mais pour les proposer à vostre majesté, avec plus de poids et authorité, après avoir esté concertez en une telle, et si célèbre compagnie, et par ce moyen les engager eux-mêmes en la réformation, et réduire les actions et intérests de tous à l'ordre qui seroit estably par vostre majesté.

Vostre parlement supplie très-humblement vostre majesté de considérer combien il est nécessaire d'entretenir les alliances anciennes et confédérations renouvellées par le feu roy de très-heureuse mémoire, avec les princes, potentats et républiques estrangères, d'autant que delà dépend la seureté de vostre estat et le repos de la chrétienté.»

Veut-on être persuadé que quelques seigneurs inquiets et mécontens gouvernoient l'ambition du parlement, et que cette compagnie commençoit à avoir l'esprit qu'elle fit éclater à la naissance de la guerre de la fronde; qu'on lise ce qui suit: «Et ne se pouvant espérer que l'ordre qui sera étably par vostre majesté puisse estre de longue durée, sans l'advis et conseil des personnes graves expérimentées et intéressées, vostre majesté est très-humblement suppliée retenir en vostre conseil les princes de vostre sang, les autres princes et officiers de la couronne, et les anciens conseillers d'estat qui ont passé par les grandes charges, ceux qui sont extraits de grandes maisons et familles anciennes, qui par affection naturelle et intérest particulier sont portez à la conservation de vostre estat, et en retrancher les personnes introduites depuis peu d'années, non pour leurs mérites et services rendus à vostre majesté, mais par la faveur de ceux qui y veulent avoir des créatures....

«Que les officiers de la couronne, gouverneurs des provinces et villes de vostre royaume, soient maintenus en leur authorité, et puissent exercer les charges dont il a plu au roy les honorer, sans qu'aucun se puisse entremettre de disposer et ordonner de ce qui dépend de leurs fonctions.» On verra dans ces remontrances que le parlement embrasse toutes les branches de l'administration.

[352] On se rappelle sans doute que dans l'affaire de Cinqmars, les conjurés avoient comploté d'assassiner le cardinal de Richelieu. Les mémoires du temps disent que Cinqmars vouloit avoir le consentement de Louis XIII.

[353] «Les frequentes rebellions et la facilité des soulèvemens et entreprises particulières d'autorité privée, prises et levement des armes soit pour pretexte publics, ou querelles et intérêts particuliers, honteuse à notre état et trop préjudiciable au repos de notre peuple, à notre autorité et à la justice, nous obligent d'y donner quelque ordre plus fort qu'il n'a été fait par cy-devant. Outre les peines portées par les ordonnances précédentes, nous défendons très expressement à tous nos sujets, de quelque qualité et condition qu'ils soient, d'avoir association, intelligence ou ligues avec aucuns princes ou potentats, républiques ou communautez, dedans ou dehors le royaume, sous quelque couleur ou occasion que ce soit: communiquer avec les ambassadeurs des princes étrangers, les voir, visiter ou recevoir, soit en leurs maisons ou maisons tierce ou neutre: recevoir aucunes lettres ni presens de leur part, ni leur en envoyer sans notre commandement ou permission, ou ayant charge et obligation de ce faire par leur charge ou emploi, à peine d'être convaincu de faction ou soulevement.» (*Ordonn. de janvier 1629. Art. 170*).

«Défendons pareillement à tous nos sujets de quelque qualité et condition qu'ils soient, d'errer, arrêter ou assurer des soldats et gens de guerre à cheval ou à pied par eux ou par autres, sous quelque prétexte que ce puisse être: les lever et assembler sans avoir sur ce nos lettres de commission signées d'un de nos secretaires d'état, et expédiées sous notre grand sceau.» (*Ibid. Art. 171*).

«Faire avoir ou retenir aucun amas d'armes pour gens de pied ou de cheval, plus qu'il ne leur est nécessaire pour leurs maisons et sans notre permission en la forme susdite.» (*Ibid. Art. 172*).

«Faire sans notre permission par lettres patentes en commandement, achat de poudre, plomb, mêche, plus que pour la provision nécessaire et raisonnable de leur maison, et plus qu'il ne sera porté par lesdites permissions.» (*Ibid. Art. 173*).

«Faire fondre des canons ou autres pièces de quelque calibre que ce soit, en retirer ou en avoir en leurs maisons, soit de fonte de notre royaume ou étrangers, sans notre permission en la forme cy-dessus.» (*Ibid. Art. 174*).

«Faire aucune ligues ou associations, ou y entrer, soit entre nos sujets ou les étrangers, pour quelque cause que ce soit.» (*Ibid. Art. 175*).

«Faire fortifier les villes, places et chasteaux, soit ceux qui nous appartiennent, soit aux particuliers, hors les murailles, fossez et flancs des clotures pour ceux qui ont droit d'en avoir, de quelque fortification que ce soit, sans notre permission en la forme susdite.» (*Ibid. Art. 176*).

«Faire assemblées convoquées et assignées publiquement ou en secret sans notre permission, ou du gouverneur et notre lieutenant général en la province: même auxdits gouverneurs et lieutenans généraux sans notre permission sous lettres en la forme susdite, esquelles les causes desdites assemblées soient exprimées.» (*Ibid. Art. 177*).

Dans un pays où une pareille ordonnance est nécessaire, il est bien surprenant qu'on ose la donner. Si elle est inutile, pourquoi la donne-t-on?

«Faisons pareillement défenses à tous nos sujets, de quelque qualité et condition qu'ils soient, ayant quelque charge ou office, de sortir de notre royaume sans notre permission, et à tous autres non ayant charges, sans le déclarer au juge et principal magistrat des villes de leur domicile, ou en avoir acte par écrit et en bonne forme.» (*Ibid. Art. 178*).

«Défendons pareillement à tous nos sujets, sans aucun excepter, suivant le 77o. article des ordonnances de Moulins, d'écrire, imprimer, ou faire imprimer, exposer en vente, publier et distribuer aucuns livres, libelles ou écrits diffamatoires et convicieux, imprimez ou écrits à la main, contre l'honneur et renommée des personnes, même concernant notre personne, nos conseillers, magistrats et officiers, les affaires publiques et le gouvernement de notre état.» (*Ibid. Art. 179*).

«Et d'autant que le commencement des factions est en la désobéissance et au mépris des ordres et commandemens du souverain, en l'obéissance duquel consiste le repos et la tranquillité des états et la prospérité des sujets, pour aller au devant de toutes occasions, nous voulons et ordonnons, que tous ceux qui ayant reçu commandement de nous en choses qui regardent le gouvernement de notre état, ou autres qui leur seront enjoints par nous, et généralement tout ce qui pourra leur être commandé par nous ou nos successeurs rois, et de quelque qualité et condition qu'ils soient, qui n'y voudront obéir, et ne satisferont à nos commandemens, ou qui après les avoir reçus, ne nous feront entendre les raisons qu'ils auront de s'en excuser, et ce qu'ils estimeront être en cela de plus grand bien pour notre service, après que nous leur aurons réitéré les dits commandemens, si après ledit second commandement ils n'obéissent, et ne satisfont à ce qui leur sera par nous ordonné, nous les déclarons dès à présent privez de toutes les charges et offices qu'ils ont, auxquelles il sera par nous pourvu dez l'instant, sans préjudice des autres peines que ladite désobéissance pourra mériter, selon la qualité des faits.» (*Ibid. Art. 180*).

[354] En avril 1667, Louis XIV donna une ordonnance dont les articles 2 et 5 régloient que les cours qui se trouveroient dans le lieu du séjour du roi, seroient tenues de représenter ce qu'elles jugeroient à propos sur le contenu des ordonnances, édits, déclarations et lettres patentes, dans la huitaine après leur délibération, et les compagnies qui en seroient plus éloignées dans six semaines; après quel temps elles seroient tenues pour publiées et registrées.

Le 24 février 1673, le roi donna une déclaration interprétative des deux articles 2 et 5 qu'on vient de lire. «Incontinent, est-il dit, que nos procureurs-généraux auront reçu nos lettres, ils en informeront le premier président, ou celui qui présidera en son absence, et lui demanderont, si besoin est, l'assemblée des chambres semestres, laquelle le premier président convoquera dans trois jours, où nos procureurs-généraux présenteront les édits, ordonnances, déclarations et lettres patentes dont ils seront chargez, avec nos lettres de cachet, le premier président distribuera sur le champ nos lettres patentes, sur lesquelles le conseiller rapporteur mettra le soit montré, et les rendra à notre procureur-général avant la levée de la séance: nos procureurs-généraux les donneront dans vingt-quatre heures après au conseiller rapporteur; trois jours après le conseiller rapporteur en fera son rapport, et à cet effet celui qui présidera, assemblera les chambres en semestres à la maniere accoutumée, et sera déliberé sur icelles toutes affaires cessantes, même la visite et le jugement des procès criminels, ou les propres affaires des compagnies.

«Voulons que nos cours ayent à enrégistrer purement et simplement nos lettres patentes sans aucune modification, restriction ou autre clause qui en puissent surseoir et empêcher la pleine et entière exécution; et néanmoins où nos cours, en délibérant sur lesdites lettres, jugeroient nécessaire de nous faire leurs remontrances sur le contenu, le régistre en sera chargé, et l'arrêté rédigé, après toutesfois que l'arrêt de l'enrégistrement pur et simple aura été dressé et séparément rédigé; et en conséquence celui qui aura présidé pourvoira à ce que les remontrances soient dressées dans la huitaine, par les commissaires des compagnies qui seront par lui députés, pour être délivrées à notre procureur-général avec l'arrêt qui les aura ordonnées, dont il se chargera au greffe. Les remontrances nous seront faites ou présentées dans la huitaine par nos cours de notre bonne ville de Paris, ou autres qui se trouveront dans le lieu de notre séjour, et dans six semaines pour nos autres cours de province; en cas que sur le rapport qui nous sera fait des remontrances, nous les jugions mal fondees et n'y devoir avoir aucun égard, nous ferons sçavoir nos intentions à notre procureur-général pour en donner avis aux compagnies, et tenir la main à l'exécution de nos ordonnances, édits et déclarations qui auront donné lieu aux remontrances; et où elles nous sembleroient bien fondées et que nous trouverions à propos d'y déférer en tout ou en partie, nous envoyerons à cet effet nos déclarations aux compagnies dont nos procureurs-généraux se chargeront comme dessus, et provoqueront l'assemblée desdites chambres et semestres, les presenteront avec nos lettres de cachet au premier président en pleine seance, et en requerront l'enrégistrement pur et simple, ce que nos cours seront tenues de faire, sans qu'aucun des officiers puisse avoir aucun avis contraire, nos cours ordonner aucunes nouvelles remontrances sur nos premières et secondes lettres, à peine d'interdiction, laquelle ne pourra être levée sans nos lettres signées de notre exprès commandement par l'un de nos secretaires d'état, et scellées de notre grand sceau, nous réservant d'user de plus grande peine, s'il y échet, et sans que la presente clause puisse être comminatoire ni éludée pour quelque cause et sous quelque pretexte que ce puisse être. Les greffiers tiendront leurs feuilles des avis et de toutes les délibérations qui seront prises sur le sujet desdites lettres, lesquelles ils feront parapher avant la levée des seances par celui qui aura présidé, et remettront lesdites feuilles es mains de nos procureurs-généraux pour nous être envoyées; et à cet effet les greffiers assisteront à la presentation qui sera faite de nos dites lettres par nos procureurs-généraux et à toutes les délibérations qui seront prises sur icelles, nonobstant tous usages à ce contraires. N'entendons néanmoins comprendre aux dispositions ci-dessus nos lettres patentes expédiées sous le nom et au profit des particuliers, à l'égard desquelles les oppositions pourront être reçues, et nos cours ordonner qu'avant faire droit elles seront communiquées aux parties.»

Les cours souveraines rongèrent leur frein et se consolèrent en pensant que tout iroit si mal qu'on seroit enfin obligé de leur rendre la liberté de l'enregistrement. En effet, tout alla très mal: mais depuis que les anciennes formes de l'enregistrement ont été rétablies par la déclaration donnée à Vincennes le 15 septembre 1715, les choses ne sont-elles pas allées de mal en pis?

CHAPITRE VII.

[355] JE ne sais point qui avoit proposé à Mme de Pompadour et au duc de Choiseul, le projet d'établir des états dans toutes les provinces; mais je crois être sûr qu'ils avoient adopté cette idée. Des personnes qui gouvernent sans règle, malheureusement ne veulent rien avec force; ainsi les plats raisonnemens de Montmartel et les brusques saillies de son frère du Verney, suffirent pour qu'on ne songeât plus à troubler le despotisme de nos intendans.

[356] Ce que je dis dans le corps de mon ouvrage, que nous ne portons en nous-mêmes aucun principe de révolution, est une vérité dont on ne peut plus douter; depuis qu'on a vu avec quelle patience nous avons souffert les rapines de l'abbé Terray et les tyrannies du chancelier de Maupeou. Le ministère s'est conduit avec une effronterie, une précipitation et une dureté capables de nous rendre quelque courage, si nous en avions encore pu avoir. A quoi s'est réduit tout notre ressentiment? à regretter le duc de Choiseul, à le regarder comme un grand homme, et à espérer que la cabale qui l'a fait disgracier ne pourra pas se soutenir. Que nous importe la chute de ces

hommes pervers? Nous sommes parvenus à ce point de misère et de délabrement qu'on peut tout oser avec nous, et que les hommes qui viendront en place nous feront toujours regretter leurs prédécesseurs. De jour en jour les abus du gouvernement doivent se multiplier, la voie du mal s'élargit; ainsi, quoique moins méchans peut-être que les ministres qui règnent aujourd'hui, leurs successeurs commettront de plus grandes méchancetés.

[357] Je ne puis m'empêcher de placer ici quelques réflexions que j'ai faites en lisant les protestations des princes du sang, contre la ruine de l'ancien parlement, et l'établissement du nouveau. Le public a fort approuvé cette démarche, qu'il a regardée comme un acte héroïque; mais le public n'a-t-il pas tort, si cette protestation n'est qu'une mutinerie d'où il ne peut résulter aucun bien, et dont nos princes finiront par se repentir?

Que désirent, que veulent les princes du sang? que l'ancien parlement soit rétabli; mais je prends la liberté de leur représenter que ce n'est pas la peine de demander une pareille faveur; puisqu'en l'obtenant, ils se retrouveroient dans la même situation où ils étoient il y a quatre mois; et que par conséquent ils seroient encore exposés aux mêmes entreprises, aux mêmes violences, aux mêmes injustices de la part d'un second Maupeou. Au lieu de demander une paix véritable et solide, les princes du sang se contentent donc d'une trève passagère. Je ne crois pas que ce soit là une conduite sage; et le public qui la loue avec admiration, prouve qu'il incline à la timidité, et qu'il n'est pas plus habile politique que les princes.

Le nouveau parlement qu'on vient de former, doit effrayer tous les ordres de l'état. Fripons, fanatiques ou stupides; c'est un amas d'hommes déshonorés qui se prêteront effrontément à toutes les injustices du ministère. Leurs mœurs vont former notre nouvelle jurisprudence; et leurs successeurs placés par les intrigues des valets, des commis et des femmes galantes de Versailles, seront prodigues de notre bien, et tiendront une épée suspendue sur les têtes qu'on voudra abattre. Sans doute, il faut être indigné contre cet instrument du despotisme, mais il faut l'être encore plus contre le despotisme même: détruire l'un sans attaquer l'autre, c'est ne rien faire; et le despotisme se reproduira sans cesse par de nouvelles injustices et de nouvelles violences, tant qu'on ne le réprimera pas lui-même. Je crains de n'avoir que trop raison, quand j'ai dit que tout nous annonçoit un avenir malheureux, et que nous sommes incapables de nous défendre contre le torrent qui nous entraîne.

Quand le despotisme se forme et travaille à s'établir, il agit d'abord avec beaucoup de circonspection; il emploie la ruse au lieu de la force; il se déguise quelquefois sous le masque du bien public; quelquefois il corrige des abus; il sème la corruption, la jalousie et la division entre les différens ordres de citoyens; après les avoir tous affoiblis, il les perd enfin tous les uns par les autres. La première victime immolée, c'est le peuple ou la multitude; de là, on passe à la bourgeoisie honorable; on en vient ensuite à la petite noblesse. Après ces triomphes aisés, le gouvernement, fier de ses succès, se lasse enfin de partager les profits du despotisme avec les grands qui le flattent et qui l'ont aidé et soutenu dans ses entreprises. Si les princes avoient fait attention que nous sommes parvenus à cette dernière époque, je suis persuadé que leur protestation auroit été fort différente de ce qu'elle est. Ils auroient remarqué que plus ils sont élevés, plus ils devoient être suspects et odieux au despotisme, qui se lasse enfin d'avoir des égards pour les autres, et ne s'occupe que de soi. Plus ils ont raison de craindre, plus ils doivent prendre de mesures pour leur sûreté et leur salut.

Si les princes du sang ne sentent pas que le ministère les néglige, s'ils ne voient pas au milieu des injures et des tracasseries qu'on leur fait, que c'est le tour des grands d'être accablés, il ne nous reste aucune ressource; si les réflexions que je viens de faire sont vraies; que les princes me permettent de leur demander, s'ils croient leur fortune à l'abri de tout revers, quand ils auront culbuté le chancelier et obtenu le rétablissement de l'ancien parlement. Notre gouvernement, on ne peut trop le répéter, n'est propre qu'à produire des Maupeou; il est si commode d'être despote, que quand un heureux hasard élèveroit un honnête homme au ministère, il aimeroit mieux obéir mollement à ses passions que de se donner la peine de conformer sa conduite aux lois: il renaîtra sans cesse des Terray, des Maupeou, des d'Aiguillon; et quelle plus foible barrière peut-on avoir contre de tels ministres que des magistrats qui, n'étant rien dans leur origine, ne se sont rendus considérables qu'en se regardant comme les simples instrumens de l'autorité royale? Ils ont fait constamment tous leurs efforts pour écraser tout ce qui étoit grand; et ils s'en vantent encore tous les jours dans leurs remontrances. Après avoir abusé de la protection du roi et de leur crédit, ils en sont venus au point de se croire supérieurs à la nation qu'ils avoient accablée; et de penser qu'en vertu de leur enregistrement, ils devoient partager la puissance législative avec le roi. Par une suite de cette vanité ridicule, le parlement a déplu au ministère, sans mériter l'estime de la nation; tout prouve qu'il aime le despotisme, pourvu qu'il le partage; en un mot, notre situation actuelle fait voir évidemment que ces magistrats n'ont produit aucun bien et n'ont prévenu aucun mal.

Je suppose que la protestation des princes du sang soit propre à faire rétablir l'ancien parlement, et je demande si cette compagnie sera plus capable qu'autrefois de protéger à l'avenir la liberté de la nation? En la rappelant à ses fonctions, lui rendroit-on son autorité et ses prérogatives? Si elle se persuade qu'elle ne doit son rétablissement qu'à elle-même, elle sera plus fière que jamais, et s'attachera plus étroitement aux principes funestes que je lui reproche; elle croira qu'elle ne peut être détruite, et ne sentant pas le besoin de ménager la nation, elle fera sa cour à nos dépens. Si le parlement rétabli sent l'impression de sa disgrace, et ne peut douter de sa foiblesse, ne tâcherat-il pas de ne point éprouver une seconde tempête? En faisant sonner très-haut sa qualité de cour unique et essentielle des pairs, cette cour sera-t-elle en état de défendre efficacement un prince ou un pair que le ministre voudra faire périr ou tenir dans une prison? Nous reverrons encore ce caractère mêlé d'orgueil, de vanité, d'ignorance et de foiblesse qui a fait le malheur de la nation. En un mot, l'ancien parlement rétabli n'auroit-il pas tous les vices que nous craignons dans le nouveau, que nous importe que celui-ci enregistre après de simples remontrances, tout ce qu'on lui envoie, ou que l'autre les réitère, attende des lettres de jussion, et oblige quelquefois le roi à tenir un lit de justice qui termine tout?

Mais quand on auroit lieu de présumer que les magistrats de l'ancien parlement seroient désormais des héros, je dirois encore que la protestation des princes du sang ne suffira point pour les faire rétablir, et qu'ainsi cette démarche est fausse et inutile. Les princes réclament le rétablissement de l'ordre ancien; mais quelles mesures ont-ils prises pour donner de la force à leur protestation? Peuvent-ils se passer des grâces de la cour? Non. Leurs finances sont-elles en bon état? Non. Ont-ils cherché à se faire appuyer des gens de qualité et de la noblesse? Non. Aussi, n'ont-ils vu qu'une douzaine de pairs qui se soient unis à eux; et malgré les intrigues qu'on a faites pour porter la noblesse à quelque action d'éclat, le duc d'Orléans n'a vu que seize personnes, jeunes gens pour la plupart, qui lui aient écrit pour faire cause commune avec les princes.

Tandis qu'on néglige les princes et les pairs protestans, parce qu'on ne les craint pas; tandis qu'on ne daigne pas nouer une négociation avec eux, le chancelier fait tous les jours un pas en avant. Je crains qu'il ne réussisse, parce qu'il est audacieux; je crains qu'il ne consomme son ouvrage, parce qu'il achète les coquins et intimide les honnêtes gens. Si tout ne ploye pas sous sa main, on ne le devra ni à la protestation des princes et de quelques pairs, ni aux libelles des jansénistes, ni aux plaintes de la nation; mais aux intrigues de quelques ministres jaloux du crédit du chancelier, et qui veulent augmenter leur autorité. De quel secours nous seroit un parlement rendu par de telles voies? Il ramperoit; et pourvu qu'on lui permît de se venger de quelques-uns de ses ennemis, il nous donneroit l'exemple de la servitude.

Une protestation qui n'a valu aux princes du sang qu'une sorte d'exil et de disgrace, n'est pas un acte bien propre à suspendre les progrès du chancelier. On approuve cette protestation, mais cette approbation n'est aux yeux des gens éclairés, qu'une preuve de l'ignorance du public. On a espéré que la démarche des princes produira quelque bien; mais depuis qu'on voit qu'elle n'est bonne qu'à les éloigner de la cour, on songe moins à les louer, on s'éloigne d'eux, et ils commencent à perdre une partie de leur considération, parce qu'ils ont perdu leur crédit. Après avoir fait une protestation inutile, les princes ont fait une seconde faute et plus considérable que la première, en n'osant pas l'avouer, quand les parlemens de province leur ont demandé ce qu'ils devoient croire de l'écrit répandu dans le public sous le titre de protestation des princes. De là est né un découragement général dans le royaume; de là la crainte pusillanime qui a consterné et engourdi tous les magistrats de la province. On a cru que tout fléchissoit sous la main du chancelier, et les parlemens ont souffert leur ruine avec la plus honteuse résignation.

Au lieu de prendre un poste avantageux dans cette affaire, on peut dire que les princes, faute de lumières et de courage, se trouvent dans le défilé le plus dangereux. Ils ne veulent pas reconnoître le nouveau parlement, mais on leur suscitera des procès devant ce nouveau parlement, et ils seront forcés de se voir condamner par défaut ou de renoncer à leur protestation. Ils se brouillent avec le gouvernement, et le laissent en état d'expolier leurs domaines et de menacer leur fortune. Tandis qu'on peut faire aux grands une guerre offensive avec beaucoup de chaleur et de vivacité, il me semble que se réduire à une pure défensive, c'est vouloir être vaincu. Espérer qu'on sera grand dans une nation esclave, me paroît la plus grande des folies. Pour conserver leur grandeur, les princes et les pairs devoient recourir à un autre moyen que celui qu'ils ont employé. Au lieu de demander le rétablissement de l'ancien parlement, il falloit demander la convocation des états-généraux.

Par cette demande, on auroit fait une diversion funeste aux entreprises du chancelier; et la cour, qui agit avec un despotisme intolérable, se seroit trouvée à son tour sur la défensive. Il falloit dans une requête raisonnée prouver la nécessité de convoquer les états-généraux, et compter les avantages qu'on s'en devoit promettre. Si les princes avoient pris ce parti, il est certain qu'ils auroient été secondés par le vœu et le cri de la nation. Le nombre de leurs adhérens se seroit considérablement multiplié. Les parlemens des provinces, qui n'ont osé prononcer qu'en tremblant le mot d'états-généraux, auroient montré du courage. *Si leges non valerent, judicia non essent, si respublica vi consensuque audacium, oppressa teneretur, præsidio et copiis defendi vitam et libertatem necesse esset: hoc sentire prudentiæ est; facere, fortitudinis, sentire et facere, perfectæ cumulatæque virtutis.* (Ciceronis Or. pro P. Sextio. §. 86.) Mais en demandant l'assemblée de la nation, il auroit fallu prendre des mesures pour empêcher qu'elle n'eût présenté qu'un spectacle inutile et ridicule. Il auroit fallu répandre dans le public des écrits propres à l'éclairer; il auroit fallu échauffer les esprits pour nous retirer de notre engourdissement, et nous donner du courage. Les princes pouvoient guérir la nation, mais toute leur conduite a fait voir qu'ils sont pour le moins aussi malades que nous.

[358] Quelle remarque ne pourrois-je pas faire ici sur la dernière catastrophe du parlement? Mais je suis las de m'occuper d'une nation qui est perdue sans ressource, et qui, par son inconsidération et sa légéreté, mérite que nos ministres soient détestables.

Je dirai seulement que les parlemens n'ont eu pour partisans que les Jansénistes et les amis nombreux du duc de Choiseul, qui vouloient se venger en suscitant des difficultés au chancelier. On a dit à MM. du parlement de Paris qu'ils étoient perdus, s'ils ne demandoient pas les états-généraux; les uns ont répondu que cette démarche étoit trop dangereuse; les autres ont dit: que serions-nous, s'il y avoit des états-généraux? Depuis le ministère de Laverdy, la corruption du parlement étoit publique. Pour les parlemens de province, la plupart s'étoient rendus odieux par leurs injustices et leur vanité. On a détruit les parlemens, non pas parce qu'ils gênoient le pouvoir arbitraire, mais parce qu'ils avoient offensé le duc d'Aiguillon et le chancelier. C'est la vengeance de ces deux hommes qui a fait la révolution.

Il est temps de finir ces humiliantes réflexions. Je proteste, en terminant cet ouvrage, que je n'ai voulu nuire à personne, ni à aucun ordre de l'état. J'ai été obligé de dire des choses dures; mais la vérité me les a arrachées. Je suis historien, je suis Français; et quelle n'auroit pas été ma satisfaction, si au lieu d'un Philippe-le-Bel, d'un Charles V, d'un Louis XI, j'avois pu peindre des Charlemagne? Le bonheur de mes compatriotes est l'objet que je me suis proposé; mais ce bonheur n'existera jamais, si nous ne nous corrigeons pas de nos erreurs et de nos vices.

FIN DU TOME TROISIÈME.

Milton Keynes UK
Ingram Content Group UK Ltd.
UKHW010803110624
444053UK00004B/458